中国法学会 2014 年部级课题 CLS（2014）D107 的最终成果
西南政法大学“十九大”专项项目《中国国土空间开发保护法律制度研究》（2017XZZXQN-03）
西南政法大学校级科研项目《中国生态安全屏障构建的法律保障机制研究》（2017XZQN-30）
重庆市社科规划项目《重庆市构建长江上游生态安全屏障法律保障制度研究》（2022NDYB33）
西南政法大学人权研究专项项目（HRC2015-JS01）的阶段性成果
西南政法大学校级统战项目（2020XZTZ-02）

中国土壤污染防治法律制度研究

郭美含　著

群众出版社
·北　京·

图书在版编目（CIP）数据

中国土壤污染防治法律制度研究 / 郭美含著．—北京：群众出版社，2023. 1

ISBN 978-7-5014-6080-9

Ⅰ.①中… Ⅱ.①郭… Ⅲ.①土壤污染—污染防治—环境保护法—研究—中国 Ⅳ.①D922.683.4

中国版本图书馆 CIP 数据核字（2021）第 058270 号

中国土壤污染防治法律制度研究

郭美含　著

出版发行：群众出版社
地　　址：北京市丰台区方庄芳星园三区 15 号楼
邮政编码：100078
经　　销：新华书店
印　　刷：北京市泰锐印刷有限责任公司

版　　次：2023 年 1 月第 1 版
印　　次：2023 年 1 月第 1 次
印　　张：18
开　　本：787 毫米×1092 毫米　1/16
字　　数：318 千字

书　　号：ISBN 978-7-5014-6080-9
定　　价：58. 00 元

网　　址：www.qzcbs.com
电子邮箱：qzcbs@ sohu.com

营销中心电话：010-83903991
读者服务部电话（门市）：010-83903257
警官读者俱乐部电话（网购、邮购）：010-83901775
法律图书分社电话：010-83905745

目 录

自 序

我国现行有关土壤污染防治的法律法规都是原则性、概括性的，除《土壤污染防治法》外，还散见于《环境保护法》《农业法》《农产品质量安全法》《土地管理法》《水污染防治法》《大气污染防治法》《固体废弃物污染环境防治法》《矿产资源法》《基本农田保护条例》《刑法》和《土壤环境质量标准》等法律法规和规章当中。党的十八届三中全会后，我国加快了对土壤污染防治工作的布局。环境保护部制定发布了《污染场地土壤修复技术导则》《场地环境调查技术导则》《场地环境监测技术导则》《污染场地风险评估技术导则》《污染场地术语》五项污染场地系列环保标准，已于2014年7月1日正式实施。

我国学者对土壤污染防治方面的研究大部分侧重于与土壤污染和农用地土壤污染相关的法律制度。诸多学者提出，土壤污染应由现行的“末端控制”体制转变为“点源控制”和“全过程控制”管理模式，应体现可持续发展对耕地污染控制所要求的持续性原则和预防性原则，由事后抑制措施转变为事前抑制措施。同时，建立土壤污染生态补偿制度、土壤生态补偿基金制度，将行政控制机制、市场调控机制和公众参与机制有机结合起来。在土壤污染防治研究的过程中，著名土壤专家、广东省生态环境与土壤研究所研究员万洪富建议，通过法律由国家推行严格的土壤质量监测监控制度，定期公布各地的污染指数，对于地方政府加大环保力度将是一个巨大的促进。此外，还要对严重污染的行为追究相关当事人的刑事责任。武汉大学罗吉副教授建议建立和健全土壤污染防治管理体制与管理制度，明确环境保护行政主管部门的统一监督管理职责，以及土地、矿产、农业、水利行政主管部门等监督管理部门和相关部门的职责和权限，建立地方人民政府对土壤环境质量的负责机制，还应建立和完善土壤污染控制区制度、土壤污染防治规划制度、土壤污染防治标准制度、土壤污染防治监测制度、土壤污染防治调查及信息披露制度、土壤污染环境风险评价制度等管理制度。长安大学陶信平副教授认为要及时修改《土壤质量环境标准》，可以按照生产生活对土壤质量的不同要求对土壤进行分类，制定不同等级的土壤质量标准，从而出台具体的土壤环境质量评价制度。叶静茹副教授建议修改《宪法》，将《宪法》第26条规定的“国家保护和改善生活环境和生态环境，防治污染和其他公害。国家组织和鼓励植树造林，保护林木”，修改为“国家保护和改善生活环境和生态环境，防治污染和其他公害。国家组织和鼓励植树造林，保护林木。国家保护土壤环境的合理开发利用，防治土壤环境的污染和破坏，国家组织和鼓励养护土壤环境的活动”。主张从修宪入手，为耕地污染防治提供法律基础。同时修改《民法通则》第80条、第81条，增加“土壤环境的合理开发利用，防治土壤环境的污染和破坏，国家组织和鼓励养护土壤环境的活动”的内容。中南林业科技大学向佐群副教授认为台湾地区土壤及地下水污染整治的相关规定的具体内容值得大陆借鉴。一方面，台湾地区土壤及地下水污染整治制度中管理模式的多样化，既有传统的命令—控制式的管理模式，又有经济激励和信息公开、公众参与的现代管理模式。多种管理模式综合运用既相互独立，又发挥着各自的优势，并且能保持很好的平衡。而大陆关于环境污染防治的立法主要还是实物规制，即采用传统的命令—控制式管理模式，主要采用收费及禁止性的政策。这种单一的模式容易形成污染者、被害人、管理者之间的对抗，造成欺诈、投机的现象，不利于预防与整治环境污染。因此，修订完善《土壤污染防治法》应该借鉴台湾地区的经验，以经济激励、信息公开与公众参与等现代管理模式为主，以命令—控制式的传统管理模式为辅，建构新型的污染防治管理体系。另一方面，向佐群副教授认为台湾地区虽然已经单独制定了“水污染防治法”，但是，因为土壤与地下水是紧密联系在一起的，无论是污染状况还是整治，都唇齿相依，不宜单独整治，因此把土壤与地下水的污染整治合二为一，值得大陆借鉴。她认为，目前大陆的立法按照环境要素单独立法，没有考虑环境要素之间的因果关系，并且因为不同的环境要素污染防治的主管机关不同，导致管辖权限的冲突，造成管理的混乱，降低了防治效率。

20世纪70年代，土壤污染问题在国外得到了足够的重视，一些国家掀起了土壤保护防治立法的高潮。经过近50年的发展，这些国家建立起了卓有成效的土壤污染防治法律制度体系。但国外研究一般侧重于单方面的土壤保护研究，尚未具体到对土壤污染防治控制性的整体保护研究，且对具体实施体系方面的研究还有所缺失。对土壤污染防治方面的立法和法律制度研究的集大成者主要是美国、西欧各国和日本。

美国在1934年爆发了震惊世界的“黑风暴”事件，引起美国政府对于土壤和环境保护的重视，并于1935年通过了《土壤保护法》，不仅将土壤保护确立为基本国策，而且建立了专门的土壤保护机构——土壤环境保护署。第二次世界大战后，美国政府相继颁布了《联邦危险物质法》和《固体废物处理法》，完善了土壤污染的法律制度。1980年，美国政府颁布了《综合环境污染响应、赔偿和责任认定法案》（Comprehensive Environmental Response Compensation and Liability Act，CERCLA）。作为美国土壤污染防治体系的一部基本法律，它主要解决了对由有害废物和有害物质引起的损害向公众赔偿的问题。该法案因其中的环保超级基金而闻名，因此，通常又被称为超级基金法案。它确定了“污染者付费原则”。根据超级基金法案，美国政府有权要求造成污染事故的责任方治理土壤污染，或者支付土壤污染治理的费用；拒绝支付费用者，政府可以要求其支付应付费用三倍以内的罚款。1986 年，美国颁布了《超级基金增补和再授权法案》，并在随后的几年里就土壤污染防治又出台了一系列的法律，如 1992 年《公众环境应对促进法》，这些法案的出台也标志着美国土壤污染防治法律体系的建立和日趋完善。在对污染物使用的管制上，美国有针对化肥和农药的法律和法规，规定了生产、销售化肥的注册登记、许可制度，关于农用地土壤污染制定了污染者付费原则和税收政策原则。

日本于 1970 年颁布了《农业用地土壤污染防治法》，其目的之一是清除镉等特定的有害物质（由政府指定）对农业用地土壤的污染，使土地复原。都道府县知事指定农业用地土壤污染对策区域，实施客土法[①]和其他必要的公用事业，以谋求土壤的复原。2003 年日本颁布了《土壤污染对策法》，并于同年 11 月发布了《土壤污染对策法施行令》，同年 12 月由环境省发布了《土壤污染对策法实施规则》。该法规定了一系列制度，如对策区域的划分，并规定制订“对策计划”，对被污染农业用地应该启动调查制度并规定了相关的法律责任，公布对受污染土壤的具体处理办法，利用调节机制进行污染地块的专项对策实施，同时保证公众的参与，由相关社会团体和公民代表参与公害对策会议，各级环保部门也都设立审议会和咨询机构供市民咨询。日本于 2001 年将环境厅升级为环境省，并进行体制改革，在水和大气环保局增设土壤环境课，成立专门的土壤污染防治机构进行土壤污染的专项管理。其他各部门与环境省配合，在各自职权内与环境省共同进行农业土壤污染的防治工作。各区域地方政府设立环境审议会，同时设立专门的公害对策会议，专项开展农业土壤污染防治工作。

俄罗斯对于农业用地土壤污染的防治涉及《俄罗斯联邦环境保护

① 客土法：客土法也被称作物理修复法，简而言之就是向污染土壤中添加洁净土壤，降低土壤中污染物的浓度或减少污染物与植根系的接触，是土壤污染治理中的一种工程治理方法。

法》《俄罗斯联邦土地法典》等法律，虽然没有建立专项立法，但是通过采取监测措施也起到了较好的效果，2002年颁布的《俄罗斯联邦环境保护法》将这种监测措施称为生态监测，即对土壤、大气、水体等生态环境状况进行监测，对于因受人为因素和自然因素影响而发生变化的环境因素进行评价和预测；在《俄罗斯联邦土地法典》中设专章规定了土地监测，以对土壤的环境状况进行实时动态的监测。欧洲国家中对土壤进行保护的典型是德国和英国。首先，德国制定的污染防治方面的法律包括《联邦土壤保护法》《联邦土壤保护与污染地条例》《建设条例》。这三部法律规定了土壤污染的防治办法和实施细则，以及在特殊领域的土壤保护办法。德国土壤保护的特点在于每制定一部土壤污染法就会制定相应的实施细则，这样有利于解决法律过于原则性、可操作性差等问题。德国在农业方面有一套较完善的法律法规，一般的农产品种植必须遵循的法律法规有8部，即《种子法》《物种保护法》《肥料使用法》《自然资源保护法》《土地资源保护法》《植物保护法》《垃圾处理法》和《水资源管理条例》。英国主要依照《环境保护法》和其他相关配套法律及议会制度对土壤污染进行防治，没有对土壤污染作出专门的规定。但英国非常注重公众参与机制，通常会让利害关系人参与制定补救实施。此外，英国政府还设有专门的培训机构提高公众的法律意识与环保意识。

正基于此，本书以中国土壤污染危机为背景，在自然资源永久主权的理论支撑下，以法学、经济学、政治学理论为分析工具，以其他国家土壤污染防治保护法律法规为分析对象，并结合我国现有的土壤污染防治保护法律政策规定，以疏解限制我国土壤污染与防治规则冲突之症结为切入点，探索建构中国特色的土壤污染防治法律机制，以规范相应行为，完善责任分配机制，履行其可持续发展引导、防范土壤污染危机的应有职能。本书主要包括如下内容：

第一章“土壤污染防治法律实施机制构建的必要性”。首先，经过概念对比分析，明确土壤污染防治法律机制中土壤污染的内涵所指，明确研究对象。其次，分析土壤污染法律调整的必要性：第一，目前国际形势的新需求；第二，法律约束的独特性；第三，发达国家的经验总结；第四，可持续发展的需求。最后，就中国土壤污染实际处理的案例，再次印证中国制定土壤污染防治保护国内立法的必要性。

第二章“土壤污染防治法律实施机制的理论基础”。首先，受可持续发展思潮的影响，土壤的不合理开发利用可能会影响全球的未来发展。其次，通过对以土壤污染预防为主的理论等法经济学的基础介绍，从国际法基础层面为土壤污染防治保护法律机制的构建寻求依据，即土壤污染预防理论。该理论不仅明确了土壤污染预防的国家责任背景，而且为我国土壤污染防治提供了理论依据。

第三章“国外土壤污染防治实施机制建构模式评析”。首先，对国外目前的土壤污染防治建构模型进行了分类介绍。其次，以美国、日本、英国、德国等国家的土壤污染防治实施机制为分析对象，指出其中政府指导部门缺位、法律制度缺失、责任机制设置不完善等缺陷。最后，对上述缺陷作总结性分析，并结合目前的国际形势，指出其存在的深层次原因，以期为中国未来发展路径的选择和体系设计提供经验借鉴。

第四章“土壤污染防治的中国法律优化路径”。首先，确立了我国土壤污染防治法律制度构建路径选择的价值目标，即保护国家主权利益，并在此基础上探讨该价值目标在法律制度框架内的可行性与合法性。其次，在土壤污染危机背景下，对目前主要发达国家针对自身发展制定的法律制度进行改革性分析，探求相关制度变革对土壤污染防治保护行为的导向性绩效。再次，在前述分析的基础上，着重指出解决土壤污染防治立法结构的关键在于建立并完善符合预防为主原则的土壤污染防治国内立法结构体系。最后，指出我国土壤污染防治法律实施机制构建的优化路径，即以保护国家利益为价值目标，在国家行政责任理论的引导下，构建适合中国国情的法律实施体系。

第五章“中国土壤污染防治法律制度的未来设计”。在上述基础上，分别从四个方面构建我国土壤污染防治法律实施机制。首先，明确我国土壤污染防治实施机制的理念、原则设计。提出“土壤污染预防为主”“加强政府调控”“兼顾环境保护与经济发展”“多领域共同防治”四项指导思想。其次，在土壤污染防治措施的支撑下，进一步分析我国《土壤污染防治法》在实践中面临的法律责任落实、配套法规标准建设、农用地土壤污染修复等问题。再次，构建科学的土壤污染防治管理体制。土壤污染防治需要由政府作为公共利益的代表出面进行有效的协调和控制，成立高层议事协调机构负责制定土壤污染防治相关政策，统筹协调各部门的工作，加大土壤污染防治管理力度，构建具体的土壤污染防治法律实施机制。具体而言，可以考虑建立土壤污染防治的预防为主制度和许可制度，以及土壤污染防治的政府责任机制等。最后，制定相应的法律责任机制，加大对破坏性、掠夺性开采土壤行为的惩罚力度。

希望本书能对中国土壤污染防治法律实施机制的研究和实际构建尽微薄之力，是为序。

郭美含

2022年6月

于西南政法大学渝北校区

第一章 土壤污染防治法律实施机制构建的必要性

"环境污染防治"作为一个全球性的普遍命题，随着人类社会发展的不断深入与推进，在全球化的浪潮之下，对于每个政治、经济、文化共同体而言，都是不可回避的。"土壤"是自然界中最重要的物质存在、储存实体之一，与"空气""水"等共同构成了物质循环、能量流动的自然体系，供人类、动植物以及微生物等生命体不间断地存续、繁衍之所需。然而，土壤污染问题作为环境污染问题之一，不仅在我国已逐渐成为不能忽视的污染问题，而且从国际视野来看其形势同样愈加严峻。

在历史维度上，农耕是古代中国最重要、最基本的生活生产方式。以此为基础而存续发展的古代中国，经济实力、文化实力都在当时世界遥遥领先，但环境污染问题同时也不可避免地存在。例如，若要修建雕刻精良、造型别致的宫殿，便会大兴土木工程，而砍伐树木就造成了一定的生态破坏。然而，从总体层面上看，在我国古代社会中，先人对于环境的利用、发掘并没有超过环境在自我净化基础上所能承载的限度。

近代伊始，我国历史翻开了屈辱的篇章。直至中华人民共和国中央人民政府成立，国内形势才真正地恢复稳定。此后，我国积极开展建设，摆脱贫困的社会状况，追求现代化的实现，社会焕发着崭新的风貌，展现出无限的活力。但是，快速发展的另一面也会导致环境资源破坏、污染问题频发——尤其是土壤污染问题的日益凸显。

2014 年 4 月 17 日，我国环境保护部以及国土资源部联合发布的《全国土壤污染状况调查公报》正文中言明："全国土壤环境状况总体不容乐观，部分地区土壤污染较重，耕地土壤环境质量堪忧，工矿业废弃地土壤环境问题突出。"①

土壤污染的严重性是触目惊心的，而且该问题产生的巨大经济影响是显而易见的。虽然土壤污染问题是我国经济发展过程中不可避免的"综合征"，但这不能成为为寻求经济发展而忽略对土壤环境的涵养保持以及土壤污染防治的正当理由，相反，这是要求重视土壤污染问题迫在眉睫的现实选择。

问题的产生，不仅要求我们面对它，而且也催促我们积极地尝试去解决它。同土壤污染有关的法律法规在我国现有的法律体系之中并不在少数，除《土壤污染防治法》整合了部分土壤污染防治的基本制度及相关法律责任，它们散见于《环境保护法》《农业法》《农产品质量安全法》《水污染防治法》《矿产资源法》《基本农田保护条例》《刑法》和《土壤环境质量标准》等法律法规和规章当中。但应当指出的是，以上法律法规对于土壤污染的防治均只有原则性、概括性的规定，缺乏配套完整有效的土壤污染防治方案，土壤污染防治法律实施保障不足，同当今污染防治科学技术的发展进程是相脱节的，其可操作性有待商榷。

综观我国土壤污染防治的立法以及污染现状，基于普适性的价值追求，从而可知，优化切实可行的土壤污染防治法律实施机制是当下形势所必要的。

本章内容，笔者首先从"土壤"和"土壤污染"这一对基本概念入手，通过概念的对比分析，确定"土壤"以及"土壤污染"的内涵，同时辅以介绍土壤污染的特征。在明确以上问题之后，再从历史的角度反观我国"土壤污染防治"的发展以及现状，以期寻得对于构建土壤污染防治法律实施机制有借鉴意义的内容。最后，通过对"国际形势的新需求""发达国家的经验总结""法律约束的独特性"三个方面的论述，佐证土壤污染防治法律实施机制构建的必要性。

第一节　土壤污染构成要素及内涵的分析与明确

土壤是地球上主要的物质存在形式之一，蕴含着生命体生存所需要的丰富养分。随着工业文明的发展，以及人类活动对于自然环境造成的负面影响愈加频繁，在渐进的过程中，造成了土壤污染，且受污染的范围在不断地扩

① 环境保护部：《环境保护部和国土资源部发布全国土壤污染状况调查公报》，载 http://www.zhb.gov.cn/gkml/hbb/qt/201404/t20140417_270670.html，2015 年 3 月 24 日访问。

大，影响程度也在不断地加重。土壤污染形成过程所具有的人为性、隐蔽性和长期性特征，迫切要求我们必须充分地重视土壤污染问题并采取必要的措施。

一、“土壤”内涵的明确

土壤是维系人类以及其他物种、非生命体生存的重要自然资源。随着时间流逝、气候变化以及生物作用等因素的共同影响，作为一个立体性的存在的土壤体方可逐渐形成。

土壤的功能是多样的：从生命基础的角度看，大量不同生态位的生物种群以土壤为栖息之所，土壤的基因库量是庞大的；从生态系统的角度看，土壤是自然循环、物质交换、能量流动的关键场所，并能够不竭地生产生物，具有关键的生态功能；从人类自身的角度看，土壤具有的建筑物基础、能源供应等技术、工业和经济功能，对于人类抑或人类社会的发展而言都意义重大。在一定条件下，土壤还能够通过实现自己的保护、记忆功能，使一部分自然、文化遗产得以留存，因此也具有重要的历史和文化价值。

土壤不仅在自然科学方面有举足轻重的作用，而且其文化意蕴也是异常丰富的。在宗教层面，土壤是人类的起源。《圣经·创世记》有言：你既是尘土，就要归回尘土。在我国古代文化中，土壤被视为土地的“肌肤”，《博物志》有言：“石为之骨，川为之脉，草木为之毛。”① 《易经》中最基本的“乾”“坤”二字也同土壤有一定的关联。我国的诸多神话故事也从一个侧面反映了古代文化中对于土壤的崇敬。

对于“土壤”的内涵，不同的学者基于不同的研究领域有不同的见解。我国现行《土壤环境质量标准》规定，土壤是指地球陆地表面能够生长绿色植物的疏松层。②《污染场地术语》规定，土壤是指由矿物质、有机质、水、空气及生物有机体组成的地球陆地表面的疏松层。③

笔者认为，从构建土壤污染全方位、可操作防治法律实施机制的角度出发，土壤的内涵应当被界定为“地球陆地表面厚度在 2 米左右，但不排除地理差异，由各种颗粒状矿物质、有机质、水分、空气及生物有机体等组成的，大部分植物赖以生长的疏松层”。

---

① （晋）张华：《博物志》（卷一），重庆出版社 2007 年版，第 9 页。

② 参见《土壤环境质量标准》，第 2.1 条。

③ 参见《污染场地术语》，第 2.1.2 条。

（一）土壤是由不同数量级别的颗粒状矿物质、具有丰富生物功能的有机质、大量的水分空气等生存所必需的物质以及生物有机体组成的

诚如蕾切尔·卡逊在作为环境保护运动发展过程中最重要的书籍之一的《寂静的春天》中的表述："生命创造了土壤，而异常丰富多彩的生命物质也生存于土壤之中；否则，土壤就会成为一种死亡和贫瘠的东西了。"① 土壤并非单一、静止的，而是由大量不同种类的生命、物质所构成的，它是陆地生态系统的有机组成部分。颗粒状的矿物质（包括砂粒、黏粒、粉砂等）形成了土壤的基本架构。有机质（也称腐殖质）是土壤物理、化学、生态等功能以及土壤质量水平的核心影响因子。水分、空气促成了土壤环境中物质以及能量的流通、循环。生物是有机质产生、积累的源头之一，生物性的力量也能同热力、水分、空气等自然因素一起促成土壤的形成、积累、稳定。土壤是一个由大量不同属性、种类的物质所构成的复杂系统。

（二）土壤是大部分植物赖以生长的疏松层

植物是地球上最主要的生命存在形式之一。它通过光合作用均衡大气中的二氧化碳和氧气，是碳循环、氧循环中一个不可或缺的环节。植物物种丰度大、适应性强，不论是在寒带、热带、温带等不同气候的地区，还是在沙漠、平原、丘陵、盆地、森林等不同地形的地区，植物的分布都是异常广泛的。但是，无论其分布如何，对于大部分植物而言，其生长、繁殖、发挥生态作用都必须依赖土壤，以土壤为基础。土壤对于植物的"供养"是普遍的，具有独特性的，这一点应当成为组成土壤内涵的又一要素，以同其他概念相区别。

（三）土壤于地球陆地表面的厚度一般在 2 米左右，但是不排除地理差异

由于《土壤环境质量标准》对于土壤的界定没有量化的标准，因此有学者认为，土壤是指地球陆地表面能够生长植物的疏松层，其厚度一般在 2 米左右。② 笔者认为，这一定义对于土壤厚度的量化是合理的、可行的。从以上两点的论述来看，土壤的概念基本可以形成，即"土壤是由各种颗粒状矿物质、有机质、水分、空气及生物有机体等组成的，大部分植物赖以生长的疏松层"。这一内涵于学理上来说是无过的，但难免过于原则性、概括性，不符合本书意图突破我国现有法律法规对于土壤污染防治规定过于原则性、概括

① ［美］蕾切尔·卡逊：《寂静的春天》，吕瑞兰、李长生译，上海译文出版社 2014 年版，第 53 页。

② 陈德敏、薛婧媛：《中国土壤污染现状与法律责任解读》，载《重庆大学学报》（社会科学版）2008 年第 1 期。

性之瓶颈的想法，并且这一界定的可操作性不强。因此，需要在“土壤”的内涵中对土壤厚度进行量化，从而能够使人们对于土壤的认识更为直观，在实践中操作起来也更为方便，形成具体明确的、可量化、可操作的内涵阐释。结合土壤科学的相关研究，土壤的厚度应以 2 米为宜。

土壤厚度的量化标准的确是明确土壤内涵的一个关键，但这一量化标准不能是绝对的，否则将会为相关法律人士所诟病，并且让试图污染、破坏土壤资源的人有机可乘。由于地理环境差异性的存在，笔者认为，在进行有关土壤的具体量化时，应当额外以“不排除地理差异”兜底。

（四）肥力不应成为土壤内涵的构成要素

肥力是土壤发挥其对于动物、植物、微生物“给养”功能的关键性要素。由此，关伯仁先生认为，肥力是土壤最重要的性质，以是否具有肥力为标准，可以将土壤和土壤以外的地表疏松物质区别开来。① 但是，从法律的角度来看，肥力不应当作为某一疏松层是否成为土壤的判断标准。这是因为，“肥力是区分土壤与其他疏松层的重要标准”这一判断，是从地理学、农学的视角来评判疏松层是否对人类有资源利用价值的标准。但毋庸言说的是，受到污染的土壤其肥力是微弱甚至丧失的。如果在土壤污染防治法律实施机制中援引此标准，法律的适用对象就仅限于有肥力的土壤，这显然缩小了土壤污染防治法律实施机制的调整范围，与防治土壤污染、实现可持续发展的目的、价值追求不相符。

二、“土壤污染”内涵的明确

土壤是土壤污染的载体，土壤在土壤污染问题中类似处于“被害人”的地位。“土壤污染”由土壤和污染两部分组成。土壤是污染的直接对象，污染是土壤的表象状态。基于这两个方面来分析“土壤污染”一词的内涵是有必要的。上文中笔者已经明确了“土壤”的内涵，不再赘述。“污染”是一种结果，即土壤受到各类污染物影响，通过不同的途径而被污染。

执果索因，对于“土壤污染”的成因进行明晰，是明确土壤污染内涵的首要步骤。

土壤的污染源主要有以下几种：第一，无机污染物。例如，含镉、汞、砷、铜、铅、铬、锌、镍等重金属元素的无机物。重金属元素能够使蛋白质发生变性，影响生命机体内由蛋白质组成的物质，如催化各类反应的酶。这

① 关伯仁：《土壤环境特点》，载《环境污染与防治》1981 年第 3 期。

对于土壤之中的生命体而言有着毁灭性的副作用。第二，有机污染物。主要是指人工合成的有机物质、酚类物质、氰化物、石油、稠环芳烃、洗涤剂，以及高浓度耗氧有机物等。其中，有机氯农药、有机汞制剂、稠环芳烃等性质稳定、不易分解的有机物在土壤环境中易累积，从而造成污染。[①] 第三，生物性污染物。土壤生物性污染往往同生物种群的失衡或者生物入侵有关，即一个或几个有害的生物种群或者被不当引入的生物种群，在原始生态平衡遭到一定破坏的情况下入侵土壤，破坏了土壤最初形成的稳态，最后造成土壤生态系统不良的结果。第四，物理性污染物与放射性污染物。物理性污染物也被称为固体废弃污染物，包括工业废渣、污泥、城市垃圾等，通过人类的工业农业生活对土壤造成极大的负效应。放射性污染物对于土壤中的各种生命形式具有放射性，能致畸、致突变、致癌等，是导致基因突变的主要化学源头。

除生物性污染中存在较少的人为因素外，其他几种污染源的产生与人类活动的关系是极为密切的，人类活动所产生的土壤污染源占土壤污染源的绝大部分。

以主要污染物的源头以及污染的途径和方式为依据，土壤污染可以分为以下几种类型：第一，水污染型。工业制造产生的废水、城市生活污水和受污染的地表水体未经处理直接排放进入土壤，借由水的流动致具有污染性的元素、物质被带入土壤环境，造成土壤污染。第二，大气污染型。由于土壤是一个包容程度较高的系统，它同水体、生物和大气等自然因素通过物质的交换以及能量的流动而相互影响、相互作用。以“酸沉降”为例，“三废”形式的污染物进入大气之后，以沉降、淋溶、降尘等方式，通过大气循环进入土壤，从而造成土壤污染。第三，固体废弃物污染型。固体废弃物即被丢弃的利用价值较低的固体状物质或者泥状物质，包括工矿业生产产生的废渣、污泥和城市垃圾等。固体废弃物能通过大气扩散或者降水淋滤等方式进入土壤，造成土壤污染。这些污染是由综合性诱因所导致的。第四，农业污染型。由于农业生产的需要，导致土壤被不断地施以能促使农产品高产、高质量的化肥，以及祛除、杀灭农业害虫的农药等，在此过程中大量不适宜的化学元素被过度引入、滥用，而导致土壤污染。第五，综合性污染型。由上述几种污染类型中的两种或多种因素相结合而形成的综合性污染。在实际生活中，

---

① 洪坚平：《土壤污染与防治》（第二版），中国农业出版社 2005 年版，第 25 页。

土壤污染往往表现为综合性污染。[①]

在土壤污染的类型中，前三种可以合并冠以一个统一的名称“工业污染型”。由此，可将土壤污染按照以上标准重新概括为工业型污染、农业型污染和综合型污染三大类。由于工业在土壤污染甚至是环境污染中扮演着十分“重要”的角色（八大公害事件就是最好的例证），因此不得不强调工业污染对于土壤环境产生的巨大副作用。

明确了土壤污染的成因以及相关分类后，再回归到土壤污染的完整概念上。我国法律对土壤污染的直接规定见于《土壤污染防治法》第2条第2款，即土壤污染是指因人为因素导致某种物质进入陆地表层土壤，引起土壤化学、物理、生物等方面特性的改变，影响土壤功能和有效利用，危害公众健康或者破坏生态环境的现象。也即土壤污染的内涵包括“人为”“土壤特性改变”以及“危害结果”三个要素。

（一）人类活动是诱发土壤污染的重要因素

从把土壤污染防治法律实施机制作为“法”的角度上看，土壤污染的内涵应当包括人类活动这一要素。究法律之本源，意在维护一个社会、民族共同体的秩序，从而实现在自然环境下的最大效益。法律的效力范围是有限的，它是约束共同体之中的“人”（包括自然人、法人和其他组织）的规范。缺失“人”参与的活动，是法律规制阙如之领域。在土壤污染防治法律实施机制的客体指向——土壤污染中，“人”的因素是必须被包含的。

从土壤污染形成的原因上来看，正如上文所提及，无机污染物、有机污染物、物理性废弃物和放射性污染物都与人类活动有着密切的联系。《中国大百科全书》将土壤污染置于环境污染的范围之内，认为“环境污染主要是人类活动所引起的环境质量下降而有害人类及其他生物的正常生存和发展的现象”。[②] 人类活动在土壤污染的形成过程中起着主要作用，是不能被忽视的。

（二）污染物的介入速度和累计总量在超过土壤净化能力的上限和土壤容纳的阈值时，引起土壤某些方面特性的改变

土壤是一个开放的系统，具有同人类免疫系统相似的自我净化能力以及容纳能力，使作为一个复杂系统的土壤具有对抗外界干扰的抗性特征。土壤系统并不是静止的，而是始终处于一个动态的变化之中。污染物介入土壤环

① 洪坚平：《土壤污染与防治》（第二版），中国农业出版社2005年版，第28页。

② 《中国大百科全书》总编委会：《中国大百科全书·环境科学卷》（第二版），中国大百科全书出版社2009年版，第45页。

境后，其介入速度、累计数量与土壤的自净能力、容纳能力不停地进行对抗、博弈，当污染物的介入速度和累计总量超过土壤净化能力的上限和土壤容纳的阈值时，土壤就处于超负荷的状态。量变引起质变，最终使土壤污染部分特征发生改变，如土质恶化、肥力下降、有毒物质以土壤为媒介通过食物链浓缩聚集等得以显现，土壤污染形成。

（三）土壤污染是危害人体健康以及生态环境的现象

土壤污染作为环境污染的一支，随着人类活动对土壤环境破坏频率的增加而日益加剧。然而作用是相互的，工业型、农业型以及综合型土壤污染类型在污染土壤的同时，也使人体健康以及生态环境受到了严重的影响。举例来说，土壤污染物中含有的有害化学元素，通过植物的渗透、吸收作用，进入依赖于土壤生长的植物体内，造成部分抗性较弱的植物本身的机能损毁、衰弱、死亡。剩余的存活植株能够通过食物链低端的消费者——食草动物的过渡，再次进入生态系统的食物链中并实现循环、流动，最后难以消解。人类在生态系统中同样处于一定的生态位，同样处于食物链的链节之中。在不同生态位的消费者构成的食物链中，有害的元素浓缩、聚集，致使危害结果发生。

三、土壤污染的特征

土壤污染是频繁的人类活动给自然生态环境带来的负效益。诱发土壤污染的污染物是多重属性的，并且土壤污染的过程是繁复的。这些原因导致了土壤污染存在人为性、隐蔽性和长期性的特征。

（一）人为性

土壤污染与人类活动密切相关，人类活动是最主要的土壤环境影响因子，也是土壤污染防治法律实施机制的规制对象。人类在利用自然、改造自然的过程中获得了经济发展，同时也给土壤环境造成了许多负面影响。虽然自人类存在之初，土壤以及其他环境问题就已存在，但是该问题在多次工业革命、科技革命的带动下日益激化。土壤承受了超过以其自我净化能力为前提的越来越重的负担。人类活动是诱发土壤污染的根源性原因。土壤污染物虽是处于表象污染过程中的直接污染致使者，但是相较于人为因素，其仍旧属于间接的土壤污染致害源的范畴。

（二）隐蔽性

由于土壤直接污染物自身具有并不相同的物理化学属性，其入侵土壤的途径是多样的。它们对于土壤造成的破坏是在同土壤自净能力的博弈中逐渐占了上风之后形成的。在以上土壤的内涵中，笔者已经明确，“土壤是指地球陆地表面厚度在 2 米左右，但不排除地理差异，由各种颗粒状矿物质、有机物质、水分、空气及生物有机体组成的能够生长植物的疏松层”。由此，在一般情况下，并不能直接通过肉眼来判断土壤是否处在被污染的过程中（如果某处土壤凭借肉眼即能够辨别其是否存在污染、正受何种污染、污染的程度如何，那么该土壤的被污染程度可想而知）。通过可识别的科学技术手段，间接地发现土壤污染之存在、加重抑或消除是探测土壤污染的主要方法。并且，土壤同污染物之间的博弈不是即时性的，而是一个渐进的过程。从以上两方面不难看出，土壤污染形成时间的难以确定，也是导致土壤污染治理在空间、时间上滞后的原因之一。

（三）长期性

土壤污染被称为“一污染就天长地久”。在污染物侵入土壤环境之后，其在土壤中不断迁移、转化，循环往复，与土壤中的各种构成因子发生一系列的吸附、置换、结合作用。这些作用大多数是不可逆的。污染物最终因难以被土壤系统所“消化”，而永久性地留存在土壤之中。尽管土壤以及其他生态系统之间存在相互循环、相互交换，可以在一定程度上分担其所受的污染影响，但是这种分担是有限的。土壤污染长期性的特点在现实中的危害体现在，其对于人体健康或生态环境的负效应，是作用在一个时间段内的。而这一时间段是难以预期、难以考量的。

第二节　土壤污染防治的历史沿革

土壤污染问题作为人类文明加速发展的负产物，至今已演变为全人类所需面对的众多关键性问题之一。了解国内外土壤污染防治进程的发展，全面了解我国土壤污染防治现状，对于恰当应对土壤污染问题，从而建立有效的反应机制，选择适当的、正确的调控方式对其进行规制，具有充分的借鉴意义。

一、国外土壤污染防治的历史沿革

从国外对于土壤污染问题普遍所采取的应对措施可以看出，在经历了错误的“先污染、后治理”的环境与经济抉择模式之后，大部分国家选择通过法律来对土壤污染问题进行规制。例如，日本在世界著名的公害事件之一的富山县“疼痛病”爆发后，即采取立法措施，通过了《农业用地土壤污染防治法》，对该事件予以回应。此外，不论是美国、德国、英国等西方发达国家，还是欧盟这种在一定程度上具有超国家性质的国际组织，均对土壤污染问题通过立法或者期待用立法的方法予以调整，以期达到良好的效果。下文将简述美国、德国以及欧盟通过法律方式进行土壤污染防治的相关尝试。

（一）美国土壤污染防治的历史沿革

美国对于其域内存在的环境问题的关注，经历了从“先污染、后治理”到“从末端治理到首段治理”的理念发展过程。由此，究其理念的流变，其环境立法经历了一个从无到有的过程。但是，其对土壤污染防治进行相关立法的历史并不悠久。

最初，在立法理念上，相关人士主张不需要额外地通过环境保护法来实现对于土壤污染问题的规制。原因在于，侵权法可以恰当地对土壤污染的行为进行有效、合理的规制。在此阶段，侵权法在土壤污染的法律问题方面发挥了主要作用。而且，基于“公地悲剧”衍生出了土壤资源的公共权属，从而推演出每个人都有义务维持土壤资源的良好状况，这也是在人们寻求法律救济时，法院一般会援引的法律依据。

随着社会结构的变化、经济生产方式的改变，社会关系日趋复杂，环境法律关系同样发生了趋向于多样化、复杂化的改变。单靠援引“公地悲剧”理论以及侵权法的相关内容，已经不能解决现实中日益复杂的土壤污染问题。由此，通过单独的立法以实现对于土壤污染防治的议题进入了美国国家司法的视野。在理论方面，科学技术的高速发展促使人们开始对于土壤的结构、生物性质、物理化学性能等进行更加深入的研究，“环境公共财产理论”“公共信托理论”“环境权理论”以及“污染者付费受益者补偿理论”等学术研究层出不穷；在实践方面，随着环境保护运动的日益兴盛以及走向高潮，环境保护运动的先驱者更加频繁地出现在公众的视野之中。政府在此时期推陈出新，尝试运用许多新的政策以期更好地解决环境污染问题，如泡泡政策（该政策也给未来的排污权交易制度打下了基础）。[①] 自此，美国政府开始转向，进入通过立法形式来对土壤污染问题进行调控的历史转折新阶段。

美国的立法机构于 1969 年制定了第一部关于环境污染问题的法律，即《国家环境政策法案》（National Environmental Policy Act，NEPA）。其后，美国环境污染防治立法快速发展，逐渐摆脱了单一形式的束缚而向全面层次延

---

① ［美］理查德·拉萨路斯、奥利弗·哈克：《环境法故事》，曹明德等译，中国人民大学出版社 2013 年版，第 133 页。

伸，同时也逐渐形成了一定的环境法体系。在经济调控方面，排污费开始逐渐被推广征收，污染补贴得到落实，排污权以及环境税的观念被提出；对于法律调控土壤污染问题的阶层，也逐渐从“末端”向“首段”进行转变。

在土壤污染防治方面，1980 年 12 月 11 日通过的《综合性环境反应、补偿、责任法案》（Comprehensive Environmental Response，Compensate，Liability Act，CERCLA）发挥了巨大的作用。该法案在化学以及石油工业领域创设了新的税种，明确了私人投入有害废弃物的责任，并通过相关规定扩充了联邦权力（主要体现在短期的治理以及长期的防治两个方面），以直接应对对于公共健康以及环境有实在危险或者潜在危险的有害物质的排放。在法案实施之后的 5 年之内，16 亿美元因此被筹集，并基于此设立了以清除不可用的或者被废置的有害废弃物并设立相关的放置点为目的的信托基金。因此，该法案也被称为“超级基金法案”。

需要特别指出的是，在美国以及其他西方国家中，环境保护法体系隶属于行政法的大类，是行政法体系的分支之一（这也是我国环境保护法的法律地位同西方国家环境保护法的法律地位最大的不同所在）。由此，与美国土壤污染防治相关的法律受美国行政管理机构所监督管理，在实施上也受其限制（许多环境保护相关的法律也是由其通过产生的）。在美国，对于环境问题起巨大作用的行政管理机构以及独立机构主要包括：美国环境保护署（Environmental Protection Agency，EPA）、联邦能源规划委员会（Federal Energy Regulatory Commission，PERC）等。

（二）德国土壤污染防治的历史沿革

德国作为世界上的工业强国之一，其在不同的时代背景之下，于工业化发展的道路中，曾提出不同的国家经济、社会的战略构想（不论是在两次世界大战期间，还是战后的分裂重建时期，抑或是近年来提出的“工业 4.0”战略）。同进行工业化的先行国相似的是，土壤环境问题同样伴随着德国工业化发展的程度而不出意外地产生、发展以及恶化。

在德国联邦政府对于土壤污染问题产生关切之初，德国的土壤污染状况已经极其不容乐观。自 20 世纪 50 年代开始，德国在两次世界大战之后，作为典型的、历史悠久的成文法国家，逐步展开了环境立法工程。然而，至 2009 年德国联邦议会第 16 次立法会议结束，德国环境法制的法典化工作却以官方明示终止而不了了之。虽然环境法综合性的法典没有得到政府的支持，但是从德国现有的环境立法体制来看，仍旧存在大量用于规制环境问题的法律规范，如《联邦污染防治法》《联邦垃圾处理法》《德国联邦森林法》以及

《联邦自然保护法》等。值得注意的是，德国为了弥补环境法典阙如，还颁布了《环境法规清理法》以解决不同领域的环境法律规范之间可能存在的冲突以及适用的抉择问题。

在土壤污染防治的法律规制方面，德国的巴登-符腾堡州率先举起了“土壤污染防治立法”大旗。自此，联邦德国成立了大量的与土壤保护有关的土壤污染防治小组以及委员会，在实践层面上为土壤污染防治法的立法奠定了基础。1998 年，德国联邦政府先后通过了《联邦土壤保护法》以及《联邦土壤保护条例》。《联邦土壤保护法》主要对以下几个方面的内容进行了规定：首先，对适用过程中法律体系内部可能产生的冲突作了明晰的规定；其次，明确了公民、企业保护土壤资源的义务以及相关的权利和土壤保护的基本价值取向——预防性占优的土壤污染防治；再次，在单章中分别详细规定了如何对农业土地利用的土壤污染预防、治理；最后，明确了土壤污染的责任机构以及权力的分配等。

德国对于土壤污染进行的防治不仅体现在明细的立法上，同时体现在细致的实践层面上。在土壤污染过程中的首段，全面落实对于土壤环境状况生态变化的监测。对于潜在性的土壤污染地块，联邦政府以及地方州政府会将其列为重点排查筛选的对象，并通过精密的计算来评估土壤污染的风险。对于实际发生污染的地块：首先，对污染地块根据不同的污染情况进行合理的分类，而后根据不同的分类来确定可以实现的具有针对性和可操作性的污染治理措施。其次，在土壤修复的过程中，德国的理念是还原并保护土壤的特殊功能，而不是为了利用土壤实行保护。最后，对具有不同功能属性以及相应风险等级的土壤，恰当地采取不同措施清除污染，并实行污染责任追溯制度。①

德国在土壤问题的防治方面投入了大量的精力以期良好地解决这一问题，从而保持一定的自然资源平衡。以德国覆土问题为例，虽然德国拥有高水平的城市化程度，并且城市人口呈负增长，居住使用建筑量呈较饱和状态，但是由于对覆土问题有效管制的阙如，使其仍旧成为存在于德国的一个形势较严峻的问题。就此问题，相关学者在德国环境基金会的帮助下，通过对土壤环境监管、控制以及城市绿化保持等措施在问题回应速度、措施实施效率等方面的评定（Response-Efficiency-Assessment，REA），得出了以下结论：首

① 中国环保网，http://www. chinaenvironment. com/view/ViewNews. aspx? k = 20120814170401031，2015 年 7 月 19 日访问。

先，REA 评测表明，通过各个单项措施的对比，用法律及相关政策来控制覆土问题的恶化，相较于非正式调控以及经济调控手段，在综合得分上是最高的，即法律调控是生态友好且可持续、高效的手段。然而，相较于综合各种不同政策基点、战略方向的措施来讲，法律、经济等单一实现防治效果的措施是低效的。其次，依据不同的社会价值本位取向，可将法律对覆土问题的调控方式分为三种不同类别：通过促成更加分散以及自给自足的生态“社区”的分布，形成大范围的“移情”，而通过群体的平等智慧来保护自然资源，是基于平等主义的社会本位取向推演出的有效手段；通过促进创新以及竞争，形成创造性的个体效应以带动社会局面的发展，是基于个人主义的社会本位取向推演出的有效手段；从阶级主义的社会本位思想看，自然作为弹性的存在，是此重要的理论奠基点。由此，需要人类社会创制更为强硬的法律法规，以使自然变得更为可控（基于宿命论的社会本位取向，其对于任何问题依赖的是“宿命”这种不可人为控制的方式，因此此处暂不讨论）。[①] 虽然由不同的政策基点推演出的有效政策在不同的时代背景以及自然背景下的效果有优劣之分，但是总的来说，通过综合调整手段，包括经济调控手段（如环境税）、法律调控手段等，使多种方式并存，解决问题是最具有潜力以及最有效、可持续的。

由此可以看出，德国对于土壤环境问题在不同的层次以及不同的方面表现出了十分积极的态势以期更好地应对土壤问题的非效益恶化。

（三）欧盟土壤污染防治的历史沿革

位于地球表层以及岩床之间的土壤，作为地球表面的最外层，被视为一种至关重要的不可再生自然资源。土壤是由各种形式的物质、生物所构成的复杂而有机统一的系统。由于土壤问题的普遍性，欧洲也同样面临着诸如土壤腐蚀、有机质含量减少、污染的局部扩散，覆土问题、可用土壤资源紧缩、生物多样性锐减、土壤盐碱化、洪水、山体滑坡等严重威胁土壤环境的健康状况。虽然欧洲的环境政策在近几十年已经有了很大的发展（主要体现在对于水资源的保护、鸟类栖息地的保护等自然环境保护方面），但是至今并没有专门为保护土壤而制定的法律法规。在欧洲，构筑专门性的“土壤保护法”是当前形势下迫切需要的。

欧盟土壤保护法案在步入 21 世纪之后得到快速发展。

---

① Martina Artmann, “Managing urban soil sealing in Munich and Leipzig (Germany) — From a wicked problem to clumsy solutions”, *Land Use Policy* Vol 46. 2015, p. 35.

2002年，欧洲各国最先明文呼吁建立“第六个社会环境行动计划”，主要包括四个方面，即气候变化的应对策略、自然资源和生物多样性的保护与保持、环境生态健康以及资源的合理使用，并通过法律手段实现（当然还涉及空气质量、可持续利用资源、固体废弃物防治、循环利用技术、农药治理、城市环境建设等专门政策）。土壤问题也在该计划中被提及。可以说，该计划不仅为在欧洲总体层面上提高环境保护水平、构建政策体系框架奠定了基础，而且为欧洲土壤保护法案的发展提供了最根源性的基点。

2006年，为了对土壤资源进行有效保护以及可持续利用，欧洲委员会最早提出拟定土壤保护专门性政策性的议案。基于预防及治理的角度，该政策遵循两个原则：一为保持土壤功能，抑制土壤恶化；二为对已恶化的土壤进行积极修复，使其功能恢复到至少能同当前或预期功能一致的水平。该政策的主要内容如下：一为确定土壤保护的总括性观点、政策性框架并拟定10年之内的项目计划；二为对于土壤问题对经济、社会和环境的影响进行评估以及分析；三为对于建立土壤保护框架指令的倡议。

对于上述问题，经过议员间将近1年的讨论以及国家间的磋商之后，终于通过用法律调控的方式实现土壤污染的防治。在2007年12月20日召开的环境委员会会议上，最终由于来自德国、法国、奥地利、英国等成员国的反对，未达成通过立法措施实现土壤保护议案的合意。因此，从官方层面上说，对于欧盟环境部而言，采用多种替代性而不明确强硬的立法以实现对于土壤污染的防治方为当今之良策。

诚然，从欧盟在土壤资源保护方面的发展而言，导致土壤保护立法“搁浅”的原因是多方面、多层次的。但是能明显看出的是，自21世纪后，欧盟对于土壤污染环境保护的发展，仍旧产生了巨大的推动作用。能够相信，土壤资源保护在今后更加能够得到重视，并且土壤污染防治法律体系必将更加完善。

二、我国土壤污染防治的历史沿革及现状

自新中国成立以来，我国人民寻求发展的过程虽然在初期经历了一些波折，但是在之后稳定的政治以及社会环境下步入正轨。环境问题是伴随着任何人类意图寻求发展的活动的副产品，在我国亦然。

20世纪末期，我国经济建设快速发展，此时我国对于土壤环境问题的重视主要集中在农业方面。农业是我国自古以来最重要的产业类型，由此，我国对于土壤问题重视的起步在此也不足为奇。20世纪80年代以及90年代，

我国对于肥料登记制度的管理日趋重视，一方面是为了抑制农业经济中肥料市场的乱象；另一方面由于肥料直接施用于土壤环境之中，存在一定质量问题的肥料必然会对土壤生态状况的良好产生负面影响。基于此，农业部分别于 1989 年和 1994 年发布了《农业部关于肥料、土壤调理剂及植物生长调节剂检验登记的暂行规定》以及《农业部关于批准肥料、土壤调理剂、植物生长调节剂检验登记发证产品的通知》，着重强调对于肥料、土壤调理剂等直接在土壤中发生作用的化学用品实施较为严格的登记制度。从对于肥料采用这些方面的规定可以窥见，农业部对于土壤环境问题已经给予一定的关注。但是该方面的关注仅仅局限于农用产品的使用，并不存在比较深入的研究以及对于该问题的专门性探讨。1999 年，为了《环境保护法》的贯彻实施，国家环保总局发布了《工业企业土壤环境质量风险评价基准》。在《环境保护法》立法宗旨的指引之下，我国开始在工业领域对于土壤环境质量以及风险把控等方面的初步研究，这是我国近代土壤污染防治的萌芽时期，表明了我国对于土壤污染的认知正朝更为科学深刻的方向过渡。在这一时期，我国对可能使土壤环境质量产生影响的肥料等化学药剂进行了高度关注，这在一定程度上提高了相关部门对于土壤污染问题的重视程度。此后，我国对工业领域的土壤环境质量问题作出了一定的积极回应。

步入 21 世纪，由于在经济领域取得了一定的发展，温饱问题逐渐得到解决。与之相辅相成的是，我国对于土壤环境科技方面的重视程度得到了提高。土壤污染问题的发现、解决的过程，必然建立在科技健全完善的基础之上。在最基础的实验设备、实验基地的建设方面，在 2004 年我国科学技术部批准设立的八个国家重点实验室中，土壤与农业可持续发展国家重点实验室名列其中。2013 年，国家环境保护城市土壤污染控制与修复工程技术中心的建设，同样得到了我国环境保护部的批准。对于进行专门研究的实验室的大量建设，彰显了我国对土壤污染进行治理的决心。在科技研究领域，我国对于土壤污染防治的研究进一步深入，大力发展了与土壤相关方面的科技，推进土壤污染检测、控制、预防、治理、修复等科技手段的研究。

在科技方面对土壤污染产生的机理、作用原因、如何解决等进行研究是很有必要的，此外，如何因地制宜，基于我国实际国情实现土壤污染的防治是同样重要的问题。我国环境保护部面对土壤污染严峻的形势，于 2005 年 4 月起，开启了对土壤污染状况全面综合调查的工作。2006 年，国家环境保护总局成立了土壤调查专项小组，与农业部以及国土资源部共同开展对土壤污染专项调查的工作。通过建立专项小组以及同其他部门进行合作的方式，对于土壤污染的调查工作建立起相互协调、分工明确的机制。该专项调查工作共持续了八年，项目组对于我国的陆地国土进行了细致、综合、全面的调查，调查范围包括我国陆地国土之上的部分草地、林地、未被开发利用的土地以及建设用地，另外还包括所有的耕地，实际进行调查的面积在630万平方公里左右。[①] 该项调查分别从物理、化学、生物的角度对土壤环境进行了评估、监测、分析，并于2014年向社会公布了《全国土壤污染状况调查公报》。

该公报显示，我国土壤污染的形势总体上不容乐观，土壤污染的状况在空间上表现为南方地区的污染程度大于北方地区，长江三角洲、珠江三角洲以及东北老工业基地的污染程度仍旧比较严重。土壤污染的集中分布地区类型主要包括重污染企业用地、工业废弃地、工业园区、采油区、采矿区、污水灌溉区、固体废物集中处理处置场地以及干线公路两侧等。在土壤污染的表现形式上，无机污染物中的铬、锌、镍、镉、汞、砷、铜、铅八种无机污染物点位超标率分别为1.1%、0.9%、4.8%、7.0%、1.6%、2.7%、2.1%、1.5%；有机污染物中的“六六六”、“滴滴涕”、多环芳烃三类有机污染物点位超标率分别为0.5%、1.9%、1.4%。[②] 从不同受调查土壤的状况来看，有机物对于土壤造成的污染是各类土壤污染的主要污染源。综合地域特点、科学属性类型、污染物的性质、污染的程度、污染的表现形式等方面可以看出，我国在土壤污染的防治、土壤的保护方面所做的努力仍旧不足。在未来一段时间内，要继续落实科学发展观、可持续发展理念，改善当今土壤污染的环境，从首段至末端的防治阶段之中，扭转我国土壤环境状况不容乐观的现状。

2008年，在可持续发展理念的倡导之下，加上我国土壤污染实际国情的迫切所需，环境保护部发布了《关于加强土壤污染防治工作的意见》。该意见分别在形势的明确、基本精神的指引、主要目标的预设、重点领域的确定等方面，对于如何应对当前我国土壤污染状况进行了说明。同时强调了对于土壤污染在首段以及末端全领域、全时段防治的重要性。

土壤污染问题同其他环境问题具有关联性、普遍性、广泛性，因此不仅是当时的环境保护部对于土壤污染问题进行了大量的关注。气象局在2010年以答复的形式明示了“土壤熵”的概念以及土壤熵的变化对于土壤环境本身（包括养分的丰度、土壤生物系统的构成等内容）、田间气候的稳定、农作物

---

① 环境保护部：《土壤污染报告发布：耕地超19%工业地最严重》，载http://finance.huanqiu.com/china/2014-04/4974294.html，2015年8月29日访问。

② 参见《全国土壤污染状况调查公报》（2014年4月17日）。

生长等方面的影响，并明确气象部此后对于土壤熵监测的重视。2011 年，住房和城乡建设部对于种植绿化植物，以实现土壤环境和谐为目标作了一定的明确要求。同年，农业部对于土壤有机质的政策作出倾斜，提高了补贴。2012 年 7 月 9 日至 13 日，上海化工研究院承办了 ISO/TC 134 肥料和土壤调理剂技术委员会第八次委员会年会。

我国现阶段对于土壤污染的防治工作主要有以下特点：一是起步的时间较晚。我国从对于土壤污染问题有了一定的觉醒到逐渐重视，再到全方位地进行研究、监测、防治，所经历的时间不过二三十年。二是防治的内容还需进一步完善。我国土壤污染防治的进程仍旧处在逐渐发展之中，并没有达到成熟有效的阶段，防治的内容也正在逐渐完善。20 世纪末期，我国对于土壤污染并没有很深层次的认识，仅仅是由于其他原因而对其有所涉及。但是在步入 21 世纪之后，我国在科技领域上加强了对土壤污染机理、机制、内因、外因等方面的研究，并分别从不同侧面对土壤污染进行了分析，得到了一系列具有前瞻性的成果。这些成果并不仅仅涉及土壤污染单一方面的内容，而是包括从土壤污染首段至末端的全过程。从以上两点不难看出，我国对于土壤污染问题的研究，必然会在未来得到极大的发展以及促进。但是，需要指出的是，在科学领域，我国对于土壤污染的研究已经达到了起步的阶段；但是在法治领域，我国仍需付出大量的努力。首要的需求，便是建立完善系统的土壤污染防治调控法律体系，以实现土壤污染问题得以控制、解决的美好期许。

第三节　土壤污染防治法律调整的必要性

一、国际形势的新需求

（一）快速发展的国际组织与国际学术团体，敦促我国正视土壤污染问题

国际组织从概念上划分，存在狭义及广义两类。狭义的国际组织是指不同的国家或者政府之间，在一定目的、利益的驱使下，通过签订条约、协议等形式的文件而成立的常设性机构。作为国际法主体的国际组织主要是指狭义的国际组织。广义的国际组织是指不同的国家、政府或者国家内的自然人、法人、非法人团体之间设立的，具有一定目的与章程的，国际性的而非国内的常设机构。广义的国际组织与狭义的国际组织在外延上，是包含与被包含的关系。

1648年召开的威斯特伐利亚会议，明确了国家间主权平等的原则。传统国际法也以其为标志而形成。从此国际法的发展迈入一个新的阶段，产生了大量区别于古代国际法的相关内容。其后，随着资本主义制度的确立以及高速发展，西方各国为了适应彼此在文化、经济、技术等领域联系日益密切的要求，建立了早期初具雏形的具有国际合作性质的组织，如“国际电报联盟”“国际度量衡联盟”等。这些组织是国际组织在创立与发展历史上重要的“先行者”。第一次世界大战以后，国际联盟作为第一个全球性政治组织诞生，体现了国际组织创立、发展日渐成熟的趋势，也为之后涌现出大量内部机构完善、主旨明确的国际组织起了“模范”作用。第二次世界大战之后，饱受两次世界大战摧残的世界各国人民，对于“和平”的内涵有了新的彻底的认识。关于构建“联合国”的想法就是在第二次世界大战纷飞的战火中酝酿而生的。《联合国宪章》于1945年10月24日的生效，标志着联合国正式成立。其作为目前世界上最大的、最具有普遍性的政治组织，承担巨大的国际责任。

由于环境污染问题在世界各地区的普遍性与不可忽视性，在环境保护领域，也不乏大量旨在维护环境健康、生态和谐，积极推动国际环境保护合作与发展的国际组织，如1948年在瑞士格兰德成立的“世界自然与自然资源保护联盟”（它是世界现存的国际组织中包容度、开放度较高的组织之一，因为该组织对于政府以及非政府机构都予以接纳）、在全球享有盛誉的“世界自然基金会”以及在我国香港地区成立的环境保护非政府组织“地球之友”等。作为联合国专门机构的世界气象组织、世界卫生组织以及联合国组织体系中的环境规划署，均为联合国体现环境关切的组织（机构）。国际组织在国际法上享有的权利受限于其章程，但是在国际生活中，在面对国际问题、解决国际问题的时候，它们仍为除主权国家之外的一支重要力量。它们同主权国家一起，共同在国际社会上发挥着不可替代的作用。

国际组织对“环境保护、污染防治”这一命题作出了巨大贡献。在理论层面上，它们基于对环境问题的有效研究，提供了切实可行的国际、国内立法建议和科学依据。在实践层面上，它们积极推动国际环境保护运动的发展以及合作，为“环境保护、环境污染防治”理念于全世界范围内的传播、普及作出了杰出贡献，为对环境问题进行法律调整在人类的意识层面作了铺垫。在立法过程中，它们组织起草国际条约的相关会议、讨论并积极推动其通过和签署，或者通过其他方式参与国际环境法的立法活动。在适用法律的过程中，它们进行组织、协调和监督，保证国际环境保护条约的落实。对国际环境保护及有关法律原则和制度进行宣传和教育，并且促进各国政府遵守执行国际环境保护法律准则。就我国而言，各个国际组织于我国的分支机构，在适格的情况下，能够依据其章程的内容，对污染环境的主体提出环境公益诉讼，以实现对环境保护的国内监督作用。可见，国际组织不论是在传播环境保护理念、敦促国际环境立法还是监督国际环境执法的过程中，都发挥着不可或缺的作用。

除了特定的国际组织，一些专门性的国际学术团体对于环境问题在人文社会以及自然科学方面作出的研究也是不容忽视的。

在国际环境科学领域，1969 年召开的国际科学联合会执行委员会第 10 届会议上成立的环境问题科学委员会（The Scientific Committee on Problems of the Environment，SCOPE）发挥着巨大作用。我国于 1988 年 6 月正式宣布加入国际科联环境问题科学委员会。1988 年 7 月 15 日，国际科联环境问题科学委员会中国委员会成立大会在北京隆重举行。该组织作为非营利性跨学科专门性国际学术团体，主要工作包括对自然环境的科学分析评估、筹备组织国际性研究计划和为相关决策者提供合理、科学的依据。自成立以来，它以社会和自然资源的监管、生态系统流变过程、生物多样性发展、健康与环境等内容为主要研究方向，并一直是国际环境科学方面的“弄潮儿”。其研究成果不仅能从历史的维度上给环境问题以借鉴与提升，而且具有丰富的前瞻性、前沿性观点，密切关注全球紧迫性环境问题的进展情况。SCOPE 能准确针对全球环境问题，适时地提示科学研究的新方向、新战略。其提出的具有应对环境问题的有效性、科学性研究成果，在全球范围内得到了充分、广泛的认可。例如，其曾提出在全球范围内存在“全球氮超载”“化学定时炸弹”“海洋触发作用”和“流行病的暴发”等潜在性环境问题的观点。

在土壤科学问题上，国际土壤科学联合会（International Union of Soil Sciences，IUSS）对土壤污染、土壤保护、土壤修复等科学性方面内容的发展也作出了突出贡献。国际土壤科学联合会成立于 1924 年，现由多个部门和工作小组构成，如数字土壤地图小组、酸化土壤研究小组等。从 1993 年起，其成为国际科学理事会的一员。IUSS 的宗旨是“促进土壤科学以及其分支学科的发展、实际应用，加强学者间、业余人士间以及学者同业余人士间的以土壤科学研究与应用问题为主题的交流，加速科学化研究以及其在未来的适用，以创造更好的人类环境并服务于维持该环境的良好”。IUSS 不仅在理论层面上以推动土壤科学发展为己任，而且一直在实践层面上将其理念付诸行动。例如，其设有被誉为土壤科学界诺贝尔奖的冯·李比希（Von Liebig）奖和道库恰耶夫（Dokuchaev）奖，于每一届世界土壤科学大会上颁发，以期推动世界范围内土壤科学研究的进程。正如国防土壤科学联合会的成员所说的，“一抔土中所含的各个独立的生物数量远超过所有曾存在过的人类个体数”，土壤科学研究的复杂性、庞大性激发了 IUSS 的研究者对土壤科学的热情，从而使 IUSS 能得出更重要、更先进的成果并造福人类。IUSS 必然会在人类应对国际土壤环境问题的进程中占据重要席位。

人类社会对于环境问题从认识、意识直到重视中，国际组织和国际学术团体的科学研究与人文号召是一个重要的原因。从以上列举的国际组织或者学术团体中不难发现，它们所具有的政治力量（如联合国）、科学造诣（如环境问题科学委员会），在国际社会中都具有充分的话语权。在其对于环境问题的研究、呼吁之下，随着全球社会格局国际化、一体化态势的日益深入，任何一个国家都不能够也不可能置上述国际组织和学术团体于不顾。作为世界上最大的发展中国家，我国在谋求发展的道路上，也被国际组织与国际学术团体敦促正视环境问题，正视土壤污染问题。

（二）日益成熟的国际环境法，迫切要求以法律的形态来回应当今存在的土壤污染问题

国际环境法是指调整国际环境法主体（主要是指国家）在国际交往中形成的体现它们之间协调意志的，因调整开发、利用、保护和改善环境而发生的各种国际环境法律关系的法律原则、规则和制度的总称。[①] 国际环境法的主要渊源包括条约和习惯，次要渊源为各国通行的法律原则。从广义上看，与国际环境领域相关的法学家的论断、学说、司法判例和国际组织的决议也是国际环境法的一部分，它们是国际环境法的间接渊源。

基于国际社会对环境发展、人权（环境权）等主题的关注，国际环境法成为现代国际法体系中的一个重要分支。从上述国际环境法的定义中就可以看到，国际环境法和现代国际法有十分紧密的联系，主要体现在：国际环境法的主体、渊源种类同现代国际法的主体、渊源种类是大致相同的。但是，国际环境法本身也具有一定的特点：国际环境法的客体和内容是特定的物和行为，具有复杂性；国际环境法追求的价值目标是基于人类的千秋万代发展的，具有公益性和可持续性；国际环境法的规制必然同其他自然科学的研究以及社会科学的成果相结合，具有科技性和交叉性等。

① 曹明德主编：《环境与资源保护法》（第二版），中国人民大学出版社 2013 年版，第 214 页。

由于环境问题得到国际社会重视的时间同国际法的其他领域，如海洋法相比并不久远，因此国际环境法又是现代国际法的一个新兴分支。但是不能因为国际环境法在现代国际法体系中存在的时间并不长久，而否定其重要的现实意义。

现今得到普遍认可和采用的国际环境法内容，主要源于不同国际会议形成的协定、条约以及国际会议的决议。在这些国际会议中，1972 年斯德哥尔摩联合国人类环境会议、1992 年里约联合国环境与发展大会以及 2002 年约翰内斯堡可持续发展世界首脑会议尤其具有里程碑式的历史意义。

1. 1972 年斯德哥尔摩联合国人类环境会议

1972 年 6 月 5 日至 6 月 16 日，联合国人类环境会议于瑞典斯德哥尔摩市召开。联合国 113 个成员国代表以及联合国专门理事会成员参与了本次会议。本次会议讨论的基础文件由各国政府、政府间国际组织以及非政府间国际组织所递交，其中包括 86 个国家提交的对于国内以及全球性的环境问题报告。在环境问题日益显著的背景下，本次会议标志着国际社会开启了以各国合意、会议的形式共同协商解决国际环境问题的新模式。

本次会议成立了 1 个工作小组和 3 个主要委员会。这些机构最主要的目标在于协调各国意志，形成在环境方面具有宪章性的国际文件。它们旨在研究“如何规划和管理人类居住区域以提高环境质量”“如何加强环境质量的教育、信息交流、社会关注和文化内涵等方面问题”“如何管理自然资源以及环境方面的问题”“发展和环境”“确定及控制具有广泛国际影响的污染物”以及“行动提议对国际组织的影响”6 个项目内容以推动各国之间形成共同的合意。

本次会议同时也标志着我国生态外交的开端。在此次会议上，我国代表团提出了从我国国情出发的，具有鲜明实际性的观点，表明了自身的立场。特别是基于世界上广大发展中国家的立场，谴责帝国主义的霸权扩张和生态破坏，提出了关于“环境宣言草案”的意见，并得到了广泛支持。①

最终，在 1972 年 6 月 16 日，各国对主要委员会以及工作小组的报告进行讨论、审议后，在对某些条款提出意见和采取保留的情况下，鼓掌通过了由序言以及 26 条原则组成的《人类环境宣言》（也称《斯德哥尔摩宣言》）。在此之后，经济和社会理事会在其第 27 次大会中，提到请各国政府注意该宣

---

① 王茜：《中国生态外交实践的序幕：历史回顾与影响——以 1972 年联合国人类环境会议为视点》，载《党史研究与教学》2012 年第 6 期。

言，并且确定6月5日为“世界环境日”。

《人类环境宣言》明确了“合理地保护自然资源、野生动物”“合理利用不可再生能源”以及“各个国家应通过国际合作、磋商等方式共同解决环境问题”等内容，是历史上第一次以国际会议决议的形式提出“应对环境问题”这个国际议题。

2. 1992年里约热内卢联合国环境与发展大会

1992年在巴西里约热内卢召开的联合国环境与发展大会，即首次“世界首脑会谈”。该次会议是联合国就国际环境问题召开的重要会议之一。会议有172个国家参与，其中116个国家的政府首脑莅临。大约有2400名非政府组织的代表以及17000名具有参与磋商资格的、同非政府组织相同地位的人员参与了本次会议。由于史无前例的规模以及对后世的巨大影响力，本次会议也被称为“世界首脑会谈”，成为国际环境法发展的第二个里程碑。

本次会议的议题包括以下3项，即“生产模式的系统性安全”（尤其是对于有毒物质）、“以可持续的能源逐渐取代影响全球气候变化的化石燃料”和“构建新型的交通系统以减少机动车的尾气排放”。在该议题的讨论过程中，会议通过了《联合国气候变化框架公约》（其后于1997年通过的《京都议定书》为其补充条款和执行文书）和《联合国生物多样性公约》，还通过了其他3个“软法”性质的文件，即《里约环境与发展宣言》（以下简称《里约宣言》）《关于森林问题的原则性声明》和《21世纪议程》。

《里约宣言》由27条条款组成，对今后全球范围内的可持续发展提出了指导意见。其中的某些条款，如人的发展权、最低发展优先等，被欧洲法律学者认为是第三代人权的内容。虽然《里约宣言》较《人类环境宣言》而言不具有法律约束力，但是其对于环境问题乃至于发展、人权等方面的理解，较《人类环境宣言》有了更深层次的认识，是人类在该方面的一大进步。

3. 2002年约翰内斯堡可持续发展世界首脑会议

2002年8月26日至9月4日，192个政府代表团、104位国家首脑及来自非政府组织、商业界和其他主要群体的领导人齐聚南非约翰内斯堡市，参加联合国可持续发展会议。此次会议于首次“世界首脑会谈”10年之后举行，其规模、影响均不亚于在里约举行的第一次“世界首脑会谈”，因此其也被非正式地称为“里约+10”。

此次会议通过了《关于可持续发展的约翰内斯堡宣言》（以下简称《约翰内斯堡宣言》）以及《约翰内斯堡执行计划》。《约翰内斯堡宣言》是对1972年斯德哥尔摩联合国人类环境大会以及1992年里约“世界首脑会谈”的回顾，较《里约宣言》更具综合性、概括性。其提出的坚持可持续发展、加强多边合作的主张，表明其深刻地认识到了慢性饥荒、营养不良、军事冲突、非法吸毒贩毒问题、国际犯罪、恐怖主义等对于人类可持续发展的威胁，这是此次会议的主要成果。此次会议也是化计划为行动的一次会议。《约翰内斯堡执行计划》是1992年里约“世界首脑会谈”提出的《21世纪议程》的具体计划和执行文件。兼收并蓄是《21世纪议程》的标志，而《约翰内斯堡执行计划》在实施可持续发展的对象层面上同样具有高度的包容性，体现了可持续发展是惠及全人类发展的具体要求。

除了以上3次会议，其余众多条约的通过，也极大地促进了国际环境法的日趋成熟，《世界自然宪章》就是其中之一。1982年10月28日，联合国大会通过了《世界自然宪章》。该宪章分别从尊重自然、各种形式的生命体以及尊重地球上的任何地域，合理开发利用生态系统、有机物、土壤、大气以实现可持续发展，保持自然在人类活动下的安全等几个方面，明确了对于自然环境保护的5条原则，并明确了该宪章的功能、前提以及共识等内容，以实现引导人类更好地利用环境、与环境和谐共处的祈愿。

从国际环境法的发展来看，人类对于环境这一全球性问题已经不仅仅局限于感性认识的阶段，而是上升至希望通过国际法来缓解、应对的行动层面。虽然有些文件并不具有法律上的强制力，但同样反映并推动了人类的普适性认识。中国自参加1972年联合国人类环境会议，开启生态外交的尝试后，积极参与国际上对于环境问题的各种实践以及相关互动。至今，我国已经批准了《关于控制持久性有机污染物的斯德哥尔摩公约》《联合国防治荒漠化公约》《生物多样性公约》等国际条约，并不竭努力践行着其作为世界上最大的发展中国家应负的国际义务和担当。在国际环境法体系日益健全的发展趋势之下，生态外交对我国国内的具体要求，就包括通过立法的形式回应当下的环境污染、土壤污染问题。

（三）经济全球化背景之下，绿色标签等制度的存在，明确了对土壤污染进行法律调控的必要性

“绿色壁垒”是指在国际经济贸易领域，某些国家为实现环境保护和保障人类健康的目的，依仗其科学及技术优势，通过制定异常严格的强制性规范或者采取限制甚至禁止贸易的措施，[①] 以期达到保护贸易的制度。“绿色壁垒”制度的发展主要来自部分国际会议产生的决议以及一些国家对于相关国

---

① 金明：《我国积极应对绿色壁垒的法律对策》，载《法学论坛》2006年第7期。

际条约、国际会议产生的决议，采取“立法”的方式以适用于国内制定的法律。“绿色壁垒”主要包括绿色关税、绿色标签、环境贸易制裁等。

下文着重介绍绿色标签制度，以明晰当今国际经济法发展形势下，我国应对土壤污染问题进行法律调控的必要性。

绿色标签制度是“绿色壁垒”制度中的一个主要内容，至今虽未形成独立的体系，但仍在逐步发展和完善之中。

世界贸易组织（World Trade Organization，WTO）的两次会议使得绿色标签制度逐渐被国际社会认识和了解。

2001年，WTO第四届部长级会议通过了《关于TRIPS和公共健康的多哈宣言》。在贸易部部长对于贸易与环境委员会切实可行地采取行动以界定、推动绿色标签制度发展要求的背景下，其将关注点一定程度地转向了绿色标签的问题。

在2002年约翰内斯堡可持续发展世界首脑会议中，绿色标签作为“有效的、透明的、可验证的、非误导性的和非歧视性的消费信息的工具”得到了更多的关注。此次会议是绿色标签制度发展历程中一个重要的转折点。在更有利的政策环境下，更频繁的讨论给予绿色标签制度进入实施阶段更多潜在的可能性。同时，国际社会对于绿色标签制度态度也发生了明显的转变——从曾经将其界定为“贸易麻烦”到视为“能够有助于实现可持续发展的有效工具之一”。

对于绿色标签的种类，至今没有官方的明晰划分。国际标准化组织曾尝试对绿色标签的种类予以明确，最后只承认了3种绿色标签，包括基于生命周期的、以自愿为基础的、环境领导及多部门协作的第三方标签，自我声明的标签以及非选择性的环境绩效声明或报告。事实上，还有非常多其他种类的有发展可能性及自愿性质的绿色标签有待探索。

当然，其他国际组织以及WTO本身管辖的某些协定对于绿色标签制度的具体探索同样有充分的借鉴意义。

《1994年关税与贸易总协定》（the General Agreement on Tariffs and Trade 1994，GATT）是WTO管辖的一项多边贸易协定，其中一些条款可以被视为潜在适用绿色标签的原则性规定：对于任何国家的产品而言，若其享有任何“有利于”“优惠”“特权”或“豁免”的规定，则该产品应符合任何成员国“同类产品”的相似标准；会员国对其他成员国进口产品的要求，不应低于相类似的国内产品。

然而，GATT的规则对于WTO成员国之间以及本国和国外的“同类产品”之间施以了变相歧视的可能性。这一歧视在基于不同工艺和生产方式（process and production methods，PPM）而区分不同产品的环境影响是否良好的情形中，更加模糊了生态标签制度如何实施的准确性，从而给了在经济技术领域占优势的国家更多可操作的余地。通过不同的PPM自主界定相似产品，为其贴上生态标签后，通过援引GATT的相关规定以实现对进口产品自主、任意的区别对待。以上措施还会时常被冠以“保护人体健康、保持动植物良好发展以及保护自然资源”的名义。

虽然绿色标签制度的设立是为了更好地实现保护环境与保障人类身体健康，但是在发达国家占主导地位的国际社会下，该制度难免被一定程度地利用，阻碍相关技术、标准等都不及发达国家的发展中国家经济之发展，并且不利于由不同力量构成的国际社会以及国际合作的稳定及发展。

巴西用自己的成功尝试抓住了这个机遇，为我国提供了良好的示范。巴西是发展中国家的一员，其木材出口占国民经济组成的一大部分。其通过适时地推动、加强国内企业以及集体权属的森林认证制度（如2006年，位于巴西亚马孙河中部占地150万平方千米的森林获得了FSC认证），[①] 巧妙地利用绿色标签制度，提升自身森林的“环境友好度”以及木材与木材加工品在国际上的声誉。不仅创造了经济效益上的良性绩效，而且实现了环境保护的价值追求。

森林认证制度即通过对森林经营活动过程中所涉及的各个环节进行独立评估，将“倡导绿色消费的消费者”与追求更高森林经营水平和市场份额的生产者的联系加强，实现信息对称的制度。[②] 在市场需求与国际可持续发展经济激烈竞争的形势下，在愿意为可持续的绿色产品买单的消费理念下，森林认证制度对于巴西相关行业的国际竞争、发展极富进步意义。

在借鉴巴西经验的基础上，需辩证地从两方面来看待绿色标签制度对我国的影响。

一方面，从对外贸易的层面看，我国相关行业并不能适应绿色标签制度。自1949年新中国成立后，我国国情趋于稳定，并开始进入逐步发展的阶段，

---

① FSC认证：森林管理委员会（FSC）是一个利益相关者所有的体系，其目的是促进“负责任的全球森林经营”。它为对“负责任的森林”感兴趣的公司和组织提供标准制定、商标保证、认可服务和市场准入等机制。截至2006年1月，FSC认可了15家认证机构，通过认证的企业有权使用FSC标志。

② 陆文明：《森林可持续经营的认证机制及其国内外进展》，载http://cppcc.people.com.cn/GB/34961/51372/51376/51495/3626090.html，2015年5月23日访问。

然而这一过程并不是一帆风顺的。我国至今仍处于经济现代化程度不高的低效状态，在经济发展过程中产生的各种问题还没有得到很好的解决。绿色标签的高门槛要求，显然是对我国是不利的。该制度的设计并没有针对相应国家的具体国情以及经济发展阶段。它并没有为“腿短”的国家预设更容易跨过这一门槛的可能。那么，在进行对外贸易时，相关产品不能够达到绿色标签标准，进而减弱甚至失去国际竞争力的情况是普遍存在的。在这一点上，绿色标签制度对于我国对外贸易的发展是消极和否定的。在绿色标签制度之中呼吁共同但是有区别的责任适用，是具有一定积极意义的。

另一方面，在经济、生态协调发展的角度上，面对绿色标签制度这一巨大屏障，通过提升我国出口产品的质量来根本地应对，成为必需也是唯一的途径。这要求我们建立健全环境保护法体系，积极推行 ISO14000 环境标准体系，适时启动 WTO 争端解决机制等，实现在艰巨的国际形势下，以环境友好型、产品绿色化为前提的高质量经济发展。以我国农业产品的出口为例：土壤是农作物出产的主要载体，受污染的土壤栽种出的农作物若被顺利出售，其中的有害物质会通过生态圈的循环以及“生物放大”的作用，对人体以及动植物造成一定的危害，并反作用于土壤环境。此为土壤污染造成的不可抑制的扩散。再以工业产品为例：工业产品出口从其本身来看，并不存在过多地受制于土壤污染的因素。但是，工业产品的生产对于土壤的污染是直接的、高度的、不易修复的。因此，工业产品能引起的污染链条如下：工业产品生产→引起土壤污染→农产品污染。工业产品的粗劣、低质量生产，会造成本身竞争力缺失的窘境并间接影响农产品的质量。综合上述分析不难看出，绿色标签制度对于我国的对外贸易，包括农产品、工业产品等的出口，提出了更高的环境方面的要求。对此，借鉴巴西等国家的经验，加强对于土壤污染的法律调控，对于我国而言是必要的。

以上国际组织的发展、国际经济格局的态势以及国际环境法的快速发展均深刻地表明，通过法律手段对土壤污染进行防治是必要的。

二、发达国家的经验总结

率先开展工业革命的西方发达国家较之我国，具有更多的经验并能对一定历史进程进行先行回应。这对于我国而言，在防治土壤污染这一问题上，具有充分的借鉴意义。下文主要从两个方面进行论述：一方面，通过梳理发达国家土壤污染治理的历程，以反映其经验对于我国国情的恰当契合，表明发达国家经验的可取性；另一方面，通过列举美国以及欧盟的具体案例，切实说明通过法律手段控制土壤污染的必要性。

（一）发达国家经验的可取性

“政党应该引进国家的法律，用以土地的保护以及对其的可持续使用，并且应当确保其中具有能够形成恰当的个人和议会所支持的体系的基本条件……政党应该对于土地的保护以及可持续的适用预备好合理的政策，并且在协调国家土地管理机构具有的原则上的战略功能、管理职能、科学性本质、法律执行权能等各项功能以及这些职能如何有效地被管理的前提下，采取科学的土地法令。”①

上述为美国学者对美国在土地、土壤的可持续利用、污染防治以及保护方面提出的意见。

面对发达国家在环境保护、土壤污染防治方面的实践经验（无论是积极经验还是消极经验）采取的态度，于我国的环境保护、土壤污染防治而言，是一个很关键的因素。我国虽然在司法体制、社会性质、基本国情等方面同他国不同，但是由于环境问题以及土壤污染问题的普遍性，笔者认为，他国的经验在我国的土壤污染防治问题上仍旧是可以借鉴的。

首先，在土壤污染问题的源头上，我国同他国面临相似的情形。

从经济领域看，处于社会各个领域（尤其是工业生产领域）的试图获取、积累更多资本的心态，同需要或者可能需要耗费较多资本以实现与环境和谐发展要求的矛盾，是我国环境保护同经济发展之间存在的一个具有普遍性的矛盾。许多处于工农业等各个生产领域的“决策者”需要在这一方面作出自己的利益抉择。我国的环境问题（包括土壤污染问题），其最本质的诱因可以说出自此处。

由此我们可以看到，在市场经济体制之下，人性与自然和谐的本原渐渐地被资本欲望所扭曲，大多数人的选择是以牺牲环境为代价牟取个人财富的增值。这就造成诸如密集型工业分布的城市中存在极度的土壤污染问题等现状。这种发展在前期可依赖于我国资源基数的庞大，但是若任由其发展，必将导致我国自然资源的过早枯竭。这样的发展并不应当成为一个理性的社会、国家的追求。

① Professor Ben Boer, the Need for an International Instrument on Sustainable Soils, American Law Institute - American Bar Association Continuing Legal Education, April 12 - 13, 2007 (Approx. 21 pages).

与之相似的是，相关发达国家也经历过这样的历史阶段，当时的评论家是如此描述以及呼吁的：在加拿大，学者对于普遍的“拜金”的思想作了严肃的批判，并且对保护土壤、环境资源作出了迫切的呼吁——“我们是否可以像关心我们的银行存款一样来关心一下自然资源呢？我们会不由自主地去关注个人存款的利息增长和如何保持个人财产的安全与完好。但是我们曾有一刻如此对待过自然资源吗？回顾自然资源的破坏历史，从渔业到森林，从濒危物种到水体质量，这并不是一个让人安心的过程。我们已经破坏了一个庞大的系统，一个同时也包括了生存环境，如草原、苔原、湿地、河口、海洋、寒带和热带雨林的巨大系统。① 我们需要对在通向可持续发展道路上的多种多样污染作出明确的表示。‘污染防治’意味着对于工艺、实践、原材料、产品或者能源的使用，我们必须避免，至少是减少废物和污染源的产生。以此来减少其对于环境和人类健康的总体性风险。污染防治是将对于环境保护的关注从污染产生后的再监管污染链的末端转移至防治措施需要起作用的污染链源头。污染防治，在舍弃自然资源而依赖于可持续的资源种类以弥补对于水体、空气、土地的污染而付出的社会代价的过程中，意味着对现有能源以及原材料的不合理使用，因此它是经济敏感的。”②

其次，在通过法律调控土壤污染问题的态度上，他国的过去同我国的现实表现出惊人的契合。

在加拿大的不列颠哥伦比亚省，环境立法与监管在传统意义上被看作专属的联邦部门和相应的立法者在该方面处置的一个极其失败的问题。当地政府最近才在环境问题的立法和监管领域采取了一种更为积极的态度，但物质资料的匮乏、科学技术的落后等导致当地政府在处理环境问题方面的能力稍显不足。当然，当地最近一系列的积极举措，便是政府在环境立法与监管领域扮演更加重要角色的表现。③

回顾我国 1999 年之环境状况：政府加大了经济结构战略性调整力度……全国环境污染恶化趋势总体上开始得到控制，部分地区和城市环境质量有所

---

① Charles Caccia, 1th JELP Environmental Law: Defining Canada's Environmental Priority Keynote Address, Journal of Environment Law and Practise, 2004 (Approx. 23 pages).

② Charles Caccia, 1th JELP Environmental Law: Defining Canada's Environmental Priority Keynote Address, Journal of Environment Law and Practise, 2004 (Approx. 23 pages).

③ Craig Godsoe, The Increasing Importance in British Columbia of Local Governments in Environmental Regulation, Journal of Environmental Law and Practice, 1999 (Approx. 22 pages).

改善。据环境监测结果统计分析，全国环境形势仍然相当严峻，各项污染物排放总量很大，污染程度仍处于相当高的水平。一些地区的环境质量仍在恶化，相当多的城市水、气、声、土壤环境污染仍较为严重，农村环境质量有所下降，生态恶化加剧的趋势尚未缓解。① 比较 1999 年《中国环境状况公报》与 2014 年《环境保护部和国土资源部发布全国土壤污染状况调查公报》，可以得出的结论是，我国的土壤污染状况并没有随着经济发展的进程表现出缓和的态势。在这十几年的发展中，1999 年《中国环境状况公报》对于我国的环境污染状况发展所称的“得到基本控制”“改善”等预估显得过于乐观。其实，我国对于土壤污染问题的重视多来自自上而下的政府行为，公众对于土壤污染的了解不足，有关土壤污染问题的新闻报道多体现为土壤污染引发的次生问题，如 2012 年来广西、湖南等地发现的镉超标“毒大米”、江苏常州“毒地”、广东“癌症村”等。由于土壤污染持续时间长，具有隐蔽性，其带来的影响也难以被快速发觉，需要事先管控与预防，有效控制污染源才能对其进行有效治理。

在对污染以及污染防治的认识上，国外学者的经验无疑对我国有很大的启发。

作为一种能够保持经济在“环境友善”方式下发展的制度，污染防治制度应该是被社会大众、立法者、管理者、工业产业从业者本身等社会角色所普遍接受的。但是对于许多由于违反此标准而成为被告的人来说，他们无一不是对这些标准只停留在口头上。对于污染防治可能产生的不利己，他们嗤之以鼻。个人的信用不再驱使他们去遵从这些在实际上无任何效果（财富）的标准，于是他们置社会其他人、自然中动植物的生命及存在之自由、享有资源之平等于不顾。那么，国外对此得出的应对之策是什么呢？从世界各国总的实际做法来看，无外乎构建一个完善的法律体系，健全监管体制，在处罚的力度上不再是小打小闹，并做好宣传与教育工作等。但是最根本的，是建立一个完善的、行之有效的法律制度。

在个人的发展过程中，强调端正的态度是十分必要的。在国家的发展过程中亦然。若一国之政府、国民对于某个问题采取冷漠的态度，对其放任不管，实为不可取之势。

最后，在防治土壤污染的科技层面及实践进程上，我国正跟随他国的脚

① 中华人民共和国环境保护部：《1999 年中国环境状况公报》，载《环境保护》2000 年第 7 期。

步且加速发展。对于土壤保持以及土地利用的问题（包括立法、司法权力的划分、规制内容等），国外学者在结合艾奥瓦州、密歇根州相关立法实践的基础上，作出了如下观点表述：讨论土壤环境问题并对此进行论述的前提，必然是建立一套切实可行的对于土壤问题、土地问题进行有效控制的法律体系。具体论述如下：

在土壤保持规划的权力被划拨给当地的土壤保持部门时，其中只有部分部门被赋予了运用土地利用法律法规的权力。然而，更现实的是有一些部门并没有实然地被赋予相关的权力。如果土壤保持部门想要有效率地处理非点源污染，必然需要拥有强大的权力。面对这一问题，可选择的一条路径是：允许当地的政府去尝试拥有土地利用的立法权，除此之外的其他内容则同各州之间普遍采用的切实可行的土地利用法律法规、为大众接受的管理方式以及土壤保持的经验相符合。由此明显可以看出，在该路径中，任何一部能够生效的土地利用法律法规，由于各种各样的当地基金需求，只能在计划允许之下被采用，这是不切实际的。因此，如果土壤保持部门妄图委托政府机构来对非点源污染进行控制并对 BMP 进行贯彻，就需要许多州改变现在使用的处理土壤问题的方式。

在有关土壤环境质量的部门法中，当地部门必须采取经州土壤保持委员会认可的关于土壤腐蚀以及沉积物控制的法律。艾奥瓦州的土壤保持规划是以对土地各个层面的研究，诸如地形学、土壤种类、使用情况以及其他影响土壤腐蚀的因素为基础，而建立的土壤损耗限制机制。当然，精确的土壤腐蚀控制实践以及水土保持经验，是土壤损耗限制机制应用于个别农场的前提。

密歇根州不同于艾奥瓦州，其主要关注建立自州理事会确立的土地利用法规中的土地变化活动。但是其执行却是同时通过州以及当地的政府部门。在 1972 年的密歇根州土壤都市和沉积物控制法案中，除了一般的农作物生产对于土地的影响，相关活动还包括“地壳运动”，并且其必须呈交于反映土壤腐蚀以及沉积物控制的计划之中。

以上所述途径，即使是在已经被授权实施了一定措施的艾奥瓦州以及密歇根州也都存在一个问题，那就是其具体措施都局限于土壤的腐蚀问题。如果土壤保持部门拥有对于非点源污染控制的立法权，那么为了给土地利用法规“开路”，正在发展的相关法律法规涉及的范围便不得不被拓宽，从而要求其包括诸如非点源污染、地表水质等各个方面的土壤管理实践经验。除此以外，与水体管理、肥料和杀虫剂的应用、土地变动活动、蔬果保持以及生物废弃物等相关的实践经验需要被涉及。被反复证明的农业实践要成为每一部对于非点源污染采取规制的法律的重心。然而，密歇根州所采取的应对土地变化活动的措施，没有触及正常的农业活动。同时，在以土壤损耗限制机制为基本的艾奥瓦州，这些机制若只是徒有其表，那么它们也不会有很大的作用。①

在我国学界，对于如何建立土壤污染防治法律体制同样存在各种不同的争论。但是，同时应当注意的是，不论是国外学者曾经在立法技术层面讨论的，还是我国学界正在争辩的，这一争论的前提是没有争议的，即土壤污染防治法律体制的建立是必须的。

综合上述观点不难看出，在土壤污染问题的源头上，各方面的人类活动对于土壤的污染是根本性的；在对土壤污染问题的认识上，我国的认识可以说处在一个起步阶段；在处理土壤污染问题的技术层面以及实践中，发展性讨论的前提是对土壤污染进行立法规制。这是我国同他国在经验以及实际操作中的相同之处，也是“共同的底线”。

（二）相关国家具体案例的分析

1. 欧盟方面

在欧洲土壤资源质量日趋退化以及土壤利用紧缩的压力下，在希冀通过综合性手段以实现土壤可持续利用、土壤功能维持的愿景下，欧洲委员会于2006年9月通过了一系列关于土壤保护的针对性政策，其中包括“制定欧洲土壤框架指令的提议”（以下简称“提议”）。虽然在2014年4月30日，欧洲委员会因倡导通过另外的替代性方式解决土壤问题，并以需要通过在将来一段时间内对于各种规制该问题的方案考评的基础上再行决定适用何种方式控制土壤污染问题为由，正式否定了该“提议”（欧洲委员会同时提出了一些计划性的倡议，如在2020年前，使土地资源在欧盟成员国中得到可持续的管控，土壤能够得到有效的保护，土壤中涵养物的保护等措施得到切实可行的实施）。欧洲委员会在是否通过法律文件——“欧洲土壤框架指令”来控制土壤污染问题的这一过程，对我国而言是有启发意义的。

“提议”主要包括以下内容及几个基本要素。

第一，目的。“提议”以保障土壤资源的有效利用以及维持土壤实现环境友好、经济效率、社会良向、文化融合等功能（包括农业、种植业的生物友好性生产，维持、有助于生物多样性的贮存、筛选，转化营养物质、材料、

---

① J. W. Looney，Gatt And Future Soil Conservation Programs In The United States：Some Lessons From Australia，Tuisa Law Journal，summer，1993（Approx. 36 pages）.

水资源等）的能力为其主要目的。

第二，基点。涵养土壤功能、防止土壤生态退化、贮存并转化被侵蚀土壤是“提议”的基本立足点。诚如“提议”中多条提及的，待诸多问题未发生前，认清水患、风化、有机物锐减、沙土化、固土化等的潜在危害，是避免土壤问题真正对我们产生较如今更大威胁的最有效的行动措施。由此，“提议”中列举了从首段至末端的多种措施，以期实现对于土壤污染问题的控制。而这些措施正是基于涵养土壤功能、防止土壤生态退化、贮存并转化被侵蚀土壤这一基本原则而发生的。

此外，权力自主原则、比例原则是“提议”所倡导的“欧洲土壤框架指令”的法理基点。权力自主原则也称权力下放原则，即允许成员国针对自身存在的问题，行使适当权力，采取措施、拟定主张，以实现对自身存在问题的有效缓解、解决。具体而言，即“对于属于欧洲委员会专门管辖范围的领域，欧洲委员会应该采取行动。但是，基于权力自主原则，对于存在特殊问题而普适的既定目标以及建议不能有效实现时，应该将处理该问题的具体权力下放给具体的成员国，从而更好地实现欧洲委员会的总体掌控以及各成员国之间的合作协调”。[1] 程序符合比例是实体符合比例的保障，实体符合比例是程序符合比例的最终体现。[2] 于欧洲国家而言，作为行政法体系下的“环境法”，比例原则是制定关乎其立法的一个重要原则，是通过制定“框架指令”以实现土壤保护以及土壤功能涵养的重要理论基点。在比例原则的指导下，欧盟各成员国需在合乎尺度的统计以及管理水平上，采取合乎其存在问题的具体情形的专门措施，针对当地的气候变化状况、社会经济水平等，保持区域内的土壤多样性、土地利用的有效性。

第三，创新措施。“提议”拟提出一些创新措施以实现其期待的合理绩效。例如，“威胁降低靶向”，即通过对特定的靶向问题进行科学研究，而后使用有效的手段降低问题潜在性威胁的特定方式，包括在确定的时间节点采取合理措施，对于公共基金、私人基金使用归途的预估等。同时，也对欧盟成员国提出了在土壤相关政策落地之前，需确保预见措施经济合理以及技术先进，并同时以政策引入评估为优先的建议。

“提议”对于“环境预测”的重视同样值得强调。“环境预测”的部分内容包括，对于任何发生或者可能发生污染活动的土壤地块，成员国需通过相

① 参见《制定欧洲土壤框架指令的提议》第 7 页。

② 黄学贤：《行政法中的比例原则研究》，载《法律科学》2001 年第 1 期，第 76 页。

关手段，并运用政府的正当权力，确保该片地块的权属者以及潜在的买者对于该片地块的土壤状况报告（其内容应包括地块的历史背景、潜在威胁物质的化学性分析及其现有含量的测算、人体健康及环境危害性的预估等）有一个认识性的了解。

第四，政策基建。“提议”的第三章提出，欧盟各成员国对属于其国家领土范围内的受污染土地，应当施以国家修复政策，从而削减故意或非故意的危险物质引入土壤的可能性，以达到涵养土壤功能的有益绩效。这是因为，人为投入危险物质而引起的面源性土壤污染，该污染地块即为“污染场地”。此类土壤已被各成员国证实，会对人体健康以及有效环境资源产生威胁。基于对场地污染过程、危险性投入物品水平及政策效应等的有效预估，成员国应设定相应的应对政策。“提议”中列出了如机场、军事基地的建设及投入，加油站泄漏，废弃物堆积，废水不合理排放，运输危险物质所使用的管道瑕疵等，不论是在过去还是可能在将来的潜在性的人类活动区域内已经发生的或者可能发生的污染源。“提议”同时也倡导成员国政府，在国家立法明确规定下，通过设立“污染监管员”等措施，确保处于已探明情况的污染场地得到合理的补救、修复。以上同样是国家修复政策的一部分。

除上述列举的内容要素外，“提议”还明确了公众参与、信息公开、欧洲委员会监督下的报告制度、环境公共意识警醒措施等。总的来说，从“提议”的基本内容来看，其极大地加强了欧盟各成员国的预报、监测、信息公开的责任，构成了各成员国在土壤污染趋于恶劣的形势下一定的法律控制体系。

虽然“提议”从多方面提出了对于建立“欧洲土壤框架指令”的倡导性意见，但是，从政治、实践、法理等层面上看，仍存在诸多问题。首先，在政治方面，“提议”对于欧盟成员国提出了许多具有建设性、可操作性的规划。在“提议”提出后，大多数成员国对此——为了达到防治土壤污染的目的，而要求成员国通过额外的政策、法令来实现，并没有表现出过多的支持，甚至表现出反对的意向。其次，在实践方面，“提议”仅仅提出了如何构建一个由欧盟以及欧盟成员国组成的两级体系的防治土壤问题宏观构架，其实践的可操作性是较低的。并且没有回答如何具体地实现“提议”中所倡导的意见、建议。最后，在法理层面上，对于“提议”，存在的最大冲突是其中的内容与比例原则并不兼容。基于此，批判者认为，“提议”中关于欧盟以及成员国两个层面上的政策措施、立法建议，不论在程序上，还是在实体上，都是不成“比例”的。

鉴于对制定“欧洲土壤框架指令”提议的多种批判，以及基于目前欧洲对于土壤问题不同的争议，希冀寻得一种有效的控制措施，并不将其仅仅局限于法律层面上的困境，欧洲委员会在官方层面上最终没有推动“提议”的现实化，而是使其搁浅。

虽然，“欧洲土壤框架指令”的立法最终没有成为现实，但是在这一过程中，欧盟在对于土壤问题的态度、重视程度、讨论等方面无疑取得了具有前瞻性的巨大进步。欧盟的这一经验，对于我国目前土壤污染问题，无疑具有有效的借鉴意义。制定土壤污染防治法是必要的，但是该法的制定应当在使用其他以控制土壤污染为目的的手段之后，而欧洲恰好处于这一试验阶段。由此，在现阶段，欧洲委员会认为放弃“欧洲土壤框架指令”的立法是最合理的。同此，在我国土壤污染防治的进程中，立法固然是必要的，只是应当在立法过程中统筹兼顾，构建土壤污染防治“系统”。这一系统不仅仅存在法律这一种调整方式，但法律调整的方式应当是最基础的。

2. 美国方面

在美国环境法治发展的过程中，存在大量关于土地利用、固体废弃物污染的控制、大气污染防治等方面具有划时代意义的实践案例，对于美国环境法治的成形、完成、成熟等产生了丰富的良性绩效。对于这些案例的研究，使美国环境法治得到了从成形到完善的充分发展。例如，在卢卡斯诉南卡罗来纳州海岸管理委员会案中，对于土地征用权力的分配、私有财产权是否具有对抗公共利益的权能、市场失灵条件下如何通过政治手段对土地这一具象化的以及能为个人最充分直接感知的财产形式进行法律上的征用的理论基础和实践依据等问题进行了激烈的探讨。不论是地方政府俘获理论对于征用补偿相关标准的探讨，还是环保主义同政府主义的争锋，在土地利用方面，立法、司法、行政机关都在这一过程中获得了巨大的发展。再如，在北库克县固体废弃物管理局案中，对于垃圾填埋场的原址土壤污染整治方面的土地政治、土地经济、土地意识、土地监测，使得美国当局以及民众开始反思：在经济方面，经济利益面对环保效益的时候，两者如何取舍；在公众方面，公众“事不关己”的侥幸逃避心理、在环境保护方面对于环境事件产生的消极影响；在环境监测、预估方面，环保团体散布相关不实的、没有基于严密逻辑推演及事实演绎的信息所产生的不良后果。

美国在具体案件推动下的环境法治发展史表明，徒法不能自行，法在一个体系之下被实践推动而发展、饱满，但是存在这一过程的前提是存在相关的法律规制。由此，于我国而言，美国的这一过程是我国未来可能发展方向的前瞻。我国首先应该做的，是建立土壤污染防治的法律体系，为环境法治向着饱满、丰富发展的阶段作好良性的铺垫。

三、法律约束的独特性

作为实现社会控制的手段，法律、宗教、道德等在人类社会中扮演着抑或扮演过一定的调控社会秩序的功能角色。从社会整体的角度看，法律较宗教、道德而言，在性质、功能层面上具有自身的独特性。从法律的内部系统性来看，通过环境法的方式约束环境污染问题（包括本书探讨的土壤污染防治问题），具有其他部门法不能替代的独特良性绩效。下文第一部分，笔者将从法社会学、法人类学的角度，透视在“法”与“不法”之间法律的独特角色。第二部分，将从法律系统的内部出发，分析环境法作为法律实现社会控制的方式之一的独特性。从历史、文化的视野以及法系统的角度，表明鉴于法律约束的独特性，通过法律的方式对于土壤污染防治进行调控是必要的。

（一）“法”与“不法”，法律约束的独特性

从社会整体的角度看，以法律约束调控社会的独特性体现在三个方面：一是法律于社会文化背景之下不同于道德、宗教的地位；二是法律具有的科学兼具艺术等丰富性质；三是法律具有明确关系、配置权利、清理社会、未来期待的多元功能。

1. 法律于社会文化背景之下的独特地位

从法人类学、法社会学的角度出发，对于法的探讨以及研究，不能离开一定的文化背景以及社会脚本。着眼于今日之中国，在自身文化同外来文明互相冲击、交融的过程中，正处于几千年来不曾有过的社会转型期。就社会治理模式而言，礼治的逐渐崩溃，法治的日益完善，在这一时期尤为明显。费孝通先生曾着眼于乡土社会的角度指出：“乡土社会秩序的维持，有很多方面和现代社会秩序的维持是不相同的，乡土社会是礼治的社会。”① 乡土社会之中，“礼”是在封闭社会中被证明的具有生活保障的传统，是具有权威性的传统。它包含道德意识，又相对更为广泛。乡土社会秩序的维持在于以教化之途径使人们的内心服膺于礼。现代社会中，“礼”已不能与由社会人口流动加速以及社会生活丰富化而带来的愈加庞杂的社会结构相适应。“法治”通过国家权力的正当配置运行法律，以厘定权利、保护权利而维持社会秩序。

如上所述，“礼”与“法”是我国社会治理在历史上不可回避的争辩。我国之法是在“德”的浸润下成长起来的。从历史的维度看，周朝“德主辅

① 费孝通：《乡土中国　生育制度》，北京大学出版社 1998 年版，第 49 页。

刑”之主张，使我国摆脱了神治的社会治理框架，“德”被有效强调；“儒”“法”二家对于德治以及法治的争辩，在春秋战国时期达到了巅峰；汉朝独尊儒术的思想大一统为“礼”正名，使其成为我国延续千年的重要社会手段。例如，《史记》中的“刑措”之说。再如，苏轼在上疏反对王安石立法之文《上神宗皇帝书》中曾写道国家的维系同国家军事实力以及国家的治理水平之间的关系，即认为国家存亡的关键不在于兵力的强弱而在于社会道德水平的高低。

法国思想家狄骥将社会上所有用以约束人以实现社会的规范统称为社会规范。这些社会规范基于社会共同体中个人作为单位的基本“良知”。由此，他将社会规范分为准则法和技术法两类。简单来说，准则法是要求社会上的所有单位必须遵守的可为或不可为的准则；技术法是为了实现该准则而通过一定的设计形成的一定规范，其目的是保证准则法的实现。准则法在一定程度上同“德治”中所倡导的道德是契合的。但是，从狄骥的社会连带说中阐明的同求连带以及分工连带来看，其又不然。而“法治”之法，并不能简单地归于技术法这一门类——虽然在外观上看，法是由一系列技术性条文所组成的，其在运用的过程中也表现出大量的技术性的特点，但是，法本身存在制约其的精神内核（如民法中的意思自治原则、刑法中的罪刑法定原则等）。在该层面上，其又表现出一定的准则法特点。

道德和法律在社会文化背景中的地位是不同的。从语言学的角度出发，“德”为会意字。甲骨文从“彳”，从“直”，会视正行直之意。隶变后楷书写作“德”。“法”的本义为刑律、法令。“法”即人们行动的准则，故引申为标准、准则，又引申为方法、途径、手段。从以上对于“德”和“法”的解释来看，德更着重于心，法更着重于外在框架的引导。

儒家和法家对于德治和法治一直存在分野，但是德治和法治在本质上并不矛盾，都在追求一种“和谐、有效”的秩序。从狄骥的理论来看，即它们在准则法的层面上具有一致性，作为技术法层面的法律也服膺于这种一致的准则。但是在管辖范围方面，道德和法律出现了分野。道德可以说涉及社会生活的方方面面，触及社会生活的每一个角落。而法律作为最低限度的道德，只出现在适宜通过国家强制力而实现的领域。在这个角度上，道德存在法律所不能及的奢侈。

法国法学家乔其·雷诺曾描述过，其在瑞士见到过一辆同时以马和牛为驱动的车子，且这辆车子走得四平八稳、不快不慢。[①] 驭车之道在于统一，牛马共驾的道理在于调和。由此引申，法律于文化背景之下的特殊性就在于，其并不是一种高度开放的力量，较之道德它是落后的，在一定的时间段内是比较顽固的。道德总领先于法律的脚步，但是同法共处于社会文化的脚本之中，它们的位置不求统一，关键在于如何调和这不统一的步调。“道德为马，法律作牛，两者并驾，天下亦太平”，这就是实现之道。“徒善不足以为政，徒法不足以自行”[②] 也是此意。

在法律和宗教的关系上，也存在许多的观点，如梅因就认为法律起源于宗教。但是，笔者认为，统领神与人关系的宗教，与牵扯人与人关系的法律，均是独立的社会规范。具有高度仪式化、形式化的宗教，以一定的戒律为蓝本，崇拜超自然的图腾模型，以魔术、巫术作为执行的有效武器。以高度一致性、强制性以及普遍性为特点的法律，在人类社会的早期可能同宗教表现为一定的复合体形态，但是随着社会的发展，它们逐渐形成分野，原因在于法和宗教存在本质上的区别。

在整个社会规范的系统之中，法律、宗教、道德是相互补充的，但是法律因其不囿于宗教神圣性以及道德至高性的特点，在整个文化背景以及脚本中，处于其他两者不能企及的独特地位。

2. 法律于性质层面上的丰富性

以法律为蓝本，在性质层面对法律进行剖析，其性质的丰富性表现在科学习性以及艺术性的兼容。

首先，关于法律的目的，从社会控制到社会预防再到其他，以不同学派的理论基点出发，均存在不同的解释。但是，在实用、运用的角度上，“法律上的事实”一词被频繁采用的根本原因在于，法律的目的之一就是寻求一种真实，以实现合乎正义的裁判。从这一方面来说，法律是科学性的，因为此时法律的目的同科学所追求的目的（求真）发生了竞合。但是，纯粹的科学仅仅是针对自然界中的物质、现象而言的，而法律所规制的是人的行为，由此，法律不囿于纯粹的科学的框架。人们在制定法律的过程中，通过灵巧的对仗、恰当的用词等，以期让人们在感受法律严肃性的过程中，体会其作为一门学问所具有的美感。这一美感，同艺术所追求的目的（追求美）是契

① 王伯琦：《近代法律思潮与中国固有文化》，清华大学出版社 2005 年版，第 407 页。

② 《孟子》，万丽华、蓝旭译注，中华书局 2007 年版，第 145 页。

合的。

其次，法律通过架构一个系统的、结构严密的协调的系统来实现自己的目的，由此，就要通过出于本心的直觉以及想象，通过对于现实事件的实践、研究，从而超越实践，拟构出一系列抽象概念，载于法律的系统之中。其后，又通过实践的运用产生对具体事物的表达、描述，从而达到规制的效果。在这一过程中，想象、直觉而产生的抽象概念被以逻辑的方式进行规整、系统化。艺术的原动力（想象、直觉）、科学的方法（逻辑）以及科学的目标（抽象的概念）被加以运用。在形成一系列抽象的概念之后，在面对实际事物的过程中，其又通过艺术的方法（实践）对具体事物进行表达，最终完成法律适用的过程。在这一过程中，不论从原动力的角度、目标的描述还是方法的运用来说，法律都兼采了科学以及艺术的部分内容，从而实现自身的目的。

最后，法律的重心在于通过链条式的精密设计以及对节点的挑选，实现对于具有最高度可能性的事实的探索以及还原，在这一方面，法律的一项重心是追求原因（表现了科学的目标）。但是，不论是何种分类之下的法律，倘其仅仅以实现探索以及还原为止，那么法之为法便仅仅具有单纯的工具价值，从而沦为任人“戏弄”的工具，显然这是被法之本性所不能容忍的。由此，法律之另一项重心在于，通过一定的理论预设，追求符合其“根本之性”的目的（包括正义、自由等艺术也同样追求的价值目标）。

综上所述，法律是兼具科学性以及艺术性的学问。法律的独特性表现在，在科学性以及艺术性融合兼具的过程中，和谐地融洽了纯粹的科学以及纯粹的艺术，形成了自身独道的学问。

3. 法律于功能角度上的多元性

基于法人类学的角度，“法执行着维护除最简单的社会之外的所有社会的秩序的基本功能”。[①] 由此，法律的功能主要包括明确社会成员之间的相关关系、给予强制性权力的存在以正当性、解决并缓和社会风险以及对可能的社会变动作出回应从而保证秩序的动态稳定等。

首先，从原始社会发展而来的法基本功能之一，在于其通过对存在较大模糊性的社会生活进行系统化、具体化的过程，实现对于处于社会之下的人与人之间较为动荡、不明晰的关系的准确描述，并且通过抽象的概念以及基于实际的预设建立一系列模型，促成“有序的社会”的“序”的形成。而该功能在尚无文化可言的最初的社会中，已经通过“组织”的形式表现了出来。

---

① ［美］霍贝尔：《原始人的法》，严存生译，法律出版社2006年版，第255页。

其次，权力的配置。从不同文化背景之下窥见道德以及宗教的内容不难发现，道德之内的权力应当被消解，因为其漠视了道德的基点——平等；在宗教之中，虽然存在通灵界的“通晓神谕者”，但是完全集中于“神”的意念的垄断，不等同于权力的全部给予，显示的是一种狂热。法律通过认可权力的配置，实现了社会中强制的正当性，使人类社会走向更加文明的图景，杜绝了“私刑”的生存空间。这是法律的基本功能之二。

再次，法律的基本功能之三，是以权力的配置为基础，通过对动摇社会稳定的“闯入者”个人进行恰当的引导、平息、解决，从而缓和社会风险，实现现实的良性的绩效，即“处理疑难案件、清除所有的社会渣滓”。[①]

最后，基于理想化的模式，作用于稳定的规则之下，明确、配置、清理三个功能诚然已能够实现社会稳定的必然。基于现实性的角度，社会波动的持续性以及不可预估性必然要求法律具有充分的韧性和灵活性，以适应新出现或可能出现的社会关系。由此，把社会关系重新规划、法律期望值的重新导向作为前瞻性的瞭望，是实现上述法律三个基本功能的保证，为法律功能的具体实现提供了适当的空间。

（二）“此法”与“彼法”，环境法约束的独特性

于国外，环境法多属于行政法体系之中；于我国，环境法地位之争辩随着环境问题的日益深化也愈加激烈。从表层的角度可分析，环境法在主体、客体、原则、责任形式等方面不囿于抑或糅杂民法、刑法、经济法本质特征的内容，表现出环境法区别于传统民法、经济法等法律的特点，并且此亦是产生环境法地位之争辩的根源性诱因。

不囿于平等主体之间的民法最基本的核心精神以及经济法经济关系主体的约束，环境法在此方面的“破格”表现为存在公民、行政机关、法人甚至国家等主体形式。公民作为最广泛存在的法律主体，其作为环境法的主体理所应当。在市场经济形势下，大部分以营利为目的的法人是环境责任的主要负担者，对于调控相应经济关系，环境法同时体现出自身的积极功能。基于环境问题的人为性、隐蔽性、长期性以及普遍性的特点，环境法相应地存在以行政机关为主体以实现行政机关环境问题方面权责的行政法属性。并且，由于环境法客体的指向有自然属性，基于自然资源国家所有的法律约束，国家也可能以特定的角色参与到环境法律关系之中。在这一方面，一定的国家参与性决定了环境法较其他部门法的独特性。

---

① ［美］霍贝尔：《原始人的法》，严存生译，法律出版社 2006 年版，第 10 页。

从环境法的客体看，毋庸置疑，当然指向环境。作为规制人类社群之法律，此处的环境还应该是存在人类活动的环境。但是，将“环境”这一客体从实质内容方面进行剖析可知，在实质层面上，作为环境法客体的环境包括环境行为以及表现为物质形式的“环境”。物质性的环境，包括自然环境中多种物质的存在形式，如河流、滩涂、草原、森林等，这也是环境最基本意义上的内涵。环境行为是指，除了不存在人为因素而产生的自然现象，如地震、海啸等，因人类活动而致使、加重、恶化等在程度上引起或加深的现象。人类活动作为最频繁的诱因，在该过程中应当承担不可推卸的责任。作为以保护客观环境为目的、遏制环境破坏行为的环境法，在这一点上，同一般民法中所称物、行为的概念相比有一定的特殊性，同刑法中的足以引起刑事责任的刑事行为也存在一定的区别。

“环境保护坚持保护优先、预防为主、综合治理、公众参与、损害担责的原则。”① 以上内容作为我国环境法的基本原则，也充分表现了环境法作为法律体系下的一种特殊法律形式。保护优先，主要是对于抉择优劣的警示，强调在协调环境保护以及经济发展的关系中，应当在环境保护优先的条件下实现经济的期待发展。保护优先原则不同于环境与经济共同发展原则，该原则往往会被曲解为经济优先，在这一方面日本存在相应的先例。保护优先是在各个国家的经验总结之下发展出来的处理环境与经济关系的有效原则；预防为主原则基于环境问题的隐蔽性、普遍性、长期性特点产生，要求对于环境问题的管控特别体现在事前的内容中；科学技术的发展带来环境问题治理技术的多元化、高效化，综合治理原则强调对于已经发生的环境问题应当在高效、充分的基准之下，矫正环境问题的不恰如；公众参与原则是由环境公共财产理论、公共信托理论以及环境权理论的论述而产生的，要求对于环境问题的各个部分，包括监督、管理、评议等过程，公民都能够充分地参与。公共参与是人权在环境法中的体现之一。损害担责是指对于环境问题，应当由其引起、产生抑或加重者负担，对于因该问题而被侵害权益者，进行恰当补偿的原则。

从以上原则来看，环境法存在科学性、社会性、技术性、经济性等多重属性，在理论部分存在法学性、社会学性等多样层面，在实践部分有物理学性、化学性以及生物学性等方面的内容。多重的理论法学属性，使其区别于法律系统中的其他部门法。

---

① 参见《环境保护法》第5条。

至于责任的承担方式，在我国现行的环境法体系之中，并不存在其专门的责任承担形式，环境责任的承担仍旧依附于民事、刑事以及行政的责任形式体系之下。由于不存在独立的责任承担形式，其多种责任形式并存的局面也促成了环境法律责任主体的多元化以及环境法律责任形式的多元化。正是由于环境法表现出了多样性，导致难以辨别环境法的确切归属，使其成为一种特殊的存在。

综上所述，法律作为社会控制的有效手段之一，在社会文化背景中较宗教、道德等其他手段，在自身的性质及功能特点上处于独特的地位。环境法于法律体系中，同其他法律的分支相较，其在主体、客体、原则、责任承担形式等方面均充分体现出一定的特殊性。基于法律调控、环境法调控的特殊性，于现今我国形势而言，通过法律对土壤污染问题进行调控是必然、重要、有效的手段。

第二章
土壤污染防治法律实施机制的理论基础

第一节　可持续发展理论

一、可持续发展理论的基本内涵

可持续发展作为一个系统性的概念首次出现在公众视野，是在1987年联合国环境与发展委员会发表的名为《我们共同的未来》的报告中。但是可持续发展的概念并不是该委员会首次提出的，其首次提出能够溯至更久之前，本书就此不作过多讨论。该报告最初始的意图是希望在国际化发展水平日益加快、国家间联系日益紧密的政治、经济、文化环境之下，号召各国于多边贸易、民族自决等过程中，探索、寻求、创造一条能够实现可持续发展的道路。追本溯源，联合国环境与发展委员会在该报告中，重新将对于环境的关切纳入联合国的核心议题之中，摆脱过去一段时间内联合国会议对于政治进步、政治发展的过分关切。这其实将环境问题在实质上也描上了一定的政治色彩。从内容的层面上看，《我们共同的未来》重新强调了首次联合国人类环境与发展会议（1972年于瑞典斯德哥尔摩市召开的具有开篇性历史意义的国际环境保护会议）的相关精神，重新描述在该次会议上对于人类环境现状的担忧以及对于人类环境发展、人类环境保护的倡导。该报告将环境问题更加坚实、有力地加入了政治性问题的议程之中，并且将环境以及发展的问题列为独立议题，表明其对于环境问题极大的国际关注。此报告的作出，是名为“900天”的绿色环保活动取得的最具有意义的成果之一。“900天”是由遍及世界各个阶层的人群（包括政府代表、科学家、专家、科研人员、工业家、非政府国际组织成员等人群）共同推动，以上述人群所著的文献以及实验等为手段，借以实现环境意识在国内社会以及国际社会均得到一定加强的活动。

该报告着重强调了一点，即在人类社会的后续发展中，贫困人口的减少、性别平等的认可、贫富悬殊情形的转变，都对人类社会的可持续发展存在至关重要的影响。而且，环境资源的保护同样也是重要内容之一。但是，从实现环境资源保护的角度出发，已经实现工业化的国家抑或正在面对完善工业化的国家所体现出来的经济增长对环境产生的影响。对此，报告提出在这类国家中使用“分析、修复、发展可循环资源”等方式，以改善生态环境的恶化。

在《我们共同的未来》之中，虽然包含了丰富的可持续发展内容以及系统性的论述，但通过报告可以发现，其不足之处在于，在对环境退化现实状况的描述，以及政府如何实现在法治框架内、兼具市场经济社会发展的要求，实现对于环境问题规制的论述这两方面是略显乏力的。因此，不能够推导出有效的能与其结论对应的分析内容。但是，鉴于该报告对于“可持续发展”这一概念作出的首创性意义，下文将主要介绍报告中对于“可持续发展”内涵的解释。

可持续发展，指的是在不剥夺后代满足他们需求能力的前提下，实现以满足当前需求为基础的发展。该概念中所提出的需求，主要包括两个关键层面的内容：一是对于“需求”的考量。需求的内涵不仅仅基于对发达国家人群的需要，更加要求对发展中国家人群、贫困国家人群需求的关切。这是人权的基本要求，同样也是现代国际法的精神内核。二是基于该需求产生的限制。也就是说，对处于不同地区、不同种群的人的需求来说，基于平等原则的最基本追求，以及需求层次的不同，在资源有限的前提之下，势必要对于高阶层的需求进行一定的限制，从而实现对于最低阶层需求的满足。

此处所称的在经济以及社会层面上的发展，从范围上讲，必然波及所有国家、所有层面上的可持续行为，不论其为发展中国家还是发达国家，处在市场经济制度下还是计划经济制度下。具体实现可持续发展的措施可能不同，但是对于现实性的所获收益，必须是全人类共同分享的。并且在可持续发展的过程中，需要完成从基建性完善的要求转向框架性的、条理结构的、正向的、稳态的人类发展良性秩序。

可持续发展并不是一蹴而就的，而是通过经济以及社会的逐渐转型实现一个渐进的、过程性的发展。诚然，即使在极度苛刻的社会以及政治环境下，表观上的发展道路仍旧能够在一定的理论建构之下实现，但是此种发展在缺乏对于消费以及社会福利政策关注的情况下，并不能够得到有效的保证。从最狭义上的一点来讲，表观发展意味着社会之中存在性别歧视、贫富差距等现象，并且该种不可持续的状况并没有得到有效的关注与解决，可能有扩大的趋势。

以上提及了在可持续发展的概念之中，需求一词的多层面内涵，这与发展的最小切入点而言是相契合的。虽然需求在前文被分成了两个层次进行描述，但是，诚如常识所述，需求的具体内容仍旧因不同的地域、环境、国民经济状况、自然环境形态等而有所区别。对于发展中国家的人民而言，占较多数量的需求，主要是在温饱水平之上的刚性需求，如食物、房屋、工作等，意图在于保证生活的“量”。而对于发达国家的人民而言，由于刚性需求得到满足的比例较高，因此，其软性的需求居多，意图在于提高生活的“质”。但是，总的来说，一个贫穷的、不平等的世界总是危机四伏、充满潜在危险的。由此，可持续发展的要求，即为满足所有基础性的刚性需求，增加实现高质量生活的机会，增大实现高质量生活的可能。生活的标准若要在背离基础性最低限度的情况下实现可持续，必须要确立每一处的理想标准对于长久的可持续发展进行关怀。然而，从现实来说，人类所感知的需求总是由社会以及文化背景所影响、决定的，可持续发展就是需要人类在生态框架允许的范围之内，提高理想标准，使感知的需求成为现实的可能并得到极大扩充，抑或使其成为确信的事实。

基于上述原因，可持续发展的内涵主要包括两个层面的内容：一为满足当前的需求，二为增大实现更高层次需求的可能性。当然，上述两个层面的满足，都是建立在不影响后代发展可能的前提之下。

可持续发展包括以下几个方面的具体要求：

首先是经济上的可持续发展。数量性的增长在表层的“风光”之下，潜在的是资源利用压力的增加以及在剥削遍布的地域生活标准得到提升进程的放缓。上述负效益现象不仅仅是人口的原因，还有资源分配等方面的原因。一个单独的社会共同体组成后，必然会通过许多已身的能力去满足处于其中的人民在现阶段以及在将来可能潜在需求，但是在这些情况下同样包括对资源的过度开发等手段。数量性的增长能够解决人类面临刚性需求的燃眉之急，但是从长远来看，这样做会招致更大的危机。也因此，大部分人口将会被此病态的发展造成良好生活的边缘化以及排斥。

其次是社会上的可持续发展。最基本的立足点为满足当前的需求。而满足当前的需求，最亟待满足的是所谓的必要需求以及硬性需求。该种需求部分依赖于增长可能性的获得。可持续发展同样也明确，需要在该种需求没有被有效满足的领域实现经济的领先增长。前文明确了经济增长的必要性，但是同样需要明确的是，通过增长实现可持续发展是远远不足且是空泛的。高水平的生产性活动同贫困现象是可以并存且对环境产生巨大威胁的。因此，可持续发展在满足当前需求这一层面上，不仅要求实现生产性增长可能性的提高，而且要确保在此种增长可能性提高过程中机会公平这一实质公平的实现。

在生态资源方面，从农业中的分段水源处理，到对矿产的过度开发，均导致了过度的热量以及有毒气体的排放，甚至侵入物种的遗传物质之中。以上例子并不是相关研究人员的危言耸听，而是基于真实事件所作出的明确判断。对于此种情况的干预随着人类社会在工业革命之后得到了很大的增强，但产生的负效益也在同步增大，对于地方以及全球的生态支持系统也造成了较大的破坏。

可持续发展要实现，必然建立在人口同生态系统生产潜能和谐增长的前提之下。可持续发展反对对任何一个支持地球上生命存在的生态系统（包括空气、水资源、石油、生物等）仅因发展而造成的破坏。

从人口以及资源使用的层面看，在不将生态置于灾难的前提之下，发展并没有所谓的明确限制。存在的限制只是对于各种不同种类的能源资源等在使用阶段上的节制。虽然增长的明确限制不具有明晰的边界，但是当我们在使用自然资源的过程中，生态系统会对我们的发展产生如在单位资源使用过程中代价增大、回报降低的渐进型反作用，抑或某种资源根源性灭绝的突发型反作用。对于自然更加深入的了解、知识的渐进积累以及科技的加速进步，必然能够提升自然环境的承载能力。但是，最大量的限制是始终存在的，我们能够在现有的基础上提高自然环境承载能力，但是此种提高并不是无止境的。可持续发展就是需要我们在不久的将来，实现在达到这一最高限制的同时，同样保障所有人类对于科技贡献、环境资源享有同等的分享、使用的权利。

最后是生态上的可持续发展。经济的增长与发展必然同生态系统产生一定的联系，并且生态系统都会受到经济增长、经济发展的影响。森林之中可能包含着湿地，森林也无时无刻地不在延伸，这对于开发来说并不是坏事。但是在制订开发计划之时，必须将该项开发会对土壤侵蚀速率、水资源流域以及生物基因等方面的影响列入考虑之中。总的来说，对于森林、渔业资源等可再生资源，在其再生、恢复速率所允许的前提下，不需要被过多地限制。

然而，大部分可再生资源并不是孤立存在的，它们往往是在一个具有紧密联系的复杂的生态系统中作为一个有机组成部分而存在的，由此，要实现高效的同可持续发展理念最高目标相符合的发展，必须要着眼于整个生态系统，并对预期的成本以及可能的不利后果、制度同现实的矛盾等问题进行充分考量。

对于像石油、矿产等不可再生能源的使用，必然会减损人类后代可能使用的数量，但是可持续发展并不意味着我们不能对其进行使用。在使用不可再生能源时，我们需要考虑的是被消耗资源的稀缺性、科技对其利用的能力、对其的最小开发量以及使用相关替代物的可能性。比如，使用土地是可以的，但是使用的程度不能超过其在合理情况下的修复速率。对于矿产的开采，同样要考虑到其循环再生的速度以及其所能产生的经济价值是否适合对其进行开采而不至于使其耗尽。可持续发展对于不可再生资源的要求，在于使用的速率不要超过其所能承载的能力。

人类社会的发展会带来社会结构的日趋复杂，但是同样会使生态系统趋向简化、物种多样性减少。物种是一旦灭绝就很难再生的生态资源。动物、植物在人类活动的影响之下，产生不自然消失的结果，对于生态系统的良好运行以及当代、后代的发展，均会产生极大的限制。生态多样性，同样是可持续发展所追求的目标之一。

一些所谓的公共产品、免费产品，如空气、水等同样是资源的内容。这些生产过程中最原始的材料、能源，是对社会、人类有效用的产品制成之前的重要基础物质。在可持续发展观念的指导下，在实现所要达到的发展过程中，对于空气的清新程度、水源的质量以及其他自然资源质量的影响必须降到所能达到水平的最小值。

从本质上来说，可持续发展是在自然资源开采、效用投入的方向，科技发展的定位，社会结构的完善，经济进步的可能性等方面实现一定变化的过程。任何政策性的变化、发展必须同时满足现阶段社会和谐发展的首要要求以及保证、提高后代对于自然资源使用能力两个条件。

二、可持续发展理论的历史沿革

1980 年 3 月 5 日，联合国大会向全世界呼吁“必须对于自然、社会、生态、经济以及利用自然资源过程中的人类同自然发生的基本关系进行充分的研究，以确保全球，不仅仅是人类社会，而是包含了所有物种的持续发展”。[①]这也是历史上首次采用可持续发展这一概念用于经济、生态、社会等方面的呼吁。此后，可持续发展这一概念被频繁用在各种国际文件之中。其自提出伊始，便得到了不论是国际社会还是特定国家的重视。全球范围内可持续发展自提出概念到形成系统理论，可以从丰富的国际文件中展示出来。

可持续发展中系统性内涵并不是一朝一夕形成的。如上文所述，在 1980 年 3 月联合国大会提出这一概念之后，1987 年由联合国环境与发展委员会作出的题为《我们共同的未来》的报告，较为系统地对其进行了阐述。该报告给可持续发展下的定义为，可持续发展指的是在不剥夺后代满足他们需求的能力的前提下，实现以满足当前的需求为基础的发展。报告将可持续发展的内涵划分为生态可持续、经济可持续以及社会可持续三个方面，深刻地指出了人类文明发展至今对于所处环境造成的不可挽回的破坏。通过对这三个方面的剖析，深刻地指出人类要实现维持良性的发展，必须在这三个方面更加努力。

报告中总结的可持续发展概念，是对于在此之前的两种极端观点的扬弃以及升华。在该概念没有被正式提出之前，随着环境运动的发展，许多国家的民间组织、个人对于环境问题已经有了一定的关注并进行了许多自发的呼吁，如《寂静的春天》一书对于环境问题的深刻揭示等。随着对于环境问题探讨的深入，对该问题持有不同角度研究的学者自然形成了两个比较具有代表性的阵营。一方是以罗马俱乐部为代表的消极派。他们认为，地球处在被人类无止境的破坏之中，已经快要超越其所能承载的极限。基于此，我们应当放弃发展，以维护地球环境的良好，不然，人类的生存环境最后只能剩下一片荒芜，从而面对自身的逐渐消亡。此为《增长的极限》一文的主要观点。另一方是以美国未来研究所为代表的乐观派。他们认为，自人类存在以来，其生存和发展必然伴随着对环境的破坏。由此，不必较真于现在所面对的环境问题，因为这是在发展过程中必然要付出的代价，也是发展需要面临的必然情境。以上两种比较极端的观点，分别形成两派，直至《我们共同的未来》对于可持续发展概念进行了系统性丰富，对两派可持续发展理论的发展境况进行了一定的调和，助其得到后来不断的丰富、完善，其才被国际社会较为

① 载百度百科：http://baike.baidu.com/link？url=NBslBZuKnx9mUxeUYqF6tjJoVArqdome1yODawpZFeSUoD34obtR5SWvXoe8tad0GPkuCLV3Xjv6w6T3NUaZ7_，2015 年 8 月 31 日访问。

广泛地接纳。

可持续发展涵盖的内容具有多面性以及多层次性。在《我们共同的未来》中对可持续发展概念进行了系统性总结之后，国际社会相继通过了一系列国际文件，对可持续发展理论涉及的问题层次以及问题涉及的领域进行了多方面的丰富。

第一，生态的可持续。从联合国所作的贡献上来看，《21 世纪环境观》《里约环境宣言》《同自然的平衡》《地球宪章》《生物多样性的可持续发展》等文件以及历次的联合国环境与发展大会，都从生态环境的角度，为可持续发展理论的内容作了一定的丰富和发展。

其中，《21 世纪环境观》一文描述了当前人类所面临的境遇，并较为系统地论述了生态可持续发展的内容以及如何实现生态可持续发展等问题。该文指出：

首先，人类社会发展至今，所面临的现实境遇是：国际局势和平，战争阴影消散，自然资源没有被用于任何对人类无意义的战争抑或战备的研发之中；世界人均贫富差距以及发达国家与发展中国家的贫富差距悬殊，使得全球性的环境可持续发展比较难以实现；环境恶化现象集中出现在较为贫困的地区，而环境资源是该地区较为重要的发展资源，但人民实现环境资源效用的可能性较低；对于环境采取的相关科学技术研究以及一定的人文号召仍旧需要持续，环境问题给人类提供了机会以及机遇，对于生态系统结构的完整性、经济的良性发展、当代的发展以及后代的发展在严峻的形势下提出了重大考验；共同政策对于环境问题影响的重要性不断凸显，环境发展目标需要同经济发展的政策进行一定的协调。切实可行的具有灵活性、较高实际操作性的有效环境政策亟待作出；国家间、组织间因利益而发生的矛盾，使得环境资源问题形势日益紧张；作为相互联系的自然系统中一个重要部分的可再生资源，若要真正实现其对于人类的巨大效用价值，便要考虑对其开采的经济效益，更重要的是该资源对于整个自然资源系统的作用；人类对于其他生物所采取的措施、投入与产出之比以及对环境产生的正效益必须再次得以提升；信息、教育、训练对于不同水平的环境保护措施的重要性日益得到彰显；国际环境条约、国际环境法律体系正在快速构建，需要通过和平方式去解决大量存在的国际抑或国内的环境问题。

其次，该文指出了生态可持续发展在自然界中主要涉及的几个领域。它们分别为人口、农业、食物、能源、工业、人体健康与人类庇所以及国际环境关系。此外，其涉及的自然环境领域主要包括海洋、外层空间、生物多样性以及环境安全。

最后，该文指出，对于环境的保护和可持续发展，必须要在以下几个方面进行完善以及提供保障，分别为：环境质量的评价，环境利用的规划，环境法律的立法、执法、守法，环境保护意识的宣传、建立以及相关社会团体、国际组织、政府的责任等。

生态可持续的基点，在于对环境的保护、能源的最高效利用以及人与自然友好相处三个方面。

第二，社会的可持续。社会的可持续发展主要体现在对于平等、文化多样化的争取以及倡导之上，在 1966 年《公民权利与政治权利国际公约》、1966 年《经济、社会及文化权利国际公约》、1992 年《日内瓦农村妇女宣言》、1995 年《农村妇女地位发展报告》、2001 年《文化多样性宣言》及 2002 年《联合国教育可持续发展十年计划》等文件中均得以体现。社会的可持续发展提出时间相较于环境的可持续发展而言更晚，但是对于社会可持续发展的倡导遍及世界的许多角落，并且其受众可能比环境保护运动更广泛（由于社会的可持续发展运动主要是女权运动以及文化多样化运动）。

在平等方面，随着女性意识在近现代的觉醒，女权运动在世界各地得以展开。联合国《人权宣言》中人人具有生而享有平等的权利等内容，为社会之中性别平等的争取作了正名。此外，包括享有资源权利的平等、分享的平等等方面的运动，均是为了实现社会的可持续发展。

在文化多样化方面，文化多样化的提出并不久远，文化多样化的客体指向包括了各国文化的遗产、文化的保护、文化创造性的激活、文化同环境和谐等方面。对于异质以及同质的文化的尊重、保护，以及实现文化多样化的发展，同样是人权内容中一个重要组成部分。

对于社会的可持续发展而言，其在全球环境问题受到重视之后得到一定的凸显，体现的是国际社会更深层次的可持续发展的考量。

第三，经济的可持续。经济的可持续发展主要提倡人类在发展社会经济、增长人口的过程中应该实现人与自然和睦、和谐共处，不造成过分干涉的情况。诚如上文所述，自工业革命以来，人类对于资源的渴求已经大大地超过了环境所具有的承载值，要实现经济的可持续，必须通过科学技术的提升、环境意识的增强、政府政策的灵活施用等途径。经济的可持续发展是可持续发展理论内容中最切实际的一个层面，同样也是市场之中经济人所关注的最为密切的一个基点。

三、中国文化背景下可持续发展的要求

可持续发展的概念率先由西方国家在国际社会中提出，其基本内涵如上文所述，指的是在不剥夺后代满足他们需求能力的前提下，实现以满足当前需求为基础的发展。在上文中，笔者已对于生态、社会以及经济方面的可持续发展作了详细介绍，在此不再赘述。

从以上对可持续发展的论述中不难发现，其所倡导的生态、社会、经济的可持续，以及代际间的可持续，均可以从我国自古以来的诸家流派的学说之中寻觅出处。

在我国文化的发展历史之中，思想交流冲击的第一个繁荣时期，便是春秋战国诸子百家，如道、儒、法、墨等的百家争鸣。下文主要将可持续发展这一率先由西方提出的理论置于道家以及儒家所构建的思想体系之中，从“平等”“和谐”“无为”“柔和”“调和”等具体的要求出发，以此方式窥见在中国传统文化背景之下，可持续发展理论的栖身之所。

（一）平等

平等，意味着代际之间存在平等地享用、使用资源以实现发展的权利。同样，对于同代的公民而言，均平等地享有使用资源、获得资源的权利。

人生而平等是文艺复兴伊始西方最为重要的观念之一，关于它的论述众多，联合国《人权宣言》也写道：“人生而平等，不因肤色、种族、性别的不同而不同。”众多思想家的巨著，如洛克的《政府论》，也是在人生而平等这一观念之上构建了一个国家运作体系。

在先秦诸子百家的哲学论证中，虽然存在不同派别的林立，但是，对于平等的观念，百家均表现出相似的态度。虽然认为为何平等的原因不同，但是无一例外的是，百家的论证中对于平等这一观念达成了一定的共识。这是由百家所处的历史时期所决定的。

百家争鸣主要处于春秋战国时期，此时社会形势尚未趋于稳定，存在较大的动荡。基于对西周依旧承袭的世袭制王位继承制度，社会阶层存在高低贵贱的等级之分，并且处于某一阶级的人实现进阶的社会阶梯仍旧不存在，对此类社会状况的不满，加之意图实现自我价值的追求驱使，让先秦百家在对“人”的态度上，均认为其为平等。

从儒家的角度看，虽然“礼”“乐”是核心观念，强调“尊尊、亲亲”的人与人之间等级差别的社会秩序，但是从根源上看，儒家主张人出生之时是平等的，只是由于后天发展的不同而出现异化，表现出不平等的表象。“性

相近也，习相远也”[①] 是儒家的基本态度。例如，人对于一定的事物会表现出相似的情绪（欣喜、悲伤、反感等），对于亲属也会表现出一定的亲近，这就是人生而相似、平等的表现。基于此种情感的表现，儒家认为，人在未经后天改变时都是相同的。儒家还强调“教育”的作用，认为在社会条件允许的情况下，若对所有人进行教化，那么人与人之间不会出现不平等的现象，教育的缺失是导致人在后天产生差异的重要原因之一。

从道家的角度看，其同样相信人是自然生而平等的，但是原因却和儒家大相径庭。道家认为，“道”孕育了一切事物，不论是从事物内部的角度来看还是从外部的角度来看。《道德经》第一章即写道：“道可道，非常道。”道是一种绝对性和相对性、普遍性和特殊性统一的存在，由此，道才能产生万物之现象以及形体。作为一个统一体，道不可能在一个事物上体现得少一些，却在另一个事物上体现得多一些。[②] 道是一切的起源，由此，每个人都是由所谓的道起源的，那么便不存在异同了。并且，道家不承认人在后天产生的表象上的差异。道家认为，在本质上，人在后天仍旧是相同的，这一相同点仍旧是道。道家提倡表象上的异同，认为这是道所衍生出的多样的必然，此能够促进社会有效的发展以及结构的完善。

儒、道两家对于平等观念的论述，虽然存在不同，但是，“平等”这一点是两家论证的共同底线。在我国的文化背景之下，平等能够成为可持续发展观念的一个主要基点。原因在于，要实现中国如今环境形势之下寻求解决问题的出路，平等是一切的基础。

首先，平等是环境法律配置社会关系过程中所应当遵循的基本要求，在这一点上，对于其他不同部门法而言也是互通的。作为可持续发展理论支撑下控制土壤污染问题的法律系统，必然在设置相关规范的过程中要实现平等的追求。从土壤污染的开端防止阶段，如监测、评价过程，到土壤污染的末端治理阶段，可持续发展之平等的要求体现在：对于受污染程度不同的土壤，通过不同程度的矫正措施，以实现其自身的最佳功能。需要指出的是，平等不是平均，不是无论什么情况都给予相同的对待，而是对于不同的情况，给予能够实现其最佳效益以实现社会福利增加的区别对待。这也是儒家“有教无类”观点的要求。在土壤污染防治的整个过程中，公众参与同样是平等的

---

① 《论语》，张燕婴译注，中华书局 2006 年版，第 263 页。

② ［美］孟旦：《早期中国“人”的观念》，丁栋、张兴东译，北京大学出版社 2009 年版，第 17 页。

具体要求之一。对于不同的区域，要实现相同的可持续发展目的，法律赋予的相应措施可以不同，但必须同样为实现既定的目的。

平等，要求人际间以及代际间的平等。诚如上文所述，基于人人平等的观念，任何人都无权剥夺他人享有任何资源、实现何种发展的权利。这种平等的基本体现就是不歧视。不歧视是任何人对于其既定目的实现所依赖的外在行为的体现。其实最现实的行为表现就是，区别“我们”与“你”或者“你们”与“我”。这一表现的直接后果就是形成所谓的团体，从而导致多数人的暴虐或者多数人对单个人的私刑。歧视是对平等最大的损害，直接可能导致因社会财富差异而有损每一个人拥有的将环境作为公共财产的正当权利。反对因所处社会阶层的不同导致资源划分不均而产生的纷争，反对因肤色、种族的不同而区别异己，这无疑存有莫大的私心。上述行为能够滋生的利息具有短视的缺点，这对于可持续发展从远视角度来说，具有极大的损害。对于国家而言，可能会使其分崩离析。可持续发展观念对于平等的要求，最重要的一点就在于：在人际间达成平等的共识，互相尊重、坦诚，代际间互存慷慨，不因眼下的诱惑而毁灭未来的可能性以及下一代人的可能性。

（二）和谐

和谐，意即在实现经济、社会、生态良性发展的过程中，既要追求经济、社会、生态三者内部的和谐，分工明确，氛围良好，又要取得三者分别作为一个整体在互动过程中实现的协调，不背离。其表现在经济发展、社会稳定、生态健康三个整体之间的良性互动以及有效的自我调节。

我国文化源流的核心，包括了对于“和”的大量描述。对“和”的追求，对于身处乱世的儒、道二家，显得异常重要。礼乐制度的崩塌是西周末期最重要的社会趋势。宗族等级制、分封制等制度在此时暴露出弊端，国家整体局势动荡不安，即将分崩离析。落于风雨飘摇的“士”之阶层殚精竭虑，意图通过一己之力对混乱局势进行挽救。

儒家追求和谐、统一的局面，其意图通过建立一套理想化的社会调控秩序以实现其期待的由确定伦理秩序构成的社会结构。儒家强调“仁”“礼”在调节、形成良好社会秩序的过程中的关键作用。仁，意即对于自己本身的内化要求。儒家典籍中对于“仁”进行了许多论述，如“好学近乎知，力行近乎仁，知耻近乎勇乎”，[①] 甚至有“杀身成仁”之说。仁的具体要求众多，从儒家的典籍中均可窥见。儒家强调的仁，对于一个人而言，是其内在道德

---

① ［清］朱彬：《礼记训纂》，中华书局1998年版，第776页。

上的约束，以告诫其如何实现受人敬仰的道德。在此方面，多通过树立一系列圣人楷模以受人敬仰、被人学习。仁作为儒家和谐观的重要内容之一，同礼一起在内化以及外在表现的层面上，调节人的精神与行为，从而实现儒家所期待的和谐状态。礼原意为献祭，其后在儒家的典籍中被大量使用，区别于献祭的原意，但同其存在一定的关联。儒家典籍中的礼，是构成外在社会秩序的重要表现模式，其主要包括三个部分的内容，即存在特定数量的、稳定的不同的社会角色定位，存在将这些角色定位划分为不同地位的等级制度，并且存在前设的对于处于不同等级的角色规定的特定行为准则。以上内容在其对礼的要求中均有所明确，但相较前者更加强调最后一部分的内容，即对于不同地位的角色的特定行为准则，对于相同地位的角色之间以及不同地位的角色之间应该如何为、如何不为，在礼中均有了一定的明确。通过仁、礼的方式，儒家构建了一个比较庞大、复杂且理想化的体系。该体系分工明确，给每个人都假定了一个最为有效的符合仁与礼内核的模式，去实现自我，实现情感表达，实现社会关系纽带的维系。其较多地关注了“集体—个人”的互动关系，以及作为群体之中一分子的“我”如何完成己身的方式。

儒家所创建的仁、礼是构建稳定社会秩序的体现，对于当今的中国社会而言，仍旧存在一定的影响，其中便有为对于和谐的不竭追求，而其中作为桎梏的内容多已经通过现实的抉择予以抛弃。

同平等相似的是，和谐在我国对于完成可持续发展具有高效的积极意义。可持续发展对于和谐的具体要求，包括整体内部的和谐以及不同整体之间的外部和谐。对于社会内部而言，通过儒家的观点可以窥见，即要求“修身”——在生态、社会、经济各个方面做到自我内部的和谐、协调。具体来说，即要做到自我的检索、自我的修缮以及自我的规划。对于生态、社会以及经济三个系统而言，要达到己身的和谐，必须建立在自我实际情况之下，制订合理的规划，做好纰漏的检索以及修缮等工作，使其达到善的均衡。对于外部而言，需要通过设定有效的互动模式来实现不同系统之间的沟通。儒家倡导通过“礼”的模式来使处于不同地位的人以及相同地位的人之间通过特定的行为准则来实现社会外部的和谐。从整个可持续发展的理论来看，如何形成三者有效的良性互动以及均衡，是一个重要的基点。要形成具有不同内容的关系者之间的互动，必然要通过一定模式的钳制以及对于失衡状况如何救济的手段。

和谐不仅是实现可持续发展的要求之一，更是法律建设的价值追求之一。按照法学理论的部分观点，法律是作为实现社会控制的有效工具。法律的目的是实现社会控制，再深入一步的话，其最终仍旧是要实现社会、人际和国际等方面的和谐。和而大同，和谐的重要性不言而喻。透过土壤防治的法律所要实现的目标，同样是土壤环境与人类社会的和谐、经济发展与土壤环境保护之间的和谐、社会工程建设与社会人文模式之间的和谐等。

和谐作为一个核心的价值引领，不论是在规则的起草阶段还是在实践性的适用阶段，都发挥着不可替代的作用。

（三）无为

无为，意即不论是在各个方面自然发展还是通过科技意图寻求发展的过程中，都需要摆脱曾经的观念对其后行为的影响，从而实现多角度、多层面的可持续的发展。

无为是道家所倡导的理论之中的核心观点之一，在其典籍中也时常出现，譬如“常使民无知无欲，使夫知者不敢为也。为无为，则无不治”[①] “上德无为而无以为”[②] 等。无为的含义从字面上看，似乎是什么都不做，顺应自然的安排。这只是从表层的角度对无为进行的粗浅解读。从更深层次的角度来看，若老子在乱世之中，意图解决这一混乱局面的观点的实质性建议是要求人们什么都不做，静观其变、顺其自然的话，显然十分荒谬。由此，对于无为的理解尤为重要。若按上文的解释，那么无为可以解释为消极意义上的无为，其要求在外在行为上表现为静止的状态，即任何事情都不做，以实现特定的定分止争的目的。然而矛盾的是，既然其要求人们什么都不做，那么在不做的过程中，如何生存以及生活便成为一个悖论。显然，从这个方面看，单凭字面的意思来解释无为是不能使人信服的。将无为仅仅看作与外部积极的有所作为的对立，显然是不合理的。

从《道德经》的相关原文，以及“上德无为”“圣人无常心”“无为，无不治”等论述中不难看出，无为强调的显然不是外部行为上的消极不作为。若超脱外部行为上的积极抑或消极的角度，从观念、意识的角度去窥见老子思想中的无为概念的话，实际上无为可以解释为“无以为之为”，即以不受制于传统规范与价值的方式行动。[③] 无以为之为，通俗来说，就是不受限于传统，在后天通过一定的学习以取得相关的知识、思想、分析方法等来看待问题、分析问题以及解决问题。这同心理学上前摄抑制的理论存在一定的共通

① 王孝鱼：《老子衍疏证》，中华书局 2014 年版，第 12 页。

② 王孝鱼：《老子衍疏证》，中华书局 2014 年版，第 130 页。

③ ［新加坡］赖蕴慧：《剑桥中国哲学导论》，刘梁剑译，世界图书出版公司 2013 年版，第 102 页。

之处。从该角度的解释出发，上述消极与积极层面的悖论便得以消解。无为并不是对外部行为的要求，而是对内部观念、理念的要求。

从以上层面看，无为并不是要在现实中不做任何通过机体来实现的事情，而是要在观念上摆脱曾经学过的、先前的事件的影响，以实现在无之中产生有的最大化。道家一直认为，语言实质上是对人类思想以及意识的限制，因此，在被语言束缚的同时，应当明确地认识到这一点，并努力将该束缚减小到最低值，以实现道的最大化追求。这一点从道家为学的态度以及观念上便能够看出。老子在《道德经》中以为学的角度，提出了“日损”的看法。老子将对意识、知识的学习分为两个维度之上的内容，一方面为“无”，另一方面为“有”。“无”即通过学习、讲授等有意为之的方式，在后天习得一些内容。“有”在一定层面上同道相通，在有实现最大化的时候，就达到了道的境界。而有和无又存在一个相互转化的过程。当对无——我们在外部表观层面上习得的知识进行有效减少，即损发生时，有的量在增加。无降至最低点时，才能达到无限，才能得道。此乃无为的为学之道。

由此，对于无为的解释必须摆脱其表层意义的迷惑，因为道家所倡导的并不是单纯地指向物理上的、表现出外部行为的消极不作为，而是强调在为学、为人、为事的过程中，逃脱特定的意图、角度，在有无的相互转化之中，实现无分量的减损以及有分量的加强，最终悟得道的奥妙以及生活于世的较高境界，那样就能够达到“明镜”的境界。正所谓上德若谷，其原因同样在于无为之境遇。在使自我无为的过程中，效法自然、成就自然之下的本我，完成实现自我的达到、超越。道家所明晰的道，并非其故意创造的仆从，而是时刻在顺应着自然的本心。

在发展的过程中，必然会陷入前摄的知识限制的泥淖。从无为的角度出发，在该过程中，若发现了当前智识所不能及之状况，对于不必要的前摄进行减损，以实现在自然状态下对其的本心选择是无为的发展之道。在制度的设计、理论的实际操作过程中，同样会存在一定的不兼容的情况。无为的智慧要求，在面对此泥淖时，需要实现一个清空以达到恒动、强大、无垠的状态。此点从国际文件中无以窥见，但从顺应我国文化、因地制宜的角度上出发，对于实现任何一方面的可持续发展均具有高效的实践意义，并且对于相应的法律法规设计、监管内容的排列等存在借鉴意义。我国目前面对的环境形势不容乐观，对土壤环境的治理模式、治理结构、治理方式、治理核心等，仍需进行积极的探索。无为的要求鼓励在这一过程之中，通过创新的意识摆脱桎梏的方法，以寻得存在较高效益的解决途径。

（四）柔和

柔和，意即在实现可持续发展的过程中，人对于不论同类，还是分属于不同物种的其他动物以及其他由一定的生命体以及非生命体构成的自然系统，都要始终秉持“柔和”的态度，即谦逊、宽容、顺应、不破坏，这样才能实现最为恰当、合理的发展，才能实现可持续发展。

老子在《道德经》中通过水的意象传达了其对于“柔和”这一属性的推崇以及看法。“上善若水。水，善利万物而不争，处众人之所恶……”[①] 老子将其善的观念通过“水”的意象进行传导，认为至上的善、最值得推崇的善就像水一样。水同金木火土一齐分属五行之列，但水同金木火土存在本质上的不同。金木火土多具有较为“锋利”的外在表征抑或具有较高的攻击性，这些属性为金木火土增添了一定的“阳”的性质。而从水的属性上看，水是流动性的，其实体性的外在表征均没有金木火土那么明确，并且正是由于水的流动性，赋予其较高的适应空间的能力（其对于存在空间的要求并没有其他四行那么高）。这为水加上了一定的“阴”的性质。老子认为，至上的善就像水一样，水虽然不存在很固定的形体，但是其能通融万物，并且对于生存的处境没有过多的要求，但是仍旧能够以其柔和之姿铸成自己最锐利的武器，还时刻保持谦逊的态度。同样以水为载体，老子阐明了江河湖海为什么成为万物的灵气之归宿——“以其善下之”，即水以其善下的谦逊之姿、包容万物之心态，实现“坚”所不能带来的长久性的良性绩效。

同样通过类比的方式，老子在《道德经》第76章[②]中论述道：人出生之时便具有柔弱的躯体，如草木初发时柔脆欲滴，但当消亡时，均具有僵硬尖锐之躯。以道家的观点看来，万物初生之时，天、道赋予其的生气是最为膏润的，万物由此显得柔弱、亲和；在与世俗气息接触的过程中，万物逐渐衰老，生气被减损，在盈虚之间逐渐地减少，最后形如枯槁、神殒于无。道家所追求的境界之一就是回归最初的形态，归于自然，其称之为“返”，通过世俗桎梏逐渐解构的过程，以回归最自然、最初始的状态，恢复生气，修得所谓的天道。此时，便可称为拥有虚静之心，此为柔的状态的另一种表现形式。

通过柔之姿以面对世间万千变化的积极后果在于“驰骋天下之至坚”。至今，柔的姿态仍被潜移默化地认为是软弱之态，这同道家的智慧是背道而驰

---

① 王孝鱼：《老子衍疏证》，中华书局2014年版，第28页。

② 该章原文为：“人之生也柔弱，其死也坚强；草木之生也柔脆，其死也枯槁。故坚强者死之徒，柔弱者生之徒。是以兵强则不胜，木强则折。强大处下，柔弱处上。”

的。在道家的智慧之中，至柔之态方可克至坚之形。柔是人性之中宽容、顺应以及虚怀若谷的充分体现。

提出柔是中国文化背景之下可持续发展的要求，笔者意欲强调的是，作为个体的人类在实现自我发展的过程中对待其他物种、同物种的人类以及由生物体、非生物体构成的自然系统的态度，必须是要“柔”的。柔的内涵在于谦逊、包容、顺应、不破坏。它们的内涵以及相应的要求均在当今的发展实际中被无一例外地打破。诚如 1989 年联合国在《同自然的平衡》文末中所发问的一样：“在水及空气的权属根本不是我们之时，我们如何去购买水与空气？这是一个难以想象的情景。人类仍旧存在于生命联结的网络之中，我们对于地球的所作所为，终将置于人类已身。人同其他一切自然的存在，均是紧密连接的，均是命悬一线的。我们应当竭尽所能，以实现此生的可能，并将其惠及地球的下一代存在。”

《我们共同的未来》一文曾指出对于现代社会所追求的良性发展而言，影响最大的四个因素：一为贫困。在现代社会，存在较人类任何一个历史阶段更多的贫困人口，不论是在发展中国家还是在发达国家。并且此种增长趋势仍将保持一定的蔓延态势。二为以环境为代价的经济增长。自 20 世纪 50 年代以来，经济增长、科技发展极大地提高了人类的生活水平，但是随之而来的，是能源消耗型、原材料消耗型工业给环境带来的越来越大的负担。由此，给环境带来的负效应也是人类任何一个历史时期都不能想象的。三为生存。在世界人口急剧增长的趋势之下，对于自然资源需求的种类以及范围都在快速增加之中，脆弱的环境在逐渐地失衡。生存的问题不仅仅关乎徘徊在温饱线附近的贫困人口，而且包括处于自然界之中的动植物以及岌岌可危的生态环境系统。四为经济不良运作的不期而遇。人类并不是首次面临环境质量下降、环境遭遇破坏的问题，但是，直到最近才探明其复杂性。过去，人类只关心发展对于环境的影响，但是忽略了环境退化对其他的人类活动所产生的负面影响。环境问题的爆发，必然引起经济领域的崩溃，这是可持续发展需要考虑的一个重要方面。

从以上四个影响可持续发展的因素不难看出，若要从根源上对贫困、破坏、生存、危机进行解决，必须要使人类对于自身以及其他动植物、自然生态环境报以上文所强调的“柔和”的态度。“锐”所能实现的现实绩效，一般具有短视的局限，锐与锐碰撞，形成的是双方的耗损。可持续发展要求人类在实现发展的过程中，首先放下身段，以柔和之态方能实现和谐的发展局面。

(五) 调和

调和，意即若要在时刻存在的矛盾以及对立之中寻求发展，并将其有效地持续下去，需要将矛盾的事物进行调整中和，以实现其在无害前提下的最大效益。

对立以及调和是我国古代思想体系中的重要一支，是我国古代思想中辩证法的直接体现。

该思想起源于《周易》。其分为《经》《传》两部分，其中《易经》为由诗、书、礼、易、春秋构成的“五经”之首。易，即变易、变化。《周易》通过爻卦的解析、分解，讲究的即为世间万物如何变化、如何面对世间万物的变化、在变易对立之中如何应对的学问。易的内容主要分为两个部分，一部分为对事物和时间的变化、事物和时间的联系的观察。虽然在易的文本中，没有过多地对五行的概念进行描述，但是其对卦象的描绘、天道之气的叙述等多基于五行。五行理论之中，最重要的一个基点即“生”与“克”的关系。所谓“金生水，水生木，木生火，火生土，土生金”以及“木克土，土克水，水克火，火克金，金克木”。相生与相克强调的辩证的调和思想是易对于事物变化规律的预测、描述及情景模拟再现的奠基。除了五行的概念，阴阳的观点同样也对易产生了重大的影响。易的叙述之中，“当位律”是一个重要规律。对于任何事物而言，必然基于其基本属性，占据阴阳之中的一席。在特定的情况之下，若其处于的状态同其因基本的属性所获得的阴阳相统一，此即当位，此时达到和谐；若相悖，则为不当，需要进行一定的调和以实现适应。易着重描绘了如何运用对于事物的观察发现万物之间存在的内在联系，以实现对于未来的预测，并且使人懂得如何调整的方式等。易所建立的体系，其自然基础为在恒变之中常动的受天道与气调和的万物灵长。易中所提出的以上思想，分别在后世得到了各家学术的继承。在这一方面，承袭较多的为道家老子、庄子等。

老子思想的哲学基础，多发端于《周易》之中的辩证、对立、转化、调和的观点。这在其所著的《道德经》中能够得以大量地窥见。

“有无相生，难易相成，长短相形，高下相倾，声音相和，前后相随。”① 老子在《道德经》第二章即提出矛盾在起源之时便是相生的，是不能避免的情形。天下所见之形均是由相反属性的内在本性在万变的过程中所形成的具象实体。事物之中始终存在矛盾的博弈，而事物也正是因为矛盾之间的相互

① 王孝鱼：《老子衍疏证》，中华书局2014年版，第9页。

博弈而得以延续。矛盾在老子的哲学中可以称为正反，这一点从上文所举的例子即可看出。虽然正反是在时刻相互转化的，但是它们又是统一于道的，此又谓之“同谓之玄”。

“持而盈之，不如其已；揣而锐之，不可长保。”① 老子又通过盈虚之间的转化，传达其对于万物相生、易变的哲学思想，同时对于富贵的保持、良好的维系表达了自己的意见。富贵、良好的形成会使人认为其已经在这方面走到了尽头，已经再无追求，由此放下了自身所应该保持的本心，此时便不可长保。由此，老子没有通过正面的说教，而是以相反的方式，道出了“以退为进”的辩证的解决办法。

老子其后还通过对“抱一与无离”“专气与致柔”“涤除与玄览”“爱民与治国”“天门与开阖”“明白与四达”“生与畜”的描述，表明了正反在万事万物之中的普遍存在，而且其都能够在一定的层面上实现调和，以归一于道的层面，有助于一定的发展。

光尘、作止、轻重，同样都是相互矛盾的正反存在，正是因为对立，才成为可以转化的两端。正反，反正，在进行不断的交换，从而形成了反复、繁复的物所呈现出来的现象。但就其本源，还是如此颠倒、反复、无常的过程，并永无止境。老子所说的以不变应万变的道理，就在于这不变的内核——世间只有一件事是不会变的，那就是变化。既有容纳变化存在的空间，那么同样有调和实现的可行性。在矛盾中寻得统一，以退为进，善下方能居上。

通过对我国文化背景之下思想源流的回顾不难发展，其对于我国在如何实现可持续发展这条道路上，如何通过法律规制的方法实现环境方面的保护以走向可持续发展，均具有方法上以及观念上的意义。环境同样是变化着的，所能实现的是在特定环境之下的适应，这是一个好的法律作为指向标的重要性质。在处于对立之中的破坏与和谐两个行为之中，需要寻得一个平衡点，使得破坏同和谐在该平衡点的指引之下进行调整，从而归为“柔”的经济。使得破坏向和谐的方向迈一步或者多步，同样使得太过理想化的和谐走下神坛，变得更加地体察实际。此为在方法上讲求的调和。“垃圾是被放错了的资源”，该说法时常被提及。垃圾的属性为无用的，资源的属性为有用的，两者正好相反。垃圾存在有用属性的时候，就实现了向资源的转化，形成了本书强调的调和。该调和着重对于观念上的对待，从而实现了行为上的改变，此

① 王孝鱼：《老子衍疏证》，中华书局2014年版，第31页。

即在观念上讲求的调和。

第二节 法经济学基础

一、法经济学基本定理概述

自经济学鼻祖亚当·斯密所著的第一部具有现代意义的经济学经典著作《国富论》开创强调制度因素并对经济生活、经济活动产生重要影响以来，在后续学者，如波斯纳、科斯、诺斯等对理论完善、充实的情况下，经济学（制度经济学派）开始存在能同法学作为一项表象形式为制度的学科的契合点。例如，诺斯主张的观点从经济的角度出发，以研究制度变迁以及制度创新的经济学效益实现国家经济增长性的可能理论预设。再如，交易成本理论、科斯定理、斯密定理、波斯纳定理奠定了法经济学研究基点，帕累托、卡尔多-希克斯等为实现法律效益如何达到最佳而作出的评价方向的努力以及汉德公式的创新实现等。

法经济学作为以学科交叉，突破法学、经济学因学科划分而形成的专门性桎梏的融合性学科，从基础的理论看，其多基于以下定理的理论预设：

（一）斯密定理——市场的自我调控以及制度的辅助地位

基于亚当·斯密于《国富论》中所探讨的主要问题，即国家财富究竟从何而来以及如何而来。他的回答可以归结于以下范式：市场规模的扩大、界限性突破→社会需求的增大使生产者需扩大自身规模以实现期待利益的高速取得→市场在渐进的过程中形成专业化分工→劳动生产率能动提高→社会经济实现增长。该范式可以归结为一句话，即市场规模的扩大能实现社会经济的增长。斯密定理产生即出现市场专门化的前提必须是市场规模达到既定的阈值以实现需求能够满足的情形，这样才能实现社会劳动效率的提高以及社会经济的增长。斯密定理强调了市场价值规律作为隐性的手对于市场本身的调控作用以及对其良性运转的决定性作用。

当然，需要予以明确的是，斯密定理所预设的额外前提之一，是斯密在《国富论》之前所写的《道德情操论》中所模拟的，具有利己本性的个人如何在资本世界中实现对于自身情感以及本性的控制，以实现以克服私欲的控制为内容的在当时社会环境下所称的“道德情操”的前设。他认为，个人在资本世界追求自利目的的过程中，理性仍旧是占主导地位的，并在“看不见的手”的操控下就足以实现良好的市场竞争以及秩序的形成。

在法律科学的方面，斯密定理视法律为自由交易守夜人的角色。首先，斯密定理虽然强调了价值规律于市场的主导作用，但也提及了制度作为规制市场的形式之一，其不可缺失的地位，尽管只能处于次要地位。此为开创制度经济学的先导性思想。其次，斯密提出的“看不见的手”市场价值规律理论，不仅对经济领域有所影响，对于在社会经济的大背景之下如何通过法律实现对于经济生活的调控、个人意志的放逐等方面也存在一定的借鉴意义。最后，放归市场以其最原来的面貌，法律较靠后的保障手段之做法同样在我国现行的经济、制度形势下得到了认可。

斯密定理在之后被现实经济生活中存在的市场价值规律所不能完全保证的事实而部分推翻（由于人之理性并不能实现预期的自我克制的道德情操），国家干预理论对其展开了更多的实操性论争（在下文中，笔者将对国家干预理论对其的发展作一定的论述）。面对我国目前的土壤环境问题，显然斯密定理所论述之不足已经显现。但是，斯密定理所开创的“看不见的手”市场价值规律的地位以及创新提出制度问题的理论，对之后的法经济学发展产生了极其深远的影响。

（二）霍布斯定理——国家、法治的正当性

托马斯·霍布斯对于人类社会的存在形式提出了“自然状态”说，并对国家权力的正当性提出了“社会契约”的思想，即在国家这一权力形式存在之前，所有的人都处于自然状态之下，此时不存在任何超越他人地位的“自我”，每个人都是平等的。由此，在自然状态下，每个人都过着最原始的生活，都为了自我的生活而进行着尽管野蛮却是最为合理的斗争。在自然状态下的人类都要学会去接受“丛林法则”，都要试图增强自我的竞争力以适应残酷的斗争，从而在该状态下获取并得到更优选择的权利。但同时，自然状态下的人类也要饱受“恐惧”心理的煎熬。人们发现，在自然状态下，每个人都不能过上较好的、更顺应自我本心的生活。在醒悟自然状态之下生活成本的高昂、巨大之后，基于不堪对此负担的承受以及自我的理性，每一个人以平等者的身份签订社会契约，成立国家，以期实现在国家这一形式之下个人利益的高效获取。霍布斯的以上观点作为自然法思想的重要一支，对国家权力的正当性作了极大的正名。在这一层面上，霍布斯定理较之斯密定理，更加强调国家权力的干预在人类社会中的必要性。

从法经济学的角度上解读霍布斯的思想，即国家通过建立一定的法律结构，使私人协议难以达成所造成的损失最小化。① 趋利避害是人在自然状态下之本能，在同样以社会契约为纽带联结起来的政治国家，人之本能仍旧驱使着人之行为。霍布斯定理为以国家为权力基础的法律规制的正当性作了论证，并且为法律的规范性建设作出了经济学的解读。法律结构的构筑必须建立在双方可能达成合意的基础上，确保在达成共识的过程中付出的成本最小，甚至消除谈判过程中的一切障碍，才能使以利为目的之人甘心受法之约束，从而实现一定的均衡。法律制度的设计应该阻止强制性的胁迫，并使意见不一致所造成的损失最小化。②

(三) 科斯定理——通过政府明确权利的初始界定以实现最大的社会福利

科斯定理并非科斯本人提出，而是源于斯迪格斯于《价格理论》一文中对科斯之理论的引用。科斯在《社会成本问题》一文中对自身的理论作了结构性的构建。科斯在该文中所述，主要从对他人产生有害影响的工商业企业的行为、私人产品与社会产品之间的矛盾这些方面展开。③ 对于文中提及的外部侵害导致内部损失的问题，科斯并不认同许多经济学家沿袭的庇古于《福利经济学》中的观点——通过禁止侵害方的损害行为、进行赔偿等单方面的未加衡量的措施以实现对社会失衡的矫正，他通过对“走失的牛造成草地损害”等案件的分析，认为更好的解决方法不应该是一味地禁止侵害人的行为，而是政府以居间者的身份实现对于后果的收益以及成本的评估，如对于工商业企业产生的烟雾造成周边居民损害的事实，要对产生的损害（对村民的影响）以及产生的利益（包括社会利益、经济利益等）进行权衡，以促进最后决策的实现，即在设计和选择社会格局时应考虑总体的效果。④ 在科斯的论述中，若工商业企业产生的效益高于其付出的成本（损害事实），其行为就是增加社会福利的，是正当的。

科斯在《社会成本问题》中的论述，可以分为两个层次，即可称为科斯第一定理以及科斯第二定理。科斯第一定理，即在交易成本为零的情况下，

---

① ［美］罗伯特·考特、托马斯·尤伦：《法和经济学》，张军等译，上海三联书店1994年版，第129~137页。

② 冯玉军：《法经济学范式》，清华大学出版社2009年版，第215、216页。

③ ［英］R. H. 科斯：《社会成本问题》，载《法律与经济学杂志》（第三卷）1960年10月。

④ ［英］R. H. 科斯：《社会成本问题》，载《法律与经济学杂志》（第三卷）1960年10月。

对于权利进行初始的界定并不是必要的。[①] 在交易成本为零的理想前提之下，无论权利进行如何分配，基于市场自身价值规律以及经济运动，其自身都能够实现社会的最优配置。科斯第二定理，即当交易成本为正时（此为较现实的状态），通过政府来进行产权的初始界定优于私人之间通过合意、契约的方式来明确、矫正、纠正产权的初始界限，并且通过政府来明细产权的界限更加有利于提高社会效率。（政府并不是唯一的解决方法，只是在效率比较、成本影响的权衡上，政府在多项指标中显然是占优势的。）科斯定理的借鉴意义在于，对环境侵权问题的责任规制、分配、比例等问题提供有效的理论指导，以及对于土壤污染防治法中权利的初步配置、分配等问题明确了落实的方向。

（四）波斯纳定理——法律明确之权利应赋予对其最珍视以及最能以其增加社会福利之人

波斯纳对科斯定理以及科斯的核心理论——交易成本理论进行了发展。在经济学的角度上，以效率为原则和标准，形成了弥补科斯定理在如何进行权利分配上未作明晰表述的理论，即在市场交易成本过高而抑制交易的情况下，权利应赋予那些最珍视它们的人。[②] 法律应当通过明确权利内部之间以及权利外部之间的界限降低社会交易成本。由于交易成本的不可实验性，法律必须在正式施行之前，在斟酌阶段便充分考虑各项利益的均衡，以实现效益的最大化。

波斯纳定理的前提预设是市场交易成本为正，即在科斯第二定理的前提预设之下，由于权利是一种社会稀缺资源，必然决定了其应当被合理有效地进行分配。而恰恰因为权利的稀缺性，应当使权利所能发挥的社会功效最大化，从而实现最大的福利。波斯纳定理虽然存在一定的缺陷，如仅仅以效率为价值目标，可能忽略了人在社会之中的尊严以及个体的价值等，但是在对于环境法治框架之下如何进行合理的效益配置以期实现最大效益的角度之上，充分了解波斯纳定理以及科斯定理，从而作出恰当的适用，仍旧是具有充分启发意义的。

（五）帕累托效率标准、卡尔多-希克斯效率标准——社会资源配置的导向性标准

帕累托效率标准又称帕累托最优，是经济学家帕累托为了弥补前人缺憾，

① 冯玉军：《法经济学范式的知识基础研究》，载《中国人民大学学报》2005年第7期。

② ［美］波斯纳：《法律的经济分析》，蒋兆康译，法律出版社2012年版，第57页。

即过往经济学者大多都回答如何进行有效的社会资源分配，而忽略回答如何才称得上符合最优的社会资源配置以及如何才能称得上社会福利最大化，而提出的理论。帕累托效率标准的具体内容为在社会资源的配置中，无法再让至少一个人得到好处，而又不损及他人的利益之时，达到效率。① 社会资源的配置达到最大时，意即社会的剩余价值是最小的，社会资源被充分利用。根据帕累托效率标准，在资源的分配未达到剩余社会价值最小的情况下，通过更改社会资源的配置，在不损及他人的条件下实现的向最优状态的转变被称为帕累托改进。

卡尔多-希克斯效率标准。帕累托最优的基点在于，因社会资源配置的改动受益的人群对因其受损的人群完成一定的补偿，以及在改动过程中应适合地不损及他人的利益。但是希克斯认为，该标准并不能说明在损及他人利益时，社会总体的福利是下降的，由此，其提出的效率标准着眼于社会总体的福利多寡。卡尔多-希克斯标准的内容即变动的结果可能存在有些人受损以及有些人受益，但是若受益者的好处远大于受损者的受损事实，则抵消了该改进的负效应，该改进仍旧可以称为是有效率的。

（六）汉德公式——责任归结何处以及程度判断公式

汉德公式是美国的知名法官在美国政府诉卡罗尔公司环境责任一案中提出的如何判断环境侵权以及责任程度的理论。汉德公式的基本内容为：B<PL（B 即 burden，指的是潜在的责任者为了预防某一可能的负效益行为所为其带来的正向成本；P 即 probability，指的是该负效益行为发生的可能性；L 即 loss，指的是该负效益行为将带来的社会总体层面加上个人层面的损失）。虽然在汉德公式的理论中，影响侵权责任多寡的几项因素在现实中进行量化的可能性、实际操作性较小，但在理论层面上，对于判断责任的归结、责任的程度等内容仍具有充分的启发意义。

二、成本理论

成本，意即为实现某一目的、完成某一事件所需付出的费用、时间等对价。成本一词的内涵在各个领域均有运用，尤其在经济生活中，成本存在多种不同的基本形式。以商品流通环节为例，在生产阶段，加工/承揽成本、原材料成本等是制约制作规模、生产数量的一大因素；在商品完全进入市场之前的流通阶段，运输成本、时间成本是影响商品销售价的重要变量；在销售

① 冯玉军：《法经济学范式》，清华大学出版社 2009 年版，第 218 页。

环节，人力成本、经营场地成本等又一定程度地被附加在消费者所面对的价格之中。成本一词，可以说是经济学的核心概念之一，同效率、均衡等在经济学中占据着重要的地位。

交易成本，通过列举的方式来解释，其包括在个人以有意目的意欲发生的特定事件发生前产生的成本，以及在履行该事项的契约达成后，为实现作为达成该特定事件的媒介的契约而需要付出的履行该契约的成本（并且包括事后的监督、救济等成本）。交易成本理论，由科斯所撰写的《企业的性质》《社会成本问题》等文率先在经济分析的过程中体现。科斯在其发表的文章中，首先论述了企业如何在经济环境下以较低交易成本实现经济效益较优选的社会经济手段。它将企业作为经济生活中的“经济分子”，认为在社会资源有限的情况下，企业的形成是因为人们以其自觉的理性发现个人在价格机制的诱导下，不能实现所期待的效益，而通过企业的聚集形式，是能够更好利用市场的价值规律以及市场的供求、价格机制的模式选择。企业的形成促成了社会效益的增加、交易成本的降低等正经济效益。再如，科斯在《社会成本问题》一文中为表述他的立场而指出，将交易成本的概念与经济体制乃至法律这一最广泛的社会制度的选择相联系，这种思维方式包含着交易成本概念一般化的内在可能性。[①] 虽然科斯提出以及强调的交易成本理论对于法经济学的研究产生了巨大的进步作用，但是在主流经济分析流派中，通过交易成本进行经济分析的方式并没有得到过多的重视。成本的形成多是由于信息不对称而形成的，信息的负担使得一方产生需要获取该信息抑或因该信息的缺失而产生成本。

在交易成本的理论中，其在不同的情况下，基于不同的计算方式，可以有多种表现形式，即平均成本、边际成本、机会成本等。

平均成本，指形成单位社会产品所需要的一般社会生产力。在法经济学的角度上，法律的平均成本是指形成单位法律规范所需要付出的一般法律供给。平均成本多基于对社会生产人背景之下经济学效益的考量，通过实现所欲实现之事要付出的成本同平均成本进行比较，在经济的角度上发现决策的善否，从而进行有效的均衡以及博弈。

边际成本一般存在于已具有一定量的内容物的范围之内，指为实现期待的单位效益所需要的同类内容物的量。基于边际递减效应以及数理规律的科

① ［英］R. H. 科斯：《社会成本问题》，载《法律与经济学杂志》（第三卷）1960年10月。

学性总结，由于社会事件的递增以及其正效益的形成不是正相关的关系，边际成本的运用可有效区分在实践中量与质的不对称关系。在法律的层面，边际成本理论的实际意义在于：在立法层面，法律规范量的增多必然需要付出一定的成本，而制定者对于其的期待效益一定是正的、高量的。但在面对复杂的法律规范现行结构时，明晰同类法规的量以及质的影响因子，应用边际成本进行分析，能够有效避免社会资源的浪费以及边际递减效应，实现法律福利的最大化；在司法层面，如何合理地分配司法资源结构，在合理范围内形成高效的司法队伍，改变、规避边际成本过大而带来的社会效益过低的现象，是边际成本以及数理规律如何应用方面值得探讨的命题之一。

从法律、法理的角度出发，将交易成本置于法律的认知框架之下加以运用，可以称之为法律成本。法律成本贯穿于法律的制定、法律的执行、法律的期待以及产生实际效果等过程之中，是本书建立法律调控体系的重要基点之一。

将法律成本同传统实践意义上的生产成本联系，可以发现它们在以下几个方面的区别：首先，生产成本多体现的是一种人—物的物质性互动关系，依赖于人在生产过程中实现的物的建模、成型、生产、多样等生产期待结果。而法律成本相反，体现的是一种人—人的社会性互动关系，以概念上的法以及实体上的法为媒介，实现在由人组成的同类社会相互之间完成贸易、交流等社会活动。其次，生产成本可以通过较具象化的形式，诸如图表、数字、线段等表现出来。法律成本多在概念上进行估量，法律成本的比较、博弈多处于非具象化的分析形态之下。最后，对于生产成本的明确、精准性表达，多采取数据计算、经验归纳、科学公式推演等方式。而要实现法律的明确，多需要采取社会调查、资料收集、经验总结等社会性方式进行调查，最后通过上述方法发现多方利弊并进行博弈，从而完成法律成本的实践运用。

考虑法律成本的目的在于最大限度地减小即将耗费的社会资源，以实现资源利用的最大化。但是，法律并不是通过自身的直接作用以完成实现社会资源浪费最小化这一过程的。法律通过制度的设计，会促成对于社会运行过程产生不利效益的活动加速消灭，巩固对于社会运行过程将产生积极效益的活动稳定存在，从而间接地完成使社会稀缺的资源更缓慢、更少量地流失、浪费以及更高效地利用以实现自身存在之目的。

将法律成本进行解构，其包含四个部分的内容，即分别在立法、司法、守法以及救济四个阶段所产生的成本。

立法成本，即完成单位法律规范所需要的人力、物力以及财力三部分内容的总和。在法律的酝酿阶段，立法成本不仅是新法律制定需要考虑的要素之一，同样也是对已存在的法律规范进行修改、完善需要考虑的要素。立法成本包括但是不限于以下几个基本内容：法律制定所消耗的制定者的时间成本、相应的对价给付酬劳、法律制定消耗的物质成本（如能源）、将制定之法律于现行法律系统之中可能产生的机会成本等。

司法成本，按照迈克尔·D. 贝勒斯的研究，可以分为错误成本（EC）和直接成本（DC）两部分，司法机关和法律程序的最终目的是实现 EC+DC 的总额最小化。[①] 错误成本即司法机关对于在程序或者实体方面产生纰漏的既成法律活动所引起的不利益。直接成本较为具象，即司法在运行的过程中，为了维持法律的良好运作，解决社会主体之间的纷争而需要付出的人、财、物的总和。

守法成本，即从社会主体的角度出发，若恪守法律规定，将可能引起其付出相应物，或使其背负某种不利益的内容。对守法成本的考量，基于社会主体（人）的利益追求本能而言，是在法律的实际操作过程中最需要考虑的一点。否则，人不存在遵守其利益追求的可能性，法焉为法。

救济成本，同守法成本的角度相似，体现在法所维持的稳定状态，因社会不稳定因素而造成部分缺裂的时候，法律上的受侵害者向司法机关诉求救济，意欲实现权利义务失衡状态恢复的过程中，所要付出的己身的内容。守法成本以及救济成本往往是衡量法的制定以及法的运行的可行性、有效性、实操性的两大基础。

三、外部性理论

外部性，即个人在社会经济生活中进行的活动，无特定意识地对于整体意义上的社会生活所产生的未预见影响。外部性概念的提出首先源于马歇尔于 1890 年发表的《经济学原理》一文，其后经庇古、科斯的发展，形成了较为系统的“外部不经济”理论。外部性不一定是对于社会总体福利而言不利的，这样便可以根据外部性对于社会福利产生的影响，将其分为两类，即外部不经济以及外部经济。外部不经济即个人行为在其无意识的情况下，对社会生活产生不利益的情况。外部不经济的行为又可以划分为以个体消费者为主体而产生的消费型外部不经济，以及以生产者为主体而产生的生产型外部不经济。两者之中，多以生产型的外部不经济作讨论。

---

① 冯玉军：《法经济学范式》，清华大学出版社 2009 年版，第 243 页。

通过交易成本理论分析，在外部不经济的活动中，对于产生外部不经济行为的引发者而言，其成本衡量模式为私人成本小于社会成本，从而因避免了一定的成本负担而获利；对于其他受该不利益影响的人来说，其成本衡量模式又为私人成本大于社会成本，从而因无形中增加的成本负担而正当利益受损。

举一例具体说明。若存在一沿河而建的工厂，就工厂内部而言，其社会功能定位为生产，由此，工厂通过计算自身如何实现产品生产的相关成本并以此为依据完成自身的社会功能定位。但工厂在生产过程中，其并不是孤立地进行己身的作业活动。在该过程中，可能会产生一定的污染物质对河流生态系统的良好以及安全等形成威胁。而工厂对河流的相关属性变化产生的影响，必然波及因河流的自然运动形成的流域周边的环境以及同该河流存在或多或少关联的居民。在此种情况下，我们可以称之为外部不经济，其为生产型的外部不经济。该工厂因其在实现自我生产功能过程中的污染行为，实现了自身社会定位，对外部环境造成了不良影响，并且规避了其本应承担的造成该影响的成本。此时，在对该工厂私人成本以及社会成本的判断上，私人成本是更加对其有益的。周边的居民无形之中负担了本不应由其负担的成本。

从以上的例子中可以看到，因某一行为而产生的受害者，承担了少数企业所带来的不利益，市场价值规律这只“看不见的手”起到了微乎其微的作用。在这一方面，为其所不能触及之处，此即所称的“市场失灵”现象。上述现象带来的直接成本构成模式混乱，即社会成本、两方的个人成本出现不均衡的紊乱现象。对于市场失灵的现象，通过政府抑或法律的方式矫正、纠正市场作为“看不见的手”而所不能及之处的缺陷，以及部分功能的暂缺。此为“国家干预”做法的正当性在法经济学的方面作了正名，表明了政府干预市场所能够实现的社会福利的正效益等内容。同时，科斯对于企业污染行为外部性理论的论述，完善了马歇尔对于外部不经济理论初步构架以及庇古在外部不经济理论方面论述的不足，形成了依据外部不经济理论对于环境侵权行为在分配领域上如何实现最恰当配置的理论建模。

外部不经济性、生产型的外部不经济行为，多发生在环境侵权的过程中，产生少数企业的污染行为导致其后果由大部分人负担的社会不利益后果。以上是由于环境具有公共产品的属性而产生的。环境不同于一般的产品，其具有不明晰的权利归属，同时具有不明晰的监管主体身份等内容。环境的消耗者以及受益者均包括在庞大的公民群体之中，不论是处于特定环境中的最直接接触者，还是处于对某一特定环境而言潜在的使用者、受益者、受害者。

环境拥有功能效用由公众共享的基本属性，由此其是公共产品无疑。值得一提的是，因为环境作为公共产品的属性，而带来的因人之本性而产生的对于利益的追求而产生的外部不经济性是在依赖自由放任、市场价值规律的“无形之手”的规制之下而产生的一定弊端以及一定缺失。

诚如上文提及，由于环境具有公共产品的属性以及在环境生态中存在以追求利益为目的的“经济人”不效益的影响，因此，对于外部不经济的行为、后果进行有效的理论分析从而制定有效的法律调控机制，是在应对该现象的理论中十分值得探讨的问题。庇古曾提出相关的具有严密逻辑结构的理论分析。他认为，在外部不经济的现象中，表现出的是社会边际成本大于个人边际成本的情形，由此来克制外部不经济的现象。形成良好的社会经济秩序同外部不经济的节点，即为存在社会层面上的以及个人层面上的边际成本处于均衡的条件之下，此时的社会配置是比较优良的。由此，基于对于外部不经济所提出的认知，庇古提出了被后人称为“黄金规则”的总结，即“要使社会福利达到最大，其边际条件是，私人的边际成本等于社会的边际成本”。[①]但是，从庇古所提出的外部不经济现象的边际条件、黄金规则来看，在使用黄金规则作用点的临界值时，体现出的并不是最佳的资源配置状态，而是相较于其他的情况之下更优的资源配置状态。如何实现最佳的资源配置状态，仍旧是一个有待解决、引起众多学者关注的命题。

边际成本理论的运用，对于环境立法的抉择以及环境法律系统同其他类别法律系统的互动，具有较具象化的显性作用。通过环境法治的边际成本分析，能够有效地实现环境规制边际效益的可能性预测，并在多种法律治理模式共同协作的法制框架中，高效地达到多种方式共同作用的环境法律原则充分发挥效力的目的。通过边际成本、边际效益的提醒作用，同样能够实现有效的环境法制的经济正效益结果。

四、国家干预理论

古典经济学家对于国家干预的正当性的解释为，在因市场的价值规律这只“无形的手”实现有效调整的市场经济之中，市场中的经济人主体会根据市场需要的特定“道德情操”实现自我的调整，完成已身对于经济效益、经济利益的追求。市场中的经济人是理性地拥有市场所需要的价值层面上的相

---

① ［英］庇古：《福利经济学》（上卷），朱泱、张胜纪、吴良健等译，商务印书馆2006年版，第109页。

关技能的。市场中的消费者时刻根据自我的有效生活、生产需求而实现对于市场生产者所生产的产品的有效选择，从而间接实现对于供求关系的影响，能动地作用于市场供求的循环之中，并且能动地对市场产品的生产者产生有效的反作用，给予市场中处于生产者经济地位的经济人一定的市场信息，以促使其完成有效的市场选择。古典经济学派认为，市场并不需要那么多政府权力性的掌控，市场应当有权力之光所不及、所不应及之处。因为在上述描述的市场模型之中，生产者、消费者、产品、市场等因素均能够实现在市场规律的引导下，使得社会资源从量少处向量多处流动，使得社会从总体的低效率阶段向总体的高效率阶段过渡。在这一指导原则之下，市场实现自身的有效性；在此之下，市场总是充满活力的，不会形成属于“恶”属性的不良垄断、不良生产者等（因为他们都会被社会淘汰）。

基于以上分析，政府不存在干预市场经济生活的必要性，但是，政府仍旧需要充当“守夜人”，这就是政府应当出场扮演的角色。但是，古典经济学派的上述假设存在一个重要的忽视点，即上述模型均是局域信息存在充分对称的前提之下的。显然，正是由于对这一点的忽视，导致古典经济学对于国家干预经济的正当性论述被许多人诟病。

其后，庇古指出了上述论述中的缺陷。但是沿用以上推演手段，庇古认为，国家干预手段的正当性不在于以上比较理想化的模型之中，而是在于如何实现市场资源的有效流动——通过政府权力实现产权的有效划分以及合理的配置。庇古主张，古典经济学家所构建的市场模型并不能很好地处理社会福利这一问题，由此，只有通过公民之间通过社会契约建立“国家”这一权力形式，对市场之中的内容物产权实现明晰地划分、对如何分配此产权作出良好的制度确信，才能够实现社会福利的高效以及公共政策的良好。对于社会福利存在负影响的诸如垄断、贫富差距等问题，他主张通过征税的方式进行合理调控，庇古的立足点主要在于社会福利的最大化以及对公权力滥用的管制。此后，科斯通过其撰写的多篇文章对庇古的理论进行了反驳，科斯认为，在交易成本为零的情况下，无论对权利（包括产权）进行如何界定，市场总是能够通过自身的调节机制实现社会福利的最大化。因此，在这一情况下，通过征税的手段显然并不是合适的，至少不是最优的手段。因为如果仅仅为了权衡社会的平衡而意图完成社会福利的最大化，此种努力可能仅仅只是空想。因为通过征税的手段，将以“货币”为载体的社会福利进行均衡，实现了对于缺乏者的救济，但是对于被征税者实际上施以了歧视性的待遇。并且征税的手段并不能保证该种社会福利能够在缺乏者的身上得到相较于在被征税者身上更高的社会产能效益，情况往往是缺乏者对于该种社会福利的利用效率远远低于被征税者。科斯的立足点主要是社会的总体福利，他认为社会的总体福利是探讨的重点，而不是每个人的福利高低，因为个人的福利高低很多不是理论所能及之地。但是，对于政府在市场之中不应当仅仅处于“守夜人”角色的这一观点，其并不否认。科斯只是对庇古在政府如何干预的方式上，提出了对于征税这种方式的个人有效意见。

对于政府干预的正当性，不仅在比较正统的经济学中存在诸多的论证，而且在经济学的分支学科——博弈论之中，也存在基点支撑。博弈论，意即在为实现某一行为的目的存在多重选择的情况下，对于各种选择进行理性的效益分析，在对多重选择产生分析结果之后，建立在综合比较结果的基础上，求得最优解或者较优解的过程中，所存在的抉择、博弈、挣扎以及研究如何进行抉择、博弈、挣扎才能实现最优解的相关理论。博弈论以是否需要通过个体行为的联合来实现最优解，可以分为合作型博弈以及非合作型博弈两个部分。在合作型博弈的过程中，多强调多重抉择中的最优解需要博弈各个主体之间，通过个体行为的联合，形成最高效率的结果；在非合作型博弈的过程中，多重抉择多为个体性的抉择，实现最优解的方式均为通过个体行为履行。

在博弈论中有一个常见的案例，用来描述博弈的过程以及通过博弈可能达到的更高效益，此即“囚徒困境”。“囚徒困境”指的是，有两个被怀疑为共同犯罪的人 A、B，当 A、B 被采取一定的强制措施，并且被警方分隔进行讯问时，出现的如何得到较有益于其本身后果的博弈。警方对于假设中的二人进行讯问。在讯问之中，从上帝全知的视角来看，对于 A 或者 B 而言，存在如下选项：若如实供述罪行，那么如实供述的一方会获得相应的减刑。假设原始罪行的刑期为 10 年，那他们将获得 5 年的减免，即如实供述，需要服刑 5 年，并且未供述的一方需要承担原始的刑罚；若两者均不供述，警方只能以缺乏证据而将 A、B 释放。基于个体的理性，加之存在的事实影响，A、B 一般会选择前一个方案。因为该选择对于其己身而言，是具有效益的。但是，个体的理性对于两者而言会带来的最优结果为两者均承担 5 年的刑期。若加之以群体的理性，最优解显然是两者均选择不供述，从而警方只能将他们释放。以上案例是在博弈论中经常会被提及。说明的是个体理性以及群体理性之间的博弈以实现最优解的过程。纳什曾在其所著的《N 人博弈的均衡点》以及《非合作型博弈》等文中，提出了非合作型博弈的最均衡态，即纳什均衡。纳什均衡即博弈论中当事人的一组策略，其他参与人的策略既定是没有任何一个参与人能改善他或者她的支付。① 在非合作型博弈的过程中，博弈的参与人均不能提供更加有效益的解决方案以实现群体的公共利益。

通过上述非合作型博弈论的分析可见，其对于政府干预的贡献在于，不妨将市场视为非合作型的一个总体，必然地，市场中的主体由于信息的缺乏，产生个人最理性选择但是群体非理性选择的可能性是比较大的。这就是市场的短视缺陷。而政府作为国家的权力机构，其性质决定其必然具有一定的远视优势，由此才能完成国家、经济的最有效实现。国家干预的基点，便在于其能够有效地克服市场中个人理性带来的全体不理性的不良后果，通过相关权利的明晰、界定，以及对于诸如环境的公共产品的监管、把握，从而完成市场在政府“有形之手”的调控下，健康、活力发展的期许。

五、公共产品理论

在经济学领域对社会产品进行划分，可以将其分为公共产品以及私人产品。私人产品是指，通过市场的非政府性干预手段以实现正常生产、销售、交换、使用等流通环节，完成产品的市场化配置；公共产品是指，必须要借助于官方、政府的手段以实现使用、修缮、完备、检查等环节，实现公共效益的产品。

完成对于环境公共产品的理解，以及对于私人产品、公共产品两个概念的比较，首先需明确以下几个概念：

排他性，意即对某一产品而言，在“基本单位人”对其实现有效的占有、使用、收益、处分或者其中之一的期待功能时，其他的“基本单位人”对该产品并不能有效实现上述功能抑或上述功能之一的产品属性。当存在某一“基本单位人”对该产品实施了符合其特定功能的活动行为时，该产品即不能再为他人使用，并且在该使用人使用后，会使其效能出现一定程度的消耗抑或完全丧失的属性。譬如，对于商店烘焙的面包，购买者购买它，以实现面包充饥功能时，其对于面包的使用是排他的，面包的功效在购买者食用后被消耗完毕，他人不能再对其进行有效的使用，此即面包作为产品的排他性属性。

共同性，意即在使用对于通过一定的社会资源以及一定的社会程序实现社会产品时，能够同他人一起实现该商品的特定社会功能，并且在总量上的消耗上，同“基本单位人”以相同的时间、其他除了分享者数量不同的条件

---

① 王蓉：《中国环境法律制度的经济学分析》，法律出版社2003年版，第231页。

之下，是同等的，即该产品的功能能够在同一时刻同时满足一个基本单位人或者多个基本单位人的属性。

竞争性，意即产品本身会在市场大环境的指引之下，遵循供求关系的变化、交易成本的改变，其相应的社会效用价值以及私人经济价值都会产生波动性的变化，从而产生在市场经济环境下对于消费者偏向的竞争现象。以追求最高经济效益为目的的"经济人"便会在其生产的产品的同类市场中产生竞争，从而为已身产品在市场规则、消费者等的选择下创造优良的交易环境，此时便是该产品竞争性的体现。同时，经济人通过市场之中竞争的方式，使得市场充满应当具备的有效活力。

选择性，意即对某一产品的使用是否存在一定的选择空间以及相应的替代产品，从而使得市场中的消费者满足特定的需要、欲望、情感等需求。当对于某一产品的使用存在上述属性的时候，可以称该产品存在市场之中的选择性。当市场中的消费者对某一产品的使用，不存在有效的选择或不能作出有效的选择，抑或作出的选择为无效等情况时，该产品是不可选择的。那么，该产品便不具备经济学意义上的选择性。

通过上述概念的比较分析不难发现，私人产品和公共产品在以上所述的性质上存在一定的分野。私人产品因其具有的排他性、竞争性、可选择性以及非共同性等方面的性质，在市场经济的领域中享有比较宽泛的存在空间以及可适领域。可以说，私人产品大多属于市场经济的对象，在"无形之手"市场价值规律的调控下，在经济生活中扮演着重要角色。公共产品具有以上特点，决定了其并不能够有效地受市场调节，因为公共产品所具有的这些属性基本上是同市场经济不兼容的。公共产品不能够实现在市场经济中的灵活存在（否则会产生诸如"搭便车"等社会不效益现象），其应置于公共市场之下，从而实现对于公共产品的合理配置。

"搭便车"现象在环境作为公共产品的具体对象的情形下，是指由于环境作为公共产品，必然存在环境使用的共享、环境负效益的共担现象。由于"经济人"基于个体理性的角度，其必须在自我生产产品的成本、效益之间作出有效的抉择，此时其会发现，个人产生对环境的负效益之后，若公共市场缺少有效监管必然是由社会全体负担的，私人成本远远小于社会成本。基于该选择，"经济人"便会搭上环境作为公共产品体现的收益私享、成本共担的便车，实现自我的市场经济追求。"搭便车"的现象之所以被提出，部分在于其对于市场、社会的危害。其危害主要包括两个方面：一为物品的供给和融资很难通过私人生产者或投资者给予保证；二为导致对环境资源系统物品的过度使用。①“搭便车”现象的出现，对于公共产品的供给者而言，若不存在相应的对于“搭便车”现象的监管，由于成本的正向性增加以及收益的有限性，供给者必然适时地选择退出市场。对于环境公共产品本身而言，“搭便车”现象的正向性指数增长，必然带来该现象阈值的升高，之后只能通过更大量的“搭便车”行为才能够满足欲“搭便车”者的心理阈值以及利益追求。但是由于环境资源本身在量这一层面上的有限性，该现象对于环境资源的损耗也是巨大的，并且可能是不可逆的。此即“搭便车”最根本的危害所在。

土壤作为资源的一支，必然存在环境作为公共产品的一般属性。我国《宪法》《环境保护法》等相关法律法规对于土壤权属均作了有效的规定。从土壤的权属出发，不难发现土壤是环境公共产品之一。深究我国土壤污染环境的现状，以上环境不效益现象是普遍存在的。在上文所提及的各类污染事件背后，均存在市场经济人同公共市场领域共有者之间的矛盾，同样也均存在私人成本同社会成本之间的博弈、社会基本公序良俗同经济性利益之间的博弈、私人边际同社会边际之间的博弈等。此类现象的发生同土壤环境的健康发展是相悖的，同可持续发展的理念同样也产生了巨大的分野。

私人产品于市场经济之下运行产生的不良后果主要在于：市场由于其本身的特点，必然在一定的阶段之上产生市场失灵的现象；在竞争过程中形成垄断现象；替代性产品存在的隐性差异以及由于信息不对称的原因而产生的非良性消费者市场选择等不利于私人产品于市场经济之中产生良性绩效的现象。公共产品于公共经济之下运作产生的主要疑问在于：通过何种由有效权力机构构筑的制度体系以实现对于公共产品的监管、配置；由何者来供给相应的公共产品以及由何者来对该公共产品进行维护，对其损害进行修复；相应的责任为何，如何承担；一定的制度如何通过一定的技术得以有效实现等。

对环境作为公共产品界定的意义在于，当将环境视为公共产品时，相应的环境责任问题（包括归责的正当性、责任主体、责任形式、责任程度等）以及对于环境的有效养护、政府的规则渊源等方面的内容，均有了理论上的正当性依据。

六、庇古税

庇古税是指由庇古提出的通过征税的形式对于某些因市场自身发展而产

① 王蓉：《中国环境法律制度的经济学分析》，法律出版社2003年版，第4、5页。

生的对于社会福利的非效益现象进行的经济调控方式，从而试图实现社会福利的最大化以及社会成员均享有较公平的生存空间、生存模式的措施。庇古对于其设想的税制以及征税的正当性、合理性等方面的经济学分析，主要集中于其所著的《福利经济学》一书的后半部分。庇古对于征税的分析，首先是从征税本身出发的，对于曾经提出的两个观点以及特定的如战时的情况进行辩驳以实现自我论理的前提。其后，庇古从社会财富积累值高低的角度，对于存在的贫穷以及富有的人群可能受到征税行为的影响作了分析。在不同的情况下，描绘对于富人征税才是“既有福利”的合法“转移”的良性绩效等方面的内容。最后，庇古列举了几种不同的征税方式以进行预期评价以及利弊权衡。通过以上的方式，庇古于《福利经济学》中完成了对于征税以实现、巩固社会福利的论证。以上即为庇古对于税制的理论。

庇古对于征税的论述简单来说是沿着以下逻辑线索进行的。

首先，前提的假定。庇古首先对于研究税制的前提作了排除性的假定。其认为在战争状态之下，由于战争的特殊性而通过征税的方式以实现财富的高效流动以适应战时需求的情况，并不能在当下的讨论中对于现实产生有效的借鉴意义，由此排除之。“不可能对穷人有资源转移，因为所有从富人处拿来的钱实际上是从穷人处取得的。”以及“转移是不可能的，因为受益人将所得到的都以同意接受较低工资形式全部归还给富人”。[①] 庇古认为上述两个观点，其一违背了财富转移存在的自愿性以及强制性两种形式，其二将通过征税形式实现的社会福利转移同富人所收获的财富做了一个等值的描述，显然是不合情理的。

其次，庇古分别从富人以及穷人的角度出发，对征税方式可以实现的预期结果进行了描述。从富人的角度出发，对于财富或者其他社会福利实现阶层之间的转移，包括两种方式，其中一种是基于富人之良心等本心的促使而实现的转移，此类转移称为捐赠。捐赠的动机往往基于人的本心，以及一定的社会因素的鼓励等。捐赠多体现在社会个人或者团体之间的良性互动。通过捐赠形式实现的福利流动，所需要的居间成本较低，毕竟能够使社会中的受惠者得到优良的“给予”。捐赠是我们对于有能力者的社会人文倡导。但是，庇古也指出，这类自愿性质的福利流动创造的总量从社会的总体上来说是低于所需的最低线的。对于以上捐赠存在的不足，必然需要基于政府的正

① ［英］庇古：《福利经济学》（下卷），朱泱、张胜纪、吴良健等译，商务印书馆2006年版，第730页。

当权利采取一定的强制性手段。此类转移可以称为征税。对于征税的正当性，不仅在经济学上，也在法理学上存在多种论证，诸如构成社会契约所需要的成本等观点。

在论述了强制性促进社会财富流动的情况之后，庇古对于所称的征税进行了就富人的角度出发的预期结果描述。其对于富人的效益主要包括以下几点：一为摆脱边际递减现象产生的财富效用的低效利用，通过财富转移的方式，给予相对穷人一定的福利。并且该福利往往能够实现比较高效的对于相对穷人而言的满足感，从而实现一定财富更高效的社会效益运用。虽然额外工作的净收入减少，但是实现的满足功能是更大的。① 二为通过该类的征税形式实现的社会财富转移往往能够实现相对穷人的发展，此种发展对于相对富人而言并不存在很大的威胁性，反而能够对相对富人的财富等福利内容产生高效的反作用。譬如，通过征税的方式所取得相对富人的流动财富使得相对穷人学习到一定的技能，提升其技术水平。通过该项福利“武装”，此人能够更加实现社会属性上的自我价值从而完成更高的社会福利的创造。三为良心。人的本能驱使我们产生怜悯与关爱之心，征税通过合法手段实现的财富转移，能够满足该部分被征税人的良心（如果其在市场中的道德情操还没有耗尽的话）。四为荣誉。征税虽然主要实现的是实体上的一定社会福利的转移，但是难免会使被征税者产生一定的荣誉感。正如庇古所言，就像一种无形的奖章一样，时刻镌刻在被征税者的胸前。对于周围的舆论环境而言，此也会成为人们评价一位相对富人的标准之一。在社会逐渐发展的进程之中，以上行为会成为对于个人以及团体而言一个重要的评价标准。

最后，庇古对于上述从相对富人的角度以及相对穷人的角度出发的论述，主要通过两种不同的税制进行描述，分别为遗产税以及所得税。庇古认为，该两种税制能够使市场显得不那么压抑。由于人之妄图掌控的本能的驱使以及对于财富的追求，均会给人带来一定的迷失心理，此种心理可能使市场形成一段时间的活跃，但是正是因为这样金钱才会带来边际效应，由此人之本能又会使人在市场之中产生迷失的心理。因此，所得税以及遗产税的作用在于，使市场之下的“经济人”意识到市场也存在一种机制，使所得的部分财富基于该机制平等地流向他人，从而完成合法性的财富转移。此外，庇古还提出了有差别的税制以及无差别的税制对于市场的运转、社会福利的分配等

---

① ［英］庇古：《福利经济学》（下卷），朱泱、张胜纪、吴良健等译，商务印书馆 2006 年版，第 785 页。

内容的影响，比例税制的作用机理以及对于人心、人性的保护作用等分析。

从环境治理的角度来看，庇古征税理论在环境法制中所处的位置主要是通过经济调控的方式实现环境责任的承担，在环境意识的强调、环境监管的履行过程中起到期待高效的理论解释。虽然庇古提出的税制方式受到了其他学者，如科斯的抨击，但不容置疑的是，庇古对于税制的积极效益分析等作出的贡献，于现在而言仍旧有着深远影响。

第三节 国际法基础

一、国际法的效力基础

国际法的主要渊源包括了各国在达成合意的前提之下缔结的或者在之后加入的国际条约、在国际实践之中各国达成通识且符合国际强行法的国际习惯、国家普遍所采用的一般法律原则，以及各国具有比较高权威性的国际法学家的相关学术研究成果等。

随着国际法的不断深入性发展，必然存在处于国际社会体系下的国际法以及处于国家之中的国内法之间的冲突，对该冲突的应对以及操作是亟待解决的问题。随着国际社会中各国之间的联系日益紧密，如何调和国际法同国内法之间的关系已成为必须要解决的重要问题之一。

首先，在国际法同国内法之间关系的协调上，从历史角度来看，存在诸多的说法，包括一元论、二元论以及纵横说等。一元论必然是建立在比较优先的基点上的，由此，其存在两个角度的分野，即国际法占优说和国内法占优说。一元论的理论起源于古代以及近代的国际法观念之中，反映了当时时代背景之下的国际法特色。但是一元论的缺点在于，对于国际法以及国内法进行了绝对的划分，泾渭分明，这显然同第二次世界大战后国际法的发展趋势以及观念不容。国际法优先说认为，在以上两者产生冲突之时，国际法在效力等级上是占优的。国内法优先说认为，基于国家主权的至高性，国内法的效力是国家主权的延伸，对于一国而言，国内法的效力必然在国际法之上。而国际法的通行规则以及国际条约、国际习惯的规定只能适合于国家对国家的国际社会之中。二元论认为国际法同国内法没有必要同一元论中所述的那样，必然存在高下主次之分，国际法、国内法只是本质上同属的法律在不同的适用区域所呈现出的不同表象。在发生冲突之时，由于两者类似于两个平行系统的关系，由此不存在绝对的效力上的服从与被服从之分，需要的是究其适用的环境以及所牵涉的事件。纵横说指出了上述一元论以及二元论对于国际法同国内法关系描述的缺陷，认为一元论过多地重视了国际法同国内法不能调和的部分，将国际法同国内法描述为不能相容的关系；二元论虽然在一定程度上厘清了国际法同国内法的区别，但是将两者夸大地区别为两个平行的世界而忽略了它们之间的联系。基于以上对于一元论以及二元论缺陷的描述，纵横说认为，国际法同国内法存在横向以及纵向两个层面上的内容：国际法与国内法是两个互相独立的系统，但是都会在一定的时刻互相转化、相互借鉴以及吸收，并共同在不同的领域之中继续进行发展。

对于国际条约、国际习惯在国内的适用，各国所采取的态度并不相同，主要包括直接适用、间接转化以及混合式的做法。直接适用，意即一国所缔结的国际条约的内容直接适用于国内，并可以直接受本国司法机关援引；间接转化，意即一国所缔结的国际条约，在其生效之后并不能被本国的司法机关直接援引以及适用，而需要相关的有权机构进行一定的立法转化，根据该条约的精神制定相关的国内法，才能受本国的司法机关使用的做法，该做法在各国之间比较普遍；混合式的做法，兼采以上两者，多为对于某一类的条约采取直接适用于国内的方式，对于某一类的条约采取立法转换的方式。

对于我国缔结的国际条约如何适用，散见于我国的各个部门法的规定之中。对于该问题，处于我国法律效力体系顶端的宪法并没有详细明确。仅规定了全国人民代表大会常务委员会能够行使决定同外国缔结的条约和重要协定的批准和废除的权力；国家主席有权作出根据全国人民代表大会常务委员会的相关决定，代表我国对国际条约实施批准以及废除的行为；国务院的职权包括管理我国的对外事务，[①] 以及对同外国缔结的条约、协定等进行一定的前期准备及管理。除此之外，我国对于如何协调国际法同国内法的冲突，便再无总括性和根本性的规定，其他的规定只是散布在各个分支性的规定之中。

在民商事领域，《民法典》对作为国际法渊源的国际条约、国际习惯在国际法以及国内法相冲突的情况下的解决方式作了明确。我国国内法的规定同我国参与缔结的生效国际条约存在区别或者矛盾时，应当适用该已缔结、生效的国际条约的相应条文（我国在缔结之时声明保留的相关条文除外）。并且当我国的法律对于某一情形存在阙如的情况，同样的国际条约在此方面也是空白的情况下，相应的国际习惯也能够成为我国国内法的渊源之一，并在相

---

① 参见《宪法》第 67 条、第 81 条、第 89 条。

应的具体案件中予以适用。[①] 但《涉外民事法律关系适用法》将国际习惯排除，对于该规定的立法原意，本书不作过多赘述。

《民法典》《涉外民事法律关系适用法》对于民商事相关国际法的适用作了较为明确的规定，但是在民商事不及的领域，我国批准、缔结生效的国际条约的未保留部分仍不能在产生冲突之时具有较高的效力。

但是，随着各国之间日益密切的联系，在国际社会的交往之中，国际法对于各国的重要性日益凸显，即使在不能直接适用相关国内法的领域，国际条约的约定以及国际习惯往复实践均对我国相关法律的规定和使用具有高度的指导意义以及法律精神上的导向。

二、国家主权理论

国家主权的概念并不是在国际法发源之初便存在，虽然在古代国际法时期便有对于类似国家主权的描述，但是同现代国际法强调的国家主权是完全不同的。以现代国家主权的内容来审视，在尚武的社会之中，强调征服合法性的古代国际法之中，该概念并不是十分必要。首次提出国家主权概念的学者为法国的思想家博丹（Bodin）。其认为主权是一国与生俱来的最基本的权利，该权利衍生出了国家在国际社会以及政治国家之中能够具有的所有其他权利。国家主权也是国家凌驾于一切法律之上的根基，是国家对于该国合法领土范围内的一切事物、行为、人进行管辖的基础。此后，国际法之父格劳秀斯对于博丹提出的“国家主权”的观点，在《战争与和平法》一书中进行了一定的补充。他认为，主权的内涵还应该包括不受任何一种额外的权利、他人权利的限制，但在主权表现为不受任何一种外在权利的限制之时，主权便真正地在实质意义上得以实现。当然，不能因为国际法上对于国家主权内涵的争辩而说国家主权是依据国际法产生的，因为国际法本身的遵守、国际法体系的构造等，均和以国家强制力为基础的国内法的遵守、国内法体系的构造存在区别。国家主权也不是依据国内法以及国际法的实现而实现的。此为因果倒置的说法。国家主权实际上是存在于国内法以及国际法形成之前的，这是在时间顺序上需要予以强调的一点。

诚如奥地利教授菲德罗斯所言，国家主权的概念在国际政治关系之中发挥了巧妙的作用，被各国基于政治的目的进行了大量的使用。国家主权的援引频繁出现在国际社会政治局势之中，多为国家因己方事件所引起国际社会

① 参见《民法典》第1229条。

中的不满而予以申辩的理由之一。

虽然自国家主权内涵提出以来，国际法学者对于其内容进行了大量的论争，但是国家主权的基本内涵至今仍旧是不确定的。苏联学者童金在《国际法》一书中认为，国家主权即国家在领土之上的无限权利以及国际关系中的独立性、相对性。①

国家主权内涵丰富，从不同的层面上来看，国家主权包括了独立权、管辖权、司法豁免权、自卫权、发展权等内容。但是，需要予以明确的是，国家主权的内涵并非绝对如此，它们会随着国际法的发展而发展，只有作为国家主权最核心内容的独立权是国家主权内涵之中始终熠熠生辉的一点。在传统国际法的体系之中，国家主权包括了合法的战争权、对于领土的先占权、以武力为基础的平等权等内容。第二次世界大战之后，国际社会对于战争、人权的问题进行的反思使国际形势得到稳定，国际社会的力量分布被重新洗牌，由此，国家主权的内涵发生了一定的改变，更加向着理想化的人权内容发展。随着第三国际民族独立运动的兴起，民族发展、民族自决、民族独立等国家应当天生具备的权利得到了国际社会的认可。由此，自威斯特伐利亚会议以来，国家主权的内容在顺应时势的前提之下，逐渐地得到了发展。

国家享有独立的自然权利，是国家主权的核心内容，也是现代国际法倡导的主权同古代、近代国际法倡导的最大不同。正如《奥本海国际法》中所述，国家主权的内涵具有充分的不确定性以及模糊性，但是若要对国家主权进行最狭隘意义上的解释，那么国家的独立权便为国家主权最狭隘的内涵。②独立权作为国家主权最重要的内容，同人权的倡导是相通的，即不干涉。由此，这是国家对自身环境问题进行监管以及实施法律调控的最根本的国际法基础。

国家主权所涉及的范围主要包括领土上的范围、行为上的范围、事物上的范围等。但是行为以及事物是否受一国的国家主权之所及，最终的判断标准仍旧归结于领土的范围。由此，笔者只对于国家主权涉及范围中的领土范围作以讨论。领土，在古代国际法背景下的国家之中，仅指一国所拥有的陆地领土。由于受航海技术的限制，海洋、江河等以水为载体的资源及现代意义上的领土范围，并不存在于古代国际法的领土内涵之中。随着大航海时代

① ［苏联］童金：《国际法》，邵天任、刘莎等译，法律出版社 1988 年版，第 116 页。

② 杨泽伟：《主权论——国际法上的主权问题以及发展趋势研究》，北京大学出版社 2006 年版，第 2 页。

的到来，这些以水为载体的领土内容越来越受到人们的重视，其中蕴含着的极高丰度的资源使领土的概念在国际法上得到了丰富。海洋作为重要的自然资源之一，逐渐得到了国际社会的高度关注。由此，在先后经历了三次海洋法会议之后，联合国以破例的形式（没有采取全票通过，而是采取多数票的机制），于1982年通过了《联合国海洋法公约》，明确了作为国家领土的内海、领海的国际法地位以及确定标准。其后，随着第三国际的兴起，从保障发展的角度出发，提出了专属经济区、大陆架、海底区域等国际法上对于海洋的人为划分。同样，受制于人类社会科学技术水平的发展，对于空气空间的国际法地位问题，也是在自人类对于地球内层空间以及地球外层空间的开发、研究日益频繁的形势之下得以发展的。随着科学技术在军事航空、民用航空领域上的发展，领空的国际法地位在《芝加哥民用航空公约》之中进行了最为详细的规定。对于外层空间的国际法地位，基于对不同发展程度国家的考量，其权属至今仍为全人类共同所有。

以传统国际法的角度来说，国际环境保护同国家主权的要求之间是存在矛盾的。由于环境问题的普遍性特点，势必要求国际之间的合作以实现对于环境问题的共同抑制，实现可持续发展。但是在遵循国家主权的要求之下，由于其是一国对于其领土的至高权，他国无权对此进行干涉。国家相邻领土间产生的环境问题，对于越境的环境损害问题，以及国内某一环境问题可能由于自然界的运作而产生的对于他国的可以预见的期待损害问题，一国均能够通过该理论予以规避。不论是从经济、社会、文化的角度进行分析，还是从政治的角度解释，这些环境问题无疑均是同现代国际法所倡导的“可持续发展”“人权”等观念相悖的。

从现代以及当代国际法的发展趋势来看，国际环境保护同国家主权理论是相容的关系，而不是相克的关系。

一方面，日渐完善的国际环境法体系对于环境保护以及国家主权之间的关系作了一定的明确。在《里约宣言》之中就载明，在国际法的基本原则以及联合国宪章的指引之下，国家对于该国领土范围内的环境以及资源享有主权权利。在涉及相邻国家环境问题的领域中，国家的公共政策必须对此进行关注。类似的条文在《世界文化及自然遗产保护公约》《联合国气候变化框架公约》《世界植物保护公约》《海洋法公约》《生物多样性公约》等国际文件（国际条约）中也有规定。受国际化浪潮的影响，国际社会之中成员之间的联系日益紧密，环境问题的联系也同样日趋紧密。传统狭隘的国家主权观念已经不合时宜，在《联合国宪章》《21世纪议程》《斯德哥尔摩人类环境宣言》

等文件中，对国家主权以及国际环境保护之间的关系作了相容的界定，即两者并不是相互对立的存在，现代（以及当代）国际法并不是要求在国家主权之下，国家可以恣意妄为，而是因为环境问题关乎所有人，人类在此面前是一个共同体。

另一方面，在实质上，环境保护以及国家主权的相容，主要表现为环境问题的处理、环境问题的管理以及环境问题的监督三个方面。从环境问题的处理上看，一国对于其域内的环境问题进行处理、追责必然受到国内法的约束。但是，存在潜在普遍威胁性的环境问题，并不能以国家享有排他的独立管辖权为由而为他国甚至是全人类招致危险。从环境问题的管理上看，一国在管理环境问题方面，需要实现以物质基础、自身实力为基点的担当，实现不仅对于国内而且对于国际而言的责任。以上也是作为我国外交基点的和平共处五项原则中所提及的内容。从环境问题的监督上看，对于环境问题的监督，最重要的便是通过加快相关的研究，实现通过科学技术对于具有环境负效益的现象进行高效的管控，并且实现对于环境问题更深层次的评价、预测等。在这一层面上，也不能够以维护国家主权观念为由而盲目闭塞，背弃全人类的共同利益。

三、自然资源永久主权理论

自然资源永久主权，意即对于国家在国家主权所辖控的范围内所有不论是已知的还是未知的自然资源，享有不能被撼动的永久的完全排他性权利。该权利不因任何经济利益或者历史原因而发生移转抑或消灭。

国际社会对于自然资源永久主权达成的共识并不是国际法诞生之初便存在的，其得到重视的历史原因包括以下两点：其一，第二次世界大战结束之后，因两次世界大战或者其他历史原因而沦为殖民地的国家，在民族权利以及民族自决等得到国际社会的重视之后，纷纷宣布在政治以及经济上独立。但是在实际上，该国的主权范围内仍旧存在大量殖民国所属的经济实体，并且它们操控着新独立国经济上的命脉，对于自然资源的使用也表现出一定的不友好态势。其二，国际社会上存在大量的国家，由于战争的结束，将政策的关注点转向了自然资源，意图通过先进的科学技术实现对于该国原本拥有的以及全球范围的自然资源的高效利用，从而谋求国际化态势之下在国际社会中领先的经济地位、政治地位。

基于在国际社会中表现出以上多种情况，1962 年通过的《关于自然资源永久主权的宣言》确立了自然资源国家主权的国际法基础。该宣言重要的内容首先便是宣布成立自然资源永久主权问题委员会。该委员会的职能可以概括为两点，即调查和监督。对于各国自然资源的使用情况以及自然资源的状况进行调查，以加强该宣言的实行力。对于各国在此决议作出之后在自然资源使用方面的权利行使以及义务履行方面的情况（尤其是对于发达国家义务的履行方面进行监督），以敦促会员国能够在该决议精神的引导之下，实现国际社会的和谐共处、共同发展。该宣言正文第1条明确规定，自然资源、自然财富的永久主权必须以符合该资源所在国国家发展的利益及人民良好生活的利益为前提。第5条明确规定，各国必须在相互尊重的基础之上行使对于自然资源永久主权之中的具体权利内容，以实现共同发展。第6条明确规定，对于有发展中国家参与的经济合作，不论是公共的还是私人的投资，不论是货物贸易还是服务性交易，不论是科技上的帮助还是科学技术实验信息的交流，必须以对国家间自然资源永久主权的尊重为基础。第7条明确规定，任何对于自然资源永久主权原则的侵犯，不论是对本民族内部享有还是对其他民族享有的自然资源，均是同联合国宪章所体现的精神相违背的，均是阻碍国际合作以及人类社会和平的行为。[①] 以上几条为发展中国家在谋求经济发展的途中提供了政治上的保障，对发达国家的霸权主义进行了遏制。其后，宣言明确了对于享有永久主权的自然资源的探索、开采、利用、进出口，必须符合该国对于一些禁止性活动的规定，必须符合该国的需求以及公民权利的要求。对于自然资源的永久主权并不是完全没有限制的无限自由，该主权的使用必须符合相关国际文件所明确的公民享有的政治权利、经济权利、文化权利以及对于人权的明确。政府对于自然资源基于公共利益的目的而实现的措施，同样需要以对公民人权的尊重为基础。

该宣言对于一国自然资源的主权问题作了原则性的明确。这对于当时国际格局的发展趋势产生了极大的影响以及促进作用。该宣言明确的自然资源永久主权的内容对于发展中国家在战后谋求经济上的发展具有有效的国际社会上的保障作用。联合国通过该宣言之后，《关于建立国际经济新秩序的宣言》《大陆架公约》《能源宪章条约》《生物多样性公约》等国际文件以及会议文件，对于自然资源永久主权的具体内容作了丰富，使这一在国际环境法之中的原则得到了详细的明确以及落实。对于国际环境法的基本原则起着重要指导作用的《里约宣言》明确：国家在国际法原则以及联合国宪章的精神之下，对于该国享有的自然资源享有永久的主权，并且能够通过制定公共政

---

① 参见《关于自然资源永久主权的宣言》第1条、第5条、第6条、第7条。

策的方式，依据公平、平等的原则，保证将人类活动对于环境产生的损害降至最低，同时能够实现资源的合理使用。国家享有发展的权利，同时必须满足后代对于环境以及发展的需求。[①]

根据以上国际条约以及国际会议文件，自然资源永久主权的内容主要包括以下几个方面：

第一，自由地勘探、开发资源的权利。对于全球视野下的自然资源的勘探、开发存在不同的规定。例如，在海洋法上，对于国际海底区域，为了保障发展中国家的正当利益，其权属为全人类共同享有，对于其的开发利用实行平等开发制度。但对于专属经济区、大陆架等非领土性质区域的规定，同国际海底区域的勘探使用又存在一定的区别。自然资源永久主权要求享有主权的国家对于其主权范围内的自然资源享有完全自由的权利，但是这种完全并不是无节制的，而是在国际法的基本原则指引之下实现的。

第二，自由配置自然资源的权利。对自然资源的配置，包括在经济领域的配置以及在公共生活领域的配置。经济领域的配置，意即主权国家能够通过对不同种类的自然资源在经济以及市场间的配置，明确使用某项资源的权限，确定某项资源法律使用权的归属等，促成在实现经济发展的同时使自然资源得到高效的利用以及充分的保护；公共生活领域的配置，意即对于公共享有的、使用的资源，需要设立公共信托，以实现对公共领域的自然资源在保护前提之下的共同享有。

第三，通过政治政策实现资源管控的权利。此项所提出的政治政策，不仅包括宪法、宪法位阶之下的部门法、行政法规，而且包括为适应特定形势所发布的意见、通知、决策等。法治是人类社会发展至现在，被公认的实现国家治理的一种“不坏”的手段。通过明确的政治政策以实现对于享有完全主权的管理，能够对于民众体现信息公开、公平的效果，并且能够实现在广泛理性的基础上对于自然资源的管理。这同下文提及的不同视角的民族、国家甚至是全人类的利益都是息息相关的。

第四，对于有损自然资源的行为行使正当的要求停止侵害权、恢复权以及求偿权。在民法领域，侵权所造成的责任形式包括恢复、赔偿、停止侵害等。在国际法领域不能当然地适用作为国内法、私法的民法所体现的责任形式，但是此为国际法上的担责提供了借鉴。对于正在发生的行为，当然能够要求中断侵害。对于已经发生的行为，可以要求恢复以及赔偿。但是国际环

① 参见《里约宣言》原则二。

境法对于主体的要求较国内法而言更为严苛。适用其的主体必须在国际公法上能够构成主体，但不仅限于此。对于一国的公民（以及无国籍人士），作为国家主权之中的自然资源永久主权不能当然地行使。否则，将构成国际法上的不当。

第五，在协调发展与和谐的前提下，平等地享有自然资源、实现发展的权利。此为可持续发展理论对于自然资源使用的要求。诚如上文所述，对于自然资源享有的永久主权并不是完全绝对的，必须要符合国际法的基本原则。从历史的纵向角度来看，可持续发展已经越来越成为国际法中一个至关重要的基本原则。由此，对于自然资源的使用，必须在民族发展的前提下，建立在代际平等以及国际平等的基础之上。

以上所提及的自然资源永久主权原则的内容，并不是绝对地以权利的形式表现出来的。实际上，它们存在权利表现形式的一面，也存在义务表现形式的一面。不论是在国内环境之中，还是国际环境之下，对于自然永久主权的形式，同对于自然资源永久主权的尊重是构成对于自然资源理性利用的基础。

四、全人类共同但有区别的责任理论

1992 年联合国环境与发展大会重申了 1972 年斯德哥尔摩环境会议中提出的对于环境问题的重视以及强调国际合作以应对环境污染问题的内容，并通过了《里约宣言》。大会期间，与会国缔结了《联合国气候变化框架公约》以及《生物多样性公约》，对于在气候方面的国际环境保护以及对于自然资源中物种多样性的国际保护作出了跨越性的贡献。

《联合国气候变化框架公约》《生物多样性公约》以及《里约宣言》均从不同的角度对全人类共同但有区别的责任原则进行了强调。这是在国际化背景之下，在各国经济发展不平衡的前提之下，以公平原则为基础而形成的原则。充分考虑在环境的破坏、环境的区域以及环境的格局方面所引起的不同影响，从而对发达国家以及发展中国家在环境保护的责任方面进行合理分配。

《里约宣言》第 6 条以及第 7 条载明：各缔约国应当在全球化的国际形势之下，在合作精神的指引之下，实现对于地球作为一个完整生态系统之中，资源保护、状态保持、资源储备等方面的要求。由于不同的国家对于全球环境质量的退化所造成的致使因子是不同的，各缔约国应当对于全球环境问题承担共同的但是有区别的责任。并且，从加重国际环境压力的角度以及对于科技以及经济资源消耗的角度来看，发达国家承认自身对于以上问题负有为实现可持续发展的目标更加重大的责任。对于发展中国家而言，应当考虑其特殊状况以及特殊的发展需求，尤其是对于最不发达的部分国家以及环境系统最为脆弱的国家，需要给予一定的优待。对于环境以及发展领域的国际合作，应当对处于各个不同发展程度的国家的实际状况予以考虑。①

对于全人类共同但有区别的责任原则，《里约宣言》在原则性的方面进行了规定。但是就实际操作方面而言，《联合国气候变化框架公约》以及《生物多样性公约》分别在气候变化的国际保护以及自然资源生物多样性的国际保护方面作了更为详细的规定。

《联合国气候变化框架公约》在各个国家面对因气候变化引起的环境问题的抑制以及保护方面作出了明确：首先在总括性的规定方面，《联合国气候变化框架公约》明确了公平、预防为主、可持续发展以及共同但有区别的责任等原则。在总括性的层面上，《联合国气候变化框架公约》的列明是多方位、全面、详细的。在该公约第4条“承诺”至第12条“关联信息的共享”中，均对于共同但有区别的责任中的区别责任进行了明确，如各个缔约国承诺，对于在国际社会上的各国享有的共同责任互相尊重，因各国自身发展水平差异而形成的有区别的责任应自觉履行。于附件中列明，发达国家需要对发展中国家提供必要的技术以及经济上的支持，以均衡发展中国家要满足发展的同时还要有效处理环境问题的需求。② 公约在第5条对于系统性的研究以及观测的内容中规定，发达国家应当履行其负有的更加重要的责任，通过技术的更新以及国际上对发展中国家的支持，实现应对气候变化的不良环境后果影响的国家框架合作，加强国家间对于该问题的应对能力，以实现可持续发展的要求。③

《生物多样性公约》在基本原则以及生物保护的技术、资金层面上对共同但有区别的责任作出了明确规定：首先从共同的责任方面来看，各个缔约国在符合《联合国宪章》以及国际法的条件下，对于该国的自然资源享有永久的主权，并且在开发、利用此资源的过程中，享有不受干涉的权利。并且各国有责任确保对该国的发展以及生产活动所产生的影响以及可能造成的损害进行预防以及控制，并尊重他国享有在公平基础上的正当主权权利，避免造成越境损害。④ 第3条作为《生物多样性公约》的原则，实质上综合了国际环

---

① 参见《里约宣言》原则六、原则七。
② 参见《联合国气候变化框架公约》第4条。
③ 参见《联合国气候变化框架公约》第5条。
④ 参见《生物多样性公约》第3条。

境法的自然资源永久主权原则、共同但有区别的责任原则以及国家主权理论等方面的内容，是对于该公约的价值层面的指引。之后，《生物多样性公约》第 8 条对于在技术方面以实现生物多样性保护的内容，强调发达国家以及发展中国家由于科技水平的差异而造成的差异的前提之下，各方基于区别情况产生的不同责任以及负担。

1992 年召开的里约环境与发展大会，对于全人类共同但有区别的责任原则进行了十分重要的强调。这是由于在当时的国际环境之中，不同经济发展程度的国家在环境影响方面产生的巨大区别。对于全人类共同但有区别的责任原则，可以分为两个部分对其进行理解，即共同的责任以及区别的责任。

对于共同的责任，主要是从全人类的视角出发，对于环境问题之中的各个国家，不论宗教、政治体制还是性别、人种等方面的差别，都应该共同担负的责任，并且是都能够担负的责任。这是在国际法上对于人权的保护。由于环境问题的普遍性，以及其影响的连锁性、隐蔽性的特征，对于全人类而言，均具有对于自然环境不可推卸的责任。共同的责任内容，包括对于自然环境进行积极的保护，降低不利于环境自然循环的人类活动的频率，在科技方面积极研发、推广相应的技术以实现人与自然环境的更加和谐，对于环境不利益的行为进行全面的监管，对于环境责任进行明确等。共同的责任在其他关于环境的国际文件以及国际公约之中都有一定的体现，回归到一点上，共同的责任体现在对于人权以及环境权中平等的关注。

对于区别的责任，是 1992 年联合国环境与发展大会之上提出的具有充分进步意义的观点。区别的责任主要的基点在于，由于各个国家在经济、社会、文化、政治等层面上存在发展水平的差异，并存在一定的历史原因，导致各个国家对于现在全球范围内的环境问题的责任是存在一定区别的。由此，对于环境问题所应当承担的责任份额是不同的。该区别的责任，主要体现在对于相应的节能计划的强度，以及发达国家需要对发展中国家承担的技术、资金层面上的协助义务的程度上。此方面的内容因不同的公约以及执行其的议定书内容的不同而存在差异。

共同的责任以及区别的责任虽然在内容上存在一定的差异，但是它们在实质上是一致的，只是从不同的角度审视了人类社会需要对于全球环境问题的作为抑或不作为。共同的责任的基点为人类与自然的角度；区别的责任的基点为就人类社会的内部而言，不同的国家应当因某些方面的领先或者落后所应承担的不同责任。

虽然共同但有区别的责任原则厘清了不同发展程度的国家对于全球性的

气候问题所应承担的多方面的或异或同的责任，但是，也有相关的评价指出，该原则在本质上是不能对于全球性的环境问题完全适用的。因为该原则并不利于形成具有强凝聚力的国际合作的结构基础，并且在履行该原则的具体过程之中可能招致更高的成本，从而与创立该原则的初衷所背离。

五、“人权—环境权”理论

随着西方自由主义思潮的兴起，人权的观念得到了更加广阔的传播。人权的观念不仅仅是一个在法学上得到重视的概念，而是在社会科学以及自然科学的各个领域均得到了渗透。洛克在《政府论》中构建了一个“不坏”的制度体系，最初的基点便在于人权的观念。在他的思想体系之中，人权是人类生而具有的一项权利，即所谓的天赋人权，而该项权利并不是源于政府抑或法律的分配。人权的基本内容包括了自由、平等两个方面的内容。由此出发，洛克在自由主义的框架之下构筑了由立法、司法以及由立法派生而出的行政机构体系构成的国家的内容。以人权为基点而发展出了《政府论》对于国家政治体系的论述。当然，基于人权的观念，在历史的维度上众多先人曾提出对于现代社会的政治构筑、文化生活等各个方面产生巨大影响的观点，在此不作赘述。在环境保护、土壤污染的防治方面，正是由于人权观念的普及，个人作为地球主人的意识在公民之中萌芽、生长，环境污染、土壤污染对于人权的基本内容可能造成的践踏，均使得公民、国家在此方面进行了更多的努力。

《联合国宪章》可以说是人类发展史上第一次以国际文件的形式明确人权地位的文件。诚如其在前言中所述：“兹我联合国之人民对下述下定决心，为我们之后世免遭战祸之两度蹂躏及给人类带来无端的毋能言说之伤痛，重申人权之基本内容及其对其之坚信，在每个人所具有的价值、尊严之领导之下，在男女平等的关怀之下，在各国不论何种区别但平等的地位之下。以确立在源头上通过国际法建立一个尊重法治、尊重公平的国际环境，以期保证国际法的实施以及在更大限度的自由之下，为社会的进步以及更好的生活而努力、坚持。”《联合国宪章》作为联合国的纲领性文件，其对于人权的关怀作了明确的表示并将其作为目的性的追求。

《世界人权宣言》也是国际人权法体系中的重要渊源之一。《世界人权宣言》的通过，标志着世界范围内对于人权的关怀。其中，列明了“人人生而自由、平等，生而享有平等的尊严、权利”“人人有权生存、享有自由、获得安全”“人人享有在法律的保障之下对于地球任何一处土地的发现、使用”等原则。[①] 然而，《世界人权宣言》毕竟是一部宣誓性、呼吁性的文件，因此其在国际法之中是作为“软法”而存在的，约束力比较弱。因此，在《世界人权宣言》的基础上，联合国于1966年通过了《公民权利与政治权利国际公约》以及《公民政治、经济、文化权利国际公约》，从而对于其上的内容作了更加详细的列明。以上提及的三者，共同形成了国际人权法之中的最重要的文件。

在国际社会之中，人权的问题自提出以来，便是各个国际社会成员关注的重点问题之一。但是，人权的要求并不只是在国际社会之中才需要得到格外强调。从个人的角度出发，人权的观念也对个人提出了一些具体的要求，尤其是在环境保护以及发展的领域之中。

人权对于个人提出要求，概括为一点即“责任”。人权所提出的责任，可以分为三个部分，从多个方面、多个层次进行解释，即“尊重”“保护”“满足”。尊重，意即摆脱人类中心主义思想的桎梏，实现发自内心的对于周围自然环境以及物种的尊重，避免在追求发展的过程中，对于自然环境以及其他物种发展可能性的限制；保护，意即在尊重的基础上，对于可能存在负面趋势或者已经存在负面趋势的自然环境以及其他物种，施以人类自身能做到的措施，以弥补人类活动造成的损害抑或阻断该负面趋势；满足，意即对于我们现存的环境，应该抱以积极的心态，而不是消极的、负面的思想。

关于人权的释义，存在的理论众多。西方学者有将其理解为自由、平等之内容说，我国学者曾将人权的含义分为多个层面，分别为发展权、自由权等内容。同样，对于环境权内涵的论争以及环境权有无的问题等，从环境权理论相关的角度看，均未形成统一的观点。笔者认为对于环境权的承认是必要的。在承认环境权的前提下，对环境权的理论进行分析不难发现，环境权的内容同人权的内容在一定程度上存在不兼容的情况。环境权强调的并不是自由的内容，因为在自由的要求之下，必然会在环境领域出现诸如“公地悲剧”的现象。从自由的角度上说，环境权所强调的自由同人权所明示的自由的基本内涵存在侧重点、角度层面上的区别。从不同的国际文件之中同样可以发现，环境权所强调的内涵，其包容的角度多种多样。

《里约宣言》对于人权同环境保护的关系作了一定的明确，可以将其视为对于环境权在发展角度上的要求：环境问题的解决必须建立在所有对于环境

---

① 参见《世界人权宣言》前言部分。

问题具有一定关切并具有一定能力的公民合作的基础上。从国家内部的角度上看，对于公民个体而言，国家应当保证所在国的居民对于公权力所掌握的环境关键信息能够有效地获得、知悉，此方面的信息包括危险物质的存在领域以及活动范围。并且应当保证公民享有充分参与环境决策的正当权利。此应包括对于任何管理性的以及司法性的活动，如对环境修复的环节进行一定的保障。对于政府机构而言，国家应当在公众参与、增强公众环保意识等方面进行一定的宣传以及鼓励。从社会人的角度出发，宣言强调女性在环境监管以及环境发展之中的重要作用，女性的参与对于获得可持续发展的效果至关重要。这同样是人权对于平等的具体要求之一。同样，对于年轻的一代而言，其富有创造性、富有激情的生理特点，注定使其同样成为在环境的领域实现可持续发展的重要支柱之一。必要的是，要实现对于某地的环境管理以及环境质量的发展，当地的居民以及当地的社区、组织，由于对当地的情况以及历史经验有深刻的了解，其作用也不能够被忽视。由此，国家应当对地方的文化、经济进行一定的扶持并且提高环境质量较低地区的环境参与、环境保护意识，以期实现对于可持续发展的关切。

《保护自然与文化遗产公约》第 4 条、第 6 条等，强调了对于自然以及文化遗产的实质性的保护。

《都柏林水与可持续发展宣言》第 2 条的基本内容为“多方的参与”，具体为：“对于水的管理以及实现水资源的发展等问题，必须要基于包括权属人、规划者、决策者等人的广泛参与——包括了在决策者以及公众之间对于水资源的重要性达成共识的过程。达成了以上内容，能够保证决策者的决策能够在充分的商讨、正当的程序之下，实现在最高程度上的善的追求。”

从以上国际条约的规定之中可以窥见，环境权的内容是多方面、多角度、多层次的。从最基础的角度对以上内容进行划分，可以将上述内容划分为程序性的环境权以及实体性的环境权。程序性的环境权最主要地强调了公众参与这一过程，要求保障公民在关涉环境问题作出的过程、环境信息、环境公益诉讼等方面，享有该国之法律所保障的权利。实体性的环境权最主要地强调了在现实地对于环境进行保护的过程之中，法律需要明确公民享有的正当实现环境保护正效益的行为，并且国家在此方面应当充分作为。

‖ 第三章 ‖

国外土壤污染防治实施机制建构模式评析

第一节　国外土壤污染防治体系建构模型分类介绍

就目前各国已经建立的土壤污染防治体系来看，对其进行分类的标准主要有三：根据是否将土壤污染防治体系的主要内容集中到一部专门性的土壤环境保护法律中，可以将其分为分散型的土壤污染防治立法模式与专门型的土壤污染防治立法模式；根据相关法律是将预防与治理并重还是专注于土壤污染的整治，可以将其分为单一型的土壤污染防治立法模式与复合型的土壤污染防治立法模式；根据对土壤污染的防治目的是维护环境伦理还是保障该土地未来的用途，可以将其分为环境主导型的土壤污染防治立法模式与效益主导型的土壤污染防治立法模式。接下来笔者将介绍各主要国家采用的立法类型及其优劣。

一、分散型与专门型

分散型上壤污染防治立法模式，即将与上壤污染防治相关的各个层面、各个领域的立法分散到几部单行性法规或是法典的几个不同部分。在土壤环境保护法律体系建立之初，由于缺乏相关的立法经验与实践经验，不可能在发现问题之初就能构建出一部完整的针对土壤的专门性法律；同时，由于对土壤污染严重性与危害性的认识不足，当时的立法者并未将土壤污染作为一个需要用专门性立法进行规制的环境污染领域来看待；另外，当时的土壤环境污染是新出现的问题，由于其积累性与滞后性，初期在客观上并未造成严重的损害后果。因此，在土壤环境保护法律体系建立之初，各国一般均采用分散型立法的模式，将与土壤污染防治相关的法律规范分散于诸如水污染防治法、固体废弃物处理法、工矿企业法、农作物保护法等外围立法中。

这种分散型立法模式在初期确实起到了遏制土壤污染蔓延的积极作用，但随着时间的推移，土壤污染的积累性特征渐渐显现，且给周围自然环境、人民健康、社会经济带来的不利影响越发明显；同时，由于工业化、城市化的进一步发展，被污染土壤的数量逐年增加。在这种情况下，分散型立法模式的弊端逐渐暴露了出来：第一，分散型立法模式主要是将与土壤污染防治相关的内容分散到了其他的外围立法中，而这些内容大都与遏制土壤污染的源头相关，如对水污染与固体废弃物污染的控制，可以说重点在于预防，而如何治理已被污染的土地在很大程度上是空白的，这就导致了在土壤污染的损害结果集中爆发时缺少用来“治理”与“善后”的法律，造成无法可用的窘迫场面。第二，分散型的土壤污染防治立法模式有失于系统性、专门性、规范性。这些分散型法律在制定时并未严格被作为土壤环境保护法律体系的整体来看待，先分别作为各自领域的专门法，而后再为土壤环境保护工作服务。由此而造成的结果是，各外围法之间的配合并不紧密，所形成的土壤污染防治法律体系也并不系统，甚至会出现不同领域之间的法律相互抵触的情况。由于这些问题的存在，各国都针对分散型立法模式进行了调整与改进，下面笔者将以几个主要国家为例进行介绍。

（一）美国

美国的土壤污染防治工作始于20世纪30年代，具体而言，开始于1934年的“黑风暴”事件。1934年5月11日，由于过度开垦导致的土壤退化，以及持续的干旱天气，北美大陆出现了一次史无前例的强沙尘暴。黑色的风暴持续了3天，横扫了美国大约2/3的国土，导致了大面积的土地破坏、水源干涸、农作物与牲畜死亡、人民流离失所。在这之后，美国开始了土壤污染防治立法工作，并于1935年通过了第一部相关法律《土壤保护法》，主要用于防止因过度开垦而造成的土地环境恶化。之后，美国又陆续出台了《联邦危险物质法》《固体废物处理法》和《资源保护回收法》。1980年，由于“拉夫运河”事件的影响，美国颁布了用于治理棕色地块的《综合环境反应、赔偿与责任法》（CERCLA），即《超级基金法案》。之后，又制定了《小规模企业责任减轻和棕色地块再利用法》《纳税人减税法》等，并对《超级基金法案》进行修正。至此，美国的土壤污染防治法律体系基本成型。可以看出的是，美国主要采用的仍是分散型的立法模式，但在这些分散的外围法律中，我们仍可以找出一部处于核心位置的法律，即《超级基金法案》。《超级基金法案》在对由棕色地块引发的问题加以解决的同时，建立了土壤污染调查、风险评估、治理修复、责任确定、信息管理、经济支持、公众参与等一系列组成土壤污染防治体系的基本制度。[①] 可以说，《超级基金法案》构成了事实上的美国土壤污染防治立法体系中的基本法与专门法。

（二）日本

日本的土壤环境保护工作始于明治维新时期，这与明治维新时期飞速发展的工矿企业有关。高速发展的重工业加上缺失的工业污染管理规范，使得日本进入了公害时代。为了应对工业污染造成的农业减产以及被污染农作物对人体的损害，日本于1970年通过了《农业用地土壤污染防治法》，但是该法仅适用于农村土地，且仅及于表面地层，对于日益恶化的城市土地污染问题以及作为污染源头的地下水污染无能为力。为了应对这些不足，日本于2002年颁布了《土壤污染对策法》，并于同年颁布了相关实施细则，即《土壤污染防治法实施细则》。除此之外，日本还有诸多其他外围法，诸如《水质污染防治法》《废弃物处理和清扫法》《重金属等的土壤污染调查和对策指南》《二噁英类对策特别措施法》等。由于《农业用地土壤污染防治法》与《土壤污染对策法》分别是关于农业用地土壤污染与城市用地土壤污染的规范，[②] 并不是严格意义上的土壤环境保护专门法，但将其称为外围法显然是不合理的。应当说，这两部法律共同构成了日本土壤污染防治法律体系中的专门性法律。可以看出的是，日本从初始阶段就极为重视土壤污染防治专门性立法，专门性立法模式在日本始终占主导地位。

（三）德国

由于在20世纪70年代以前德国的环境保护立法权限并未明文规定属于联邦，因此土壤污染防治立法工作由各州率先展开，制定了诸如《巴登符腾堡州土壤保护法》《污染场地处置法》《黑森州废弃物法》等地方性土壤环境保护法律。在1974年之后，联邦层面的土壤环境保护立法开始大量出现，制定了诸如《肥料和植物作物保护法》《物质封闭循环和废弃物管理法》《遗产基因工程法》《德国联邦森林法》《土地整理法》《农业调整法》《建筑规划法》《联邦采矿法》等一系列与土壤污染防治相关的外围性立法。1998年，德国颁布了《联邦土壤保护法》，为德国土壤污染防治的专门法，并于1999

---

① 李静云：《土壤污染防治立法：国际经验与中国探索》，中国环境出版社2013年版，第19~37页。

② 罗丽：《日本土壤环境保护立法研究》，载《上海大学学报》（社会科学版）2013年第2期。

年通过了其具体实行措施《联邦土壤保护与污染场地条例》。至此，德国土壤污染防治法律体系的结构已经基本完成，形成了以专门性土壤环境保护法律为基础，以外围立法和地方立法为补充的法律体系。可以说，德国的土壤防治立法过程几乎是教科书式的由分散型立法模式向专门型立法模式演进的过程。

（四）英国

英国的土壤污染防治工作始于20世纪中期。从1967年开始，英国陆续颁布了《生活环境舒适法》《有毒废弃物处置法》《有毒污水处理法》《计划法》《放射性物质法》《垃圾填埋税法》《综合污染预防与控制法》《水资源法》等外围法律，基本形成了英国土壤污染防治法律体系的结构轮廓，但由于分散性立法的固有缺陷，英国始终难以形成一套成熟系统的相关体系。为了应对这种情况，英国于1990年通过了第一部土壤污染防治专门法《污染场地法》，并于2000年对英国环境保护领域的基本法——《环境保护法》进行修改，增加了对土壤环境保护进行专门规范的“Part Ⅱ A”章，由此形成了英国土壤环境保护新的规则体系。能够看出的是，英国采用的是制定专门法与专门的法律修正案的方式，构建自身的专门型土壤污染防治立法模式。

从上述几个主要国家的土壤污染防治体系及其发展过程可以看出，虽然各国基本国情与立法传统各不相同，但大都经历了从分散型立法模式向专门型立法模式转变的过程。其中，既有制定专门性法律，也有制定专门性法律修正案；既有制定形式上的专门性法律，也有制定实质上的专门性法律。专门型的土壤污染防治立法模式由于其系统性、专门性、逻辑性、规范性，已经成为世界范围内土壤污染防治立法的主流。

二、单一型与复合型

因为土壤污染有积累性、滞后性、难逆转性等特征，所以对其的防治一般包含两个方面的内容：一是预防，即阻断土壤污染的污染源，从源头上防止其出现；二是治理，即对已经被污染的土地进行清理与恢复，改良土壤的质量，消除其风险。预防与治理是在应对土壤污染时不可分割的两个方面，而这也是土壤污染防治体系得名的原因。由于土壤污染治理的成本极高且周期极长，在污染后再开展治理工作是很不经济的选择，所花费的资金将比进行未雨绸缪的预防工作多好几倍，因此预防工作应当是土壤污染防治工作的优先选项，其重要性绝不亚于治理工作。现今绝大多数国家已经认识到了土壤污染预防工作的重要性，将其作为与治理工作具有相同地位的重要任务，并在相关法律中予以专门规范。而根据与预防工作相关的主要规定是存在于专门性法律中还是存在于相关外围立法中，可以将土壤污染防治立法的模式分为单一型的立法模式和复合型的立法模式。当然，需要说明的是，无论是单一型还是复合型都不是绝对的。因为土壤污染的预防与治理是一个问题的两个方面，不可能完全分开，此处的单一或复合指的是与预防工作有关的内容在专门性法律中所占有的相对比重的大小。

在单一型的立法模式中，专门性土壤污染防治立法采用的是单一的土壤污染治理的立法结构；而在复合型的立法模式中，专门性法律采用的是土壤污染预防与土壤污染治理共同进行规范的立法结构。必须要指出的是，这两种立法模式的区别主要在形式上而非内容上，对这两种立法模式进行比较主要也是出于立法技术上的考虑。土壤污染治理的基础性程序比较简单，各种类型的土壤污染治理的法律流程都基本相同。然而，土壤污染预防工作相对要复杂得多。因为土壤污染的源头分散在不同的领域，有水污染、空气污染、固体废弃物污染、开发建设污染等不同的来源，所以对其的预防也分为诸多不同的领域，这些领域的预防工作全部由一部专门性法律来进行规制显然是不可能的，在技术上也行不通。因此，将预防工作分散到不同的外围法中，由各领域的外围法分别解决其自身领域中的预防工作，显然是最好也最实际的选择。下面，笔者将介绍各主要国家采用的立法模式。

（一）美国

美国采用的是典型的单一型立法模式。美国的专门性土壤污染防治立法是《综合环境反应、赔偿与责任法》，即使仅从名称上看，也能看出其所应对的是土壤环境污染发生后的治理、恢复以及责任的划分，与土壤污染的先期预防关系不大。而其修正案《小规模企业责任减轻和棕色地块再利用法》等法案也是为其能够更为顺利地实施而颁布的，并未涉及太多预防工作的内容。与此同时，美国土壤污染防治法律体系中的外围法，如《固体废物处理法》《联邦杀虫剂杀真菌剂和杀鼠剂法》《清洁水法》《安全饮用水法》《资源保护回收法》《有毒物质控制法》等法律，在自身的领域中实现了对相关污染源的有效控制，起到了预防的效果。

（二）日本

日本为了防治土壤污染而制定的专门性法律有两部，即《农业用地土壤污染防治法》与《土壤污染对策法》。《农业用地土壤污染防治法》制定于1970年，其主要是为了应对当时日益严重的工矿企业污染，起着遏制污染源头与治理已产生污染的双重作用，这从其名称即可看出。可以说，彼时日本采用的立法模式接近复合型。在那之后，城市土地污染公害事件的大量涌现让《农业用地土壤污染防治法》鞭长莫及，制定新的相关法律迫在眉睫。但是，城市土壤污染的来源远比当初制定《农业用地土壤污染防治法》时的农村土壤污染来源更为多样化，复杂多变的污染源头使得将预防与治理规定到同一部专门性法律中存在技术上的难点，因此日本的立法者将新制定的土壤环境保护专门法命名为《土壤污染对策法》而非“土壤污染防治法”，将其重心放在了对污染土地的治理与修复上。而相关的预防工作则主要交给了外围立法，主要是《水质污染防治法》《废弃物处理和清扫法》《有机氯化合物等土壤、地下水污染调查、对策指南》《重金属等的土壤污染调查和对策指南》等法律。可以看出，日本是从复合型立法模式演进到单一型立法模式的典型。

（三）英国与德国

英国与德国在土壤污染防治立法模式上有相似之处。德国与英国都认识到了土壤污染预防工作的重要性，并将其作为土壤环境保护工作的重心。在英国，1993 年的《土壤污染白皮书》将从源头上预防未来的污染作为应对土壤污染的 5 种核心措施之一；而德国将对土壤污染的预防作为其土壤污染防治体系的基本原则之一，这些将在下文中详细阐述。可以看出的是，两国都对预防工作给予了高度的重视。但同时，两国虽然都强调预防工作的重要性，并在专门性法律中作出相关的规定，但这些规定大多为原则性、概括性的，具体的实施措施与细则仍由外围立法来负责。就德国而言，其专门性立法《联邦土壤保护法》规定了政府应当制定相关的条例以预防土壤污染的发生，并且规定了责任主体的预防义务，但是具体的预防制度及措施仍是由外围立法来规范的，相关的法律如《肥料和植物作物保护法》《物质封闭循环和废弃物管理法》《遗传基因工程法》《德国联邦森林法》《土地整理法》《农业调整法》《建筑规划法》《联邦采矿法》等，这些外围法构成了德国真正的土壤污染预防体系。就英国而言，其专门性的土壤环境保护法律《污染场地法》与专门性的土壤环境保护法律修正案，均是以治理已发生的污染为主。其中，《污染场地法》确立了英国早期治理污染土地的流程，为处理大量历史遗留的污染土地提供了法律依据。而《环境保护法》的“Part ⅡA”章主要确立了英国调查、评估、确认和修复污染场地的新流程，与预防工作的关联同样不大。与德国相似，英国的土壤污染预防工作也主要由外围立法负责，如《生活环境舒适法》《有毒废弃物处置法》《有毒污水处理法》《计划法》《放射性物质法》《垃圾填埋税法》《综合污染预防与控制法》《水资源法》等。可以看出的是，虽然英国与德国均将土壤污染预防工作置于极为重要的地位，但它们采用的立法模式与美、日等国相同，同样是单一型立法模式。

从上述几个主要国家采用的立法模式可以看出，虽然土壤污染预防与治理工作同等重要，但用专门性法律来规范治理工作、用外围法律来规范预防工作已经成为立法的主流。当然，这种做法仅仅是出于立法技术与使用便捷的考虑，而非对治理与预防厚此薄彼。事实上，只有让外围立法中的预防制度与专门立法中的治理制度相互配合，各有侧重地实施，才能使土壤污染防治体系真正发挥作用。

三、环境主导型与效益主导型

从土壤环境保护立法的意图来看，它们都是为了清除污染、降低风险并使土地的功能得到恢复。但从其具体遵循的理念来看，可以将相关的立法意图划分为两种：一种是将污染土地上的污染物质完全清理，完全消除污染的风险并将土地样貌和功能恢复到原来的状态。这种立法意图所遵循的理念为环境伦理，即以环境为本，认为对土壤污染的治理应最大限度地将土地恢复到污染发生前的状态，将“环境”作为一切工作的出发点和落脚点，而不对土地的未来用途作太多的考量。另一种是将污染土地上的污染物与环境风险限定在一个可以接受的范围内，以使其符合该土地未来开发利用的要求。这种立法意图所遵循的理念是经济效益，即对污染土地的治理是为该土地的再开发利用服务，必须符合再开发利用的要求，将“经济效益”作为土壤污染治理的出发点与落脚点，认为对污染的治理无须将土地恢复到原来的样貌，仅符合未来对其进行利用的需求即可。根据这两种不同的立法意图，可以将相关国家的土壤污染防治立法模式分为两种：环境主导型的立法模式和效益主导型的立法模式。

从表面上看，显然环境主导型的立法模式更符合一般人的理解与感情，也更符合朴素的正义观，毕竟将被污染的环境恢复到曾经的自然状态是大多数人的梦想。但在实际操作中这是行不通的，原因主要有以下几点：第一，技术上缺少可操作性。一方面，我们很难确定所谓的环境“原始状态”究竟是怎样的标准，而缺少了这个标准，该立法模式的合理性基础与实际执行基准都将不复存在；另一方面，即使能够确定“原始状态”的标准，要将土壤的性质与功能完全恢复到本来样貌在技术上是极为困难的，甚至可以说，在目前的科技水平下，完全恢复土壤的性质与功能是几乎不可能完成的任务。第二，成本上的不可接受性。即使在技术上确实能够实现对某块土地的完全净化，其所需花费的资金以及治理周期都将大大超过对其治理所带来的利益，其成本对于任何治理主体而言都是难以接受的。第三，经济上缺少激励性。环境主导的立法模式主要考量的是环境伦理，其所关注的是对环境的保护，而非经济利益。这就使得该治理模式指导下的治理工作远非有利可图。事实上，就如上文所指出的那样，在环境主导模式下的治理工作的成本可能远大于收益。因此，很少有私人治理主体愿意承担相关治理责任，这也阻碍了相关治理工作的展开。第四，环境本身的变动性。众所周知，自然环境始终处于变化迁移的过程中，沧海桑田一词正是对其最好的形容。如果变化是自然环境的本性，人类就没有理由认为从前的土地环境就一定比现今的土地环境更为优越，也没有理由认为未完全清除污染的土地环境比完全清除污染的土地环境更优越，这是对环境主导型立法模式存在的基础追问。综上所述，环境主导型的立法模式在现实中的可行性很低。

相较而言，效益主导的土壤污染防治立法模式的可操作性更强。由于在治理工作开始之初就将土地的未来利用方式考虑在内，效益主导型的立法模式指导下的污染治理工作的个案标准都是十分明确并且可行的，既不会出现无法找到“原始状态”标准的情况，也不会出现确立一个完全无法达到的虚高标准的情况，而是依据该土地未来的用途设立符合实际情况的修复标准，建立合理的修复计划。同时，由于只需根据未来用途进行清理与修复，在大多数情况下治理所需达到的标准都不会高于完全清洁土地的标准，这就使得治理工作的成本被控制在一个合理的范围内，以便减轻治理责任主体的经济负担。另外，以再开发利用为目的对污染场地进行治理，在制订治理计划时将该土地的经济发展机遇考虑在内，使得治理土壤污染与推动社会经济发展直接挂钩。这既有利于激励各治理主体以远见的态度投身于土壤污染治理工作中，帮助他们在修复工作中获得最大利益，又有利于社会经济在不损害自然利益的条件下保持发展的态势。总而言之，效益主导型的立法模式更能激励人们积极主动地参与土壤污染防治工作，也更符合可持续发展的要求。

综观主要国家和地区土壤污染防治法律体系的发展过程，在应对环境主导型的立法模式与效益主导型的立法模式的取舍问题上，主要有三种情况：始终以效益主导型的立法模式为主；始终以环境主导型的立法模式为主；开始以环境主导型的立法模式为主，在积累经验后逐渐转为以效益主导型的立法模式为主。以下笔者将分别介绍具有代表性的国家与地区的做法。

（一）英国是第一种情况的典型代表，即始终以效益主导型模式为主

英国的传统政治哲学崇尚实用主义，而这种哲学也深刻影响了英国的土

壤环境保护体系。自诞生以来，英国土壤环境保护法律就极为重视防治工作中成本与收益的平衡，并将土地的再开发利用视为土壤污染防治工作中的重要一环。1993年的《英国土壤污染白皮书》将“适合使用”原则与“成本—效益”原则规定在英国土壤污染防治工作的主要原则之中。而其《环境保护法》的“Part ⅡA”章更是在“成本—效益”原则的指导下建立了成熟的土壤污染防治制度体系。从中可以看出，效益主导型的立法模式在英国已根深蒂固。

（二）我国台湾地区是第二种情况的典型代表，即始终以环境主导型模式为主

具体而言，其所采取的模式是“以环境主导为原则，以效益主导为个案”：一方面，污染的整治以恢复原土地用途为目的；另一方面，当对污染土地的整治涉及其他土地的开发时，除污染基准要专案核定外，污染整治计划和开发计划必须同时提出并分别接受审核，并且相关的开发计划只有在污染土地的列管解除后才能实施。[①] 可以看出的是，虽然考虑到了土地的后续利用，但台湾地区的土壤污染防治的法律模式仍是以环境主导型为主的。

（三）荷兰是第三种情况的典型代表，即由环境主导型逐渐发展为效益主导型

荷兰在早期采取的是环境主导型的立法模式，其环境保护法要求所有对污染土地的治理工作都必须将土地恢复到一个固定的环境质量标准，而不考虑土地的特殊性以及该土地未来的用途。这种高成本且缺少灵活性的做法很快就被土壤污染防治实践证明是不可行的。目前，荷兰基于风险管理的原则建立起自身的土壤环境保护体系，完成了从环境主导型的立法模式向效益主导型的立法模式的转变。

目前，绝大部分国家和地区采用的都是效益主导型的立法模式，即在确定防治土壤污染的目标时“向前看”，而非一味顾及该土地原先的状态。这种做法符合城市化发展所带来的越来越大的对土地的需求，也符合利益最大化的要求。同时，也与经济、社会、自然可持续发展的目标十分契合。

综上所述，可以看出目前主流的土壤污染防治法律是效益主导、单一的专门型立法模式。这种立法模式在保证土壤环境安全的同时力求实现社会经济的发展，在保证法律可实施性的同时力求构建出一个系统、有序、准确而

---

① 许绍峰、徐世荣：《土壤污染整治对策之探讨》，载《土地问题研究季刊》2002年第1期。

符合逻辑的土壤污染防治法律体系。对于至今仍未建立成熟土壤环境保护体系的我国而言，这种立法模式值得借鉴和学习。

第二节　美国土壤污染防治经验

美国作为世界上土壤污染防治体系最为完善的国家之一，拥有自身独特的土壤污染防治法律制度与措施，其根据自身的政治原则、法律文化与现实环境状况，制定出一套适合自身国情的土壤污染防治实施机制。这套综合了经济手段、政治手段、法律手段、舆论手段的土壤污染防治实施机制虽然仍存在缺陷与不足，但在现实中已为美国土壤污染预防与治理事业作出了重大贡献。

一、背景

美国对土壤污染防治方面的认识开始较早，从 20 世纪 30 年代的“黑风暴”事件开始，美国就已经在进行土壤污染防治立法方面的探索，并且在 1935 年通过了第一部专门用于土壤环境保护方面的法律《土壤保护法》，同时建立了第一个土壤环境保护机构——土壤环境保护署。20 世纪 60 年代，为了防止危险物质对土壤的破坏，美国又先后通过了《联邦危险物质法》和《固体废物处理法》。1976 年，由于“棕色地块”的威胁日益严重，同时也为了补全美国土壤环境保护立法链条上的最后一个环节，即对无人管理的陆地固体废弃物与有毒废料的处理，美国国会通过了《资源保护回收法》。自此，美国“从摇篮到坟墓”的土壤污染防治立法体系初具雏形。

虽然美国的土壤污染防治法律体系已初步成型，但仍欠缺一部具有综合性质的法典使其最终成型。而促成这部法典出现，并使美国土壤污染防治制度进入新的发展阶段的直接推动事件就是拉夫运河事件。

拉夫运河（Love Canal）位于纽约州，美国胡克化学品公司于 1920 年买下此条运河并将其用作化学废品填埋场。到 1953 年，大约 200 种、共计约 21800 吨高毒性与致癌致畸性的化学废品将整条拉夫运河填满，[①] 拉夫运河已经彻底成为危险化学废品的坟场。胡克公司于 1953 年将这条危险的运河以 1 美元的价格转让给当地教育机构，并附上有毒物质警告声明以摆脱日后的追

---

① 李静云：《土壤污染防治立法：国际经验与中国探索》，中国环境出版社 2013 年版，第 1 页。

责。在之后的20多年中，随着周围的房地产开发，这里成为一个典型的城郊社区。但怪病困扰着这里的人们，这里妇女流产、新生儿畸形、肿瘤、癫痫等疾病的发病率异乎寻常得高，但不明就里的居民找不到原因。直到1978年，在一位饱受怪病折磨的孩子的母亲罗伊斯·吉布斯的奔走调查中，这一可怕的土壤污染事件才得以曝光，而整个联邦都为这一事件感到震惊。在当地居民、社会舆论以及相关专业人士等的多重压力之下，联邦政府与纽约州政府疏散了拉夫运河污染范围内的接近1000户居民，并对拉夫运河填埋场与附近相关环境区域进行清理。

现实问题的出现暴露了法律制度的缺失，虽然胡克化学品公司的责任极其明显，但根据当时美国唯一与此案相关的《资源保护及回收法》（RCRA），令民事主体承担土地环境法律责任的前提是证明此民事主体是土地的开发利用者，并且其污染行为对他人的人身或财产造成了损害，导致这部法律对像胡克化学品公司那样因在无主或废弃土地上进行开发而造成污染并导致相应损害结果的民事主体无能为力，因为此时进行土地利用开发的民事主体与造成土地污染的民事主体不相吻合。为了解决法律规定与现实情况脱节的问题，防止在日后的司法实践中遇上相似问题时无法可用，无法对相关责任人进行惩处，1980年12月，时任美国总统卡特颁布了《综合环境反应、赔偿与责任法》。由于其创立了专门用于土壤污染治理的“超级基金”，因此这个法案也被称为《超级基金法案》。这是美国土壤污染防治领域一次里程碑式的立法，是有记载以来对化学物质与有毒垃圾填埋场的清理工作第一次获得了联邦财政的支持，是美国现代化土壤污染防治体系的开端。而促其产生的拉夫运河事件，在成为美国土壤污染防治立法“第一推手”的同时，也为世界对无形土壤污染的忽视敲响了警钟。

如果说拉夫运河事件是美国土壤污染防治立法的第一推动力，那么“棕色地块”及其所带来的一系列问题，就是促使美国土壤污染防治体系不断完善的鞭策者。

“棕色地块”的概念最早形成于美国钢铁工业发展过程中。20世纪70年代中后期，美国城市开始转型，大量位于市区内的钢铁企业倒闭或外迁，遗留下一块块废弃或闲置的土地。由于这些土地之前的用途以及现实的状况，它们也被称为“铁锈地带”。“棕色地块”的出现与经济的发展和人们环保意识的提高密不可分。一方面，随着经济的发展、生活水平的提高与人口的增长，城市化不断加快，城市不断向外扩张，处于城镇中的工业企业由于土地价格与升值空间的提升、运输成本的加大以及污染的日益严重，或者因为经济重心的转移与投资环境的变化，纷纷向城镇外转移，遗留下来的大片土地由于存在或可能存在污染而再利用困难，导致“棕色地块”的大量产生。另一方面，随着公民与企业的环境保护和可持续发展观念的不断强化，公民对位于自己居住区附近的污染严重的工业企业的反对态度越来越强烈，而企业本身的社会责任意识也逐步强化，这些思想上的转变也是导致企业迁出城市与“棕色地块”产生的重要原因。

“棕色地块”的基本含义在1980年的《超级基金法案》中被提出，并在2002年对《超级基金法案》污染场地治理责任主体进行调整的修正案《小规模企业责任减轻和棕色地块再利用法》中得到调整。综合考虑两个法案对“棕色地块”的定义，笔者认为其比较准确的定义应该为：“因存在或可能存在污染物或污染源，而处于废弃、闲置状态或有被废弃、闲置的可能性，导致再开发、再利用困难的不动产。”

“棕色地块”成为鞭策美国土壤污染防治体系不断完善的强大推动力，与其带来的巨大问题及治理的重要性是分不开的。综合来说，主要有环境、生命健康、经济、社会四个方面。

（一）环境

土壤污染本身的特有属性是“棕色地块”问题的重要方面。与其他类型的污染相比，土壤污染具有隐蔽性、潜伏性、累积性与不可逆性。[①] 与能够较明显地被发现的空气污染与水污染相比，土壤污染缺少显而易见的特征。同时，因为土壤污染物需要通过食物链的累积一步步地进入人体，所以土壤污染的显现与爆发缺少即时性，而一旦出现明显的征兆，那其造成的损害一般来说已经是极其巨大的了。更为糟糕的是，土壤污染几乎是不可逆的，虽然现在通过淋洗土壤或生物去污可以对污染进行控制与减轻，但治理的高成本与长周期是任何治理主体都难以承受的。

土壤污染对环境的强破坏性与可转移性是“棕色地块”的另一突出问题。“棕色地块”是有确定区域范围的，但其所包含的污染物并不受这个区域范围的影响。随着雨水、风力、人力或其他自然与非自然外力影响，“棕色地块”中的污染可以从一处转移到另一处，也可以在土壤、空气与水之间进行流动交换。虽然土壤污染的转移性不如空气污染与水污染明显，但“棕色地块”因为位于城镇之中使得这个问题相当棘手。同时，由于土壤是万物生长最重

---

① 李静云：《土壤污染防治立法：国际经验与中国探索》，中国环境出版社2013年版，前言。

要的源头之一，土壤污染很容易通过食物链进入生物界，对生物的种群结构产生负面影响，使土壤质量下降、生物多样性减少，最终导致土壤资源、生态资源的减损，对可持续发展造成重大不良影响。

（二）生命健康

“棕色地块”位于城镇内部，周围人口密度较大，其所包含的污染物质对周围相关居民生命健康的不利影响也较大。“棕色地块”中包含的污染物质往往成分复杂，其中可能包含大量的高毒性或高致病性的物质。上文提到的拉夫运河填埋场，其中的填埋物就包括诸多对人体极度危险的化学物质，如DDT、重金属、复合溶剂以及废弃电子元件等，对填埋场周边的土壤以及附近的地下水造成了严重污染，对周边居民的生命健康带来了巨大威胁。

对附近民众生命健康的威胁是“棕色地块”最为直接与现实的，也是对“棕色地块”治理紧迫性的最重要原因之一。

（三）经济

“棕色地块”对经济发展的阻碍是显而易见的，土地的污染必然导致土地价值的下降，而这导致的直接结果就是这块土地的潜在投资者对其的兴趣减少，这会直接导致相关投资的减少，随之而来的就是当地土地税收的减少与就业岗位的减少，这必然会对当地的经济发展带来不利后果。根据美国2000年的市长会议报告，在美国231个城市中，每年因为“棕色地块”而流失的就业岗位多达55万个，而因“棕色地块”而损失的税收更是高达8.78亿~24亿美元。①

“棕色地块”虽对经济有重大不良影响，但对其合理的治理与开发利用却是促进经济发展的重要道路之一，也是推动土壤污染防治立法的重要原因。“棕色地块”虽然治理与恢复成本高昂，但再开发成本却比未开发地低得多；同时，“棕色地块”由于具有被利用过的历史，且常位于城镇中，因此其附近的基础设施往往相对完善，水电设施完备、交通运输线畅通，并且附近可能有充足的劳动力与广阔的市场。另外，“棕色地块”的开发在有利于私人主体的同时，也有利于整个地区环境、经济、社会的发展，可以说一举多得，因此往往会获得地方政府的支持与补贴。以上这些情况，使得“棕色地块”的再利用有其自身的经济性。

对“棕色地块”治理与再开发的另一个作用，就是能够减缓城市的蔓延速度。城市的蔓延导致新土地的不断开发，由此带来了土地消耗、环境破坏、

---

① U. S. CONF. OF MAYORS, at 9-10.

城市空心化、政府行政成本增加等一系列问题，这些都是城市化过程中的不经济现象。而通过对“棕色地块”的再开发与再利用，可以有效地缓解甚至解决这些问题。

（四）社会

上文提到，“棕色地块”会对经济发展带来不良影响，而社会与经济紧密相关，经济的不良状况会导致一系列的社会问题。在“棕色地块”附近的区域中，环境污染较为严重，经济实力较强的家庭会离开这里寻找更为清洁与安全的居住环境。由此导致的情况是，在“棕色地块”附近地区居住的大多为低收入家庭。这些地区由于受污染的影响而环境状况较差，导致居民的健康状况相对较差；由于“棕色地块”而导致投资者意愿不高，投资额过低，使得这些地区的基础设施状况较差；同时，低投资还导致了就业岗位偏少、失业率较高、居民收入偏低，与周围地区的贫富差距显著拉大。总体来看，“棕色地块”问题如果不进行妥善处理的话，将会导致严重的环境不正义，进而带来严重的社会问题。

二、相关法律的制定与发展

正如上文所述，《综合环境反应、赔偿与责任法》是美国第一部对土壤污染的特别立法，具有划时代的意义，但这也是一部仓促制定的“应急法典”：一方面，现实情况极为紧急。当时拉夫运河周边居民保护洁净家园、维护自身利益的运动愈演愈烈，甚至导致当地居民扣留美国环境保护署（EPA）的特派调查代表作为人质，以此来要挟联邦政府宣布拉夫运河周边地区为重灾区，并扩大疏散区域，让他们撤离这个危险的地方。可见，当时美国国会与政府面对的是一个极度紧急的状况，而这部法典在一定程度上也是为了应对这种紧张局势而颁布的。另一方面，制定的时间极为仓促。为了查明全国相似问题的情况，美国联邦环境保护署对全国危险废物场所数量进行了估算，结果令人震惊，全国有32000~50000个危险废物场所。为了应对这个新发现的危机，美国国会在第96届国会会议上利用最后几天匆忙通过了《综合环境反应、赔偿与责任法》。[①] 因此，总体来说，《综合环境反应、赔偿与责任法》的完善度并不高，这是以后多次对其修改与补充的重要原因之一。

对《综合环境反应、赔偿与责任法》进行修正与补充的法案主要有两部：

---

① EPA, What Is Superfund?, http://www.epa.gov/superfund/about.htm，2009年3月15日访问。

一部为1986年颁布的《超级基金修正案与再授权法》，另一部为颁布于2002年的《小规模企业责任减轻和棕色地块再利用法》。[①] 其中，《超级基金修正案与再授权法》主要对《超级基金法案》继续在全国范围内进行清理活动授权，对原法案中的几个定义进行了澄清，以及将对污染场地清理的一些要求加入了法案，并且该法案还作出了增加额外的执法机关的决定。同时，该法案的第三章还对《应急计划与公众知情权法》（EPCRA）进行了授权。[②]

《小规模企业责任减轻和棕色地块再利用法》主要着眼于《超级基金法案》中的严格责任制度。《超级基金法案》所采取的严格责任制度虽然对污染的潜在排放者有强烈的震慑作用，并且有利于归责与获取赔偿、补偿以对污染土地进行清理修复。但在另一方面，严格责任有违公平原则，并且不利于污染地块的长期开发治理。这样的原因在于，《超级基金法案》所确认的责任主体为“潜在责任者”。根据法案，这些主体包括四个类型：第一，当前该船舶或设施的所有者或运营者；第二，在处置危险物质时的船舶或设施的所有人与营运人；第三，通过合同、协议或任何其他方式利用他人所有或营运的设施处理危险物质，或为了处理、处置本人或他人所有的危险物质而参与运输工作的人；第四，在危险物质泄漏或有泄漏之虞时，为进行处置、处理而负责向污染处理设施安排运输工作的人。[③] 在相关的司法实践中，法官们根据实际的需要，进一步扩大了潜在责任主体的范围。从相关的法院判例来看，“潜在责任者”还包括：第一，原设施的所有人或营运人；第二，进行污染物处理相关决策的公司负责人员；第三，曾经的污染物处理设施所在地的当前所有者；第四，危险物质的场地外生产者。[④] 由此可以看出，《超级基金法案》所规定的责任主体范围极其广泛，既有与污染直接有关的当时土地的所有人、污染处置者，也有与污染并无直接关联的当前土地的所有人、相邻土地所有人等。很明显的是，这两类责任主体对污染产生所起的作用大不相同，所应承担的责任也不应相同，但由于《超级基金法案》所规定的无限连带责

---

① EPA, Laws, Policy and Guidance. http://www.epa.gov/superfund/policy/index.htm, 2015年5月24日访问。

② EPA, Summary of the Comprehensive Environmental Response, Compensation, and Liability Act (Superfund), http://www.epa.gov/laws-regulations/summary-comprehensive-environmental-response-compensation-and-liability-act, 2015年6月1日访问。

③ 李静云：《土壤污染防治立法：国际经验与中国探索》，中国环境出版社2013年版，第22页。

④ 王曦：《美国环境法概论》，武汉大学出版社1992年版，第379页。

任，美国环境保护署可以要求任意责任主体承担责任，两者的责任区别并未得到充分的体现，不符合环境法中的“谁污染谁付费”原则，与环境正义背道而驰。同时，由于承接“棕色地块”可能使新的所有者或开发者成为“潜在责任人”，成本难以收回反而要承担极为严格的法律责任，使“棕色地块”成了无人敢接的烫手山芋，这反而使“棕色地块”越来越难以得到治理，相关问题越来越严重，与原先的立法目的背道而驰。针对此种情况，美国于2002年1月制定了《小规模企业责任减轻和棕色地块再利用法》，来对原《超级基金法案》中的不合理要素进行修正，免除或减轻了包括中小企业在内的一部分主体的责任，具体包括以下几种情形：

其一，有害废弃物的生产者、运输者安排处理、处置或运输的包含有害物质的材料达到一定条件，即相关处理、处置及运输行为发生于2001年4月1日之前，并且废弃物的数量达到一定的标准，具体而言就是固态废弃物少于200磅、液态废弃物少于110加仑，在这种情况下，相关责任主体无须承担《超级基金法案》所规定的法律责任，并且政府官员可以根据实际情况对这个标准进行适当调整。另外，在承担被列入“国家优先控制清单”的污染场地的污染治理与环境修复工作时，上述责任主体无须承担《超级基金法案》所规定的法律责任。这大大减轻了严重污染场地主体的责任与负担，有助于提高各方主体参与污染场地治理与“棕色地块”再开发利用工作的积极性，有助于提高“棕色地块”问题解决的效率。

其二，由于相邻土地的污染物而造成自身土地污染的，被污染土地的所有者与管理者不需要承担责任。当然，免责主体不得是污染的排放者，也不得是上文所提及的“潜在责任主体”。此免责条款区分了污染责任的大小与承担方式的不同，符合环境正义的要求。

其三，城市固体废弃物的处分权人，在符合一定法定条件的前提下，可以免除其由《超级基金法案》所规定的本应承担的责任。可以获得免责的主体主要有三类：第一，相关部门根据《超级基金法案》追究其法律责任的通知到达之日的前3年里，平均雇员不超过100名或者符合美国《中小企业法》规定的从事“小规模商事活动”的企业；第二，相关部门根据《超级基金法案》追究其法律责任的通知到达之日的前3年里，平均雇员不超过100名并且符合美国《国内税收法典》第501节（c）（3）相关规定的非营利机构；第三，居住设施的所有者、经营者或者承租人。

总体来说，《小规模企业责任减轻和棕色地块再利用法》对原先的《超级基金法案》作了诸多有益调整，有效区分了不同责任主体的责任大小，使得部分对污染的责任很小或与污染产生无直接联系的“潜在责任人”的负担大大减轻，更符合公平原则。同时，这些缓和或减轻“严格责任”的做法也保障了“棕色地块”再开发利用者的经济利益，活跃了“棕色地块”的交易及再开发活动，有利于相关问题的高效解决。另外，《小规模企业责任减轻和棕色地块再利用法》也加强了各州政府在“棕色地块”再利用问题上的作用。一方面，联邦政府加大了对州政府在相关问题上的资金支持，使得州政府能够加大对解决问题的经济投入；另一方面，州政府在土壤污染问题上获得了更大的管辖权限与范围，主动权获得加强，在处理相关问题时能根据实际情况作出更明智的决断。

另外，美国在其他领域中也制定了一系列与土壤污染防治有关的单行法，诸如《清洁水法》《安全饮用水法》《联邦杀虫剂、杀真菌剂和杀鼠剂法》，这些法律在某些层面上都与以《超级基金法案》为中心的土壤污染防治专门性法规相互呼应、相互配合，共同构成了美国土壤污染防治法律体系。

三、基本制度

《超级基金法案》及其相关修正案和配套法律法规之所以能获得巨大的成果，与其所建立的一系列制度是分不开的。这些制度是组成美国土壤污染防治法律体系的基础，也是相关法律规范得以实施的保障。这些基本制度包括：

（一）超级基金制度

超级基金，是一种被用来清理土壤污染物与土壤环境恢复的美国联邦资金，其主要目的在于：在无法确定责任主体，或是责任主体已经确定却无力或不愿承担责任时，建立一个快速的反应机制，及时地划出资金用于污染场地的治理，防止因责任主体不明而使污染治理工作受到阻碍，造成不必要的环境损失。在这之后，超级基金将获得相应的代位权，可以随时向任一责任主体追索。

超级基金的初始资金为16亿美元，在这之中，对石油及化工企业的专门性税收占了绝大部分，有13.8亿美元，另外的2.2亿美元来自联邦财政支出。1996年，随着《超级基金法案》的修改，超级基金的数额也得到扩大，总数增加到85亿美元。其中，27.5亿美元来自联邦普通税，占超级基金的比例最大；另外，25亿美元来自年收入在200万美元以上的企业附加税，3亿美元来自超级基金本身的利息，3 亿美元来自从责任主体处追回的款项。[①] 虽然基金的总额并不少，但相对于庞大的资金缺口而言仍是杯水车薪，这部分内容将在下文中详细分析，此处不作赘述。

超级基金由两部分组成：有害物质反应基金和宣告关闭责任基金。其中，有害物质反应基金主要用于以下几个方面：第一，政府要求或其他个人要求所必需的反应费用；第二，任何自然环境遭到破坏或损失所产生的费用，包括相关评估费用；[②] 第三，联邦或州政府因对被破坏的自然环境的治理与恢复而产生的费用；第四，预防相似污染事件再次发生而产生的费用；第五，对环境污染受害者的登记、检查和其他相关研究行为而产生的费用；第六，对相关设备的必要支出；第七，保护反应行动的雇员健康与安全而进行的支出。[③] 有害物质反应基金主要被用于清除根据《资源保护和回收法》而合理关闭的设施上的有害物质。

（二）严格责任制度

《超级基金法案》及其相关法律所规定的法律责任是严格、连带、无限并且有溯及力的责任。首先，土壤环境法律责任不需要责任主体有过错，只要责任主体对土壤环境造成了损害或有损害之虞，那么责任主体就应当承担责任。其次，这种责任是连带责任，即任何责任主体都有被要求承担法律责任的可能。当然，对于超出其应承担范围的部分，责任主体可向其他责任人追索。再次，《超级基金法案》规定的法律责任是无限责任，不会受到责任主体的有限责任制组织形式的干扰，即当责任主体为法人等有限责任主体时，相关法律责任不仅涉及主体本身，还可能涉及其他参股或控股的组织或个人。最后，这种责任有溯及力，即使某些污染排放行为并不违反排放当时的相关法律，但假如之后制定的法律将这些排放行为规定为违法，那么相关部门仍可以对法律制定前发生的这些行为进行责任追究。

可以看出的是，美国土壤污染法律中的责任制度更注重对利益受损者与环境的保护，在一定程度上有利于治理修复工作的进行并起到一定的威慑作用。但其过于严格的责任制度有无限扩大责任主体范围之嫌，同时其溯及力

---

① 李静云：《土壤污染防治立法：国际经验与中国探索》，中国环境出版社 2013 年版，第 8 页。

② 段春霞、孟春阳：《关于美国治理污染土地超级基金制度的若干思考》，载《农业考古》2009 年 6 月刊。

③ 段春霞、孟春阳：《关于美国治理污染土地超级基金制度的若干思考》，载《农业考古》2009 年 6 月刊。

也使得排放行为主体在对自身行为后果的预测上出现困难，这不仅有悖于公正原则，而且使得潜在的购买人与治理者因畏惧可能的法律责任而不敢接手“棕色地块”，造成“棕色地块”治理日益艰难的情况。

相对于严格的法律责任，《超级基金法案》所规定的免责要件略显单薄，仅在《超级基金法案》第107条（b）中规定了三种免责事由：不可抗力；战争；不属于被告雇员或代理人的第三人，或是与被告存在合同关系的第三人的作为或不作为。这三种免责事由可以单独存在，也可以混合存在。并且，《超级基金法案》还明确规定了这些免责事由的独特重要地位，即当危险物质泄漏或有泄漏之虞时，无论是否存在其他相关法律规定，当事人都只能引用《超级基金法案》第107条中的相关免责事由进行抗辩。虽然原则上仍有其他的抗辩事由，如程序法上的抗辩或是《超级基金法案》本身的违宪性，但相关抗辩的成功案例很少。①

（三）土壤污染调查与评估制度

“棕色地块”的再开发与利用是一个复杂的过程，包含了诸多程序与步骤，其中土壤污染的调查与相应的风险评估是最基础的步骤。它们是确定污染场地、污染源并对污染场地进行风险评估的制度，是基础信息的来源。

土壤污染调查分为预备调查阶段与现场调查阶段。预备调查是判定污染的可能性，一般不会进行严谨的实验室分析，其所采用的手段通常是查阅现有的历史记录以确定场地是否已被污染，若被污染又是否能被再开发利用。现场调查以预备调查为基础，对于在预备调查中已被确认存在污染的土地，开展严谨而详细的科学检测。其主要使用的是实验室手段，用抽样的方式检测相关地域内土壤、大气、地下水等自然要素中的污染物水平，为土壤污染的风险评估提供数据与资料。

土壤污染风险评估以土壤污染调查为基础，对污染场地进行评分，以确定其危险程度。确定土壤污染风险的系统被称为“危险评级系统”，在现场调查中被确定的有关数据在此系统中被赋予一定的数值，并被代入特定的算法中，通过系统计算出场地的危险系数。

（四）土壤污染信息管理制度

土壤污染信息管理制度主要包括三个部分：国家优先控制清单，综合环境反应、责任与赔偿信息系统，公众信息公开制度。

---

① 李静云：《土壤污染防治立法：国际经验与中国探索》，中国环境出版社2013年版，第24页。

国家优先控制清单，顾名思义，即国家需要优先治理与恢复的污染土地名录。国家优先控制清单以土壤污染调查与风险评估的结果为基础，收录了污染极为严重或因有其他重要原因而需优先处理的污染土地。进入国家优先控制清单的土地主要有四类：一是在土壤污染风险评估过程中得分超过 28.5 分的污染场地，应当被记入国家优先控制清单；二是风险评分未达到 28.5 分，但场地上所排放的污染物质与美国毒物与疾病登记署根据《超级基金法案》确认的对人体有重大危害的有毒物质相似，此时应根据美国毒物与疾病登记署的建议，将相关场址记入国家优先控制清单；三是风险评分未达到 28.5 分，但由于会对社会或自然利益带来重大损害而被州政府指定的污染土地（州政府有权指定一处符合条件的场址进入国家优先控制清单）；四是美国环境保护署认为有必要进行优先处理的场址。

综合环境反应、责任与赔偿信息系统是美国环境保护署建立的信息数据管理系统，其主要职责为收集、管理污染场地的信息并对污染场地的治理情况进行跟踪。其信息来源主要有以下六种：一是土壤污染调查的结果；二是美国各级政府所实施的环境保护项目中所收集的信息；三是美国联邦与州政府的监测报告以及企业的自我监测报告；四是从全国应急反应中心的 24 小时热线中得到的信息；五是造成泄漏的责任主体发出的通告；六是公民举报。早期进入综合环境反应、责任与赔偿信息系统的污染场址将长期存在于系统中，这给日后的土地交易带来了不必要的麻烦，因为很少有开发商或是居住者愿意接受这样的土地。因此，环境保护署在 1995 年后采用了新标准，将已经修复完成，“无须由超级基金采取进一步相应行动计划”的土地从系统中移除，防止其对场地的再开发与再利用带来的麻烦。

公众信息公开制度是让社区居民参与“棕色地块”再开发与再利用的前提，有利于公众对相关工作的接受，降低修复工作的社会政治成本，将环境修复与社区居民的社会经济福利更好地统一起来，包括制订社区计划书、设立资料阅览室、提供行政记录等多种行为。可以说，公众信息公开制度是“棕色地块”再开发与再利用项目成功的一个保障。

（五）经济援助制度

经济援助制度是“棕色地块”治理活动的重要助力，主要指的是“棕色地块”计划赞助者通过经济资助策略为“棕色地块”的修复与再利用提供援助，主要体现在股权投资、“棕色地块”治理循环贷款基金示范点、税收等方面。

四、实施缺陷

以《超级基金法案》为主体的美国土壤污染防治法律体系在实施过程中获得了巨大的成果，使美国成为世界上土壤污染防治工作最出色的国家之一。但不可否认的是，这种体系也有其自身的缺陷。

首先，《超级基金法案》所规定的、严格的、有溯及力的责任制度有违法律的公平正义原则。众所周知，“谁污染谁付费”是环境法中一条极为重要的原则，构成了环境正义的基础。而严格责任制度所包含的责任主体有很大一部分与污染的产生并无关联，却要与污染的制造者或运输者承担相同的法律责任，这显然是不合理的。另外，在当代的法律理论中，有溯及力的法律是有失公允的，因为这种溯及力违反了注意与预测原则，行为人并无预测到自身行为会产生重大不利后果的可能。因此，在现代法律体系中，将溯及力原则运用于《超级基金法案》这样可能会给责任人带来重大不利后果的法律是有违公正原则的，无论这种做法的出发点或达到的效果有多好，其有悖于公正原则的事实不会改变。

其次，严格、连带、无限并且具有溯及力的责任制度使得“棕色地块”的再开发与再利用受到阻碍。由于这种责任制度的存在，很少有开发商敢于冒花巨额资金清理与恢复污染场地，还要随时应对可能的环境侵权索赔的风险，去购买或清理这些污染地块。他们更希望的是加大对城郊新土地的开发力度，以降低其开发成本，这使“棕色地块”的治理变得越发艰难。虽然美国通过了专门针对这种情况的《小规模企业责任减轻和棕色地块再利用法》，但在严格的责任制度下，开发商面对的法律压力并未得到显著减轻，沉重的负担与巨大的风险仍使他们对“棕色地块”望而却步。

再次，美国土壤污染防治工作采用的是集中领导体制，由美国环境保护署起核心领导作用，并对超级基金全权负责与管理。在超级基金运行过程中，只要环境保护署宣布某企业是“潜在责任方”，就可以命令其清除指定污染地块上的污染，而不需要确认该企业是污染排放者，也不需要宣布企业违反了什么法律。环境保护署的集中权力使其不用考虑成本，其使用超级基金的浪费便十分严重，至少有一半的资金被用于行政管理与其他支出，而非用于污染场地的修复。[①]

---

① 段春霞、孟春阳：《关于美国治理污染土地超级基金制度的若干思考》，载《农业考古》2009年6月刊。

最后，超级基金的资金缺口仍然很大。土壤污染由于其自身的特性，治理的成本与周期是惊人的。根据实践经验，要净化一个面积为10公顷的厂房用地需要3000万到5000万美元的资金投入，并且需要15年的净化时间，巨大的成本使得超级基金捉襟见肘。目前，仅环境保护署所认定的必须得到净化的土地就有1245处，要完全净化所需的资金将超过500亿美元。这已经大大超过了超级基金的总额，它已经无法满足污染场地治理的需求。

第三节 日本土壤污染防治经验

日本是世界上较早对土壤污染进行专门立法的国家，也是土壤污染防治法律体系较为完善的国家。日本得以从明治维新开始的严重土壤污染困境中解脱出来，从一个"公害先进国"成功转变为一个"公害防治先进国"，其完善的土壤污染防治法律体系发挥了重大作用。

一、立法背景与过程

日本与土壤环境污染相关的法律众多，笔者在本章中主要讨论的是日本土壤污染防治法律的基本制度及其不足之处，因此没有必要对每一部相关法律都进行列举与分析。日本专门的也是最重要的土壤污染防治法律有两部：1970年的《农业用地土壤污染防治法》与2002年的《土壤污染对策法》。这也是本小节将进行主要讨论的两部法律。

日本进行严格的土壤环境保护立法首先是以其稀缺的土地资源为背景的。众所周知，日本是一个岛国，土地面积狭小而人口众多，是典型的人口拥挤型国家。日本的国土面积大约为37.8万平方公里，人口大约为1.26亿人，人均占地面积大约为3000平方米，而世界人均国土面积大约为25000平方米。可以看出，日本的土地资源极为缺乏，土地也是日本的稀缺资源之一。因此，日本进行土壤污染防治立法与其自然地理背景密切相关。

日本的土壤环境污染主要出现在明治维新开始之后。明治维新时期，为了尽快发展自身工业，日本建立了大量的矿场，并开凿了大量的矿山来为发展重工业提供原材料。但过于强调发展速度导致发展质量受到制约，而国家并未及时颁布相应的环境保护规章制度，这使矿厂与矿山排放污染物质的行为并未得到有效的规范，周边与河流下游的土地受损严重，日本人民的生命健康受到了极大的危害。在相关的公害事件中，受关注度与重要性最高的是19世纪90年代的足尾铜山矿毒事件与20世纪50年代因神通川流域镉污染而引发的富山痛痛病事件。其中，足尾铜山矿毒事件是日本土壤污染公害事件的开端，在当时造成了巨大的影响，甚至惊动了天皇。但由于当时日本把全国的精力都集中在发展国力上，这件事并未得到有效解决。日本土壤污染防治法律体系真正开始建立是以痛痛病事件为标志的。在1968年日本官方终于确认痛痛病的起因是受害者食用了受矿毒污染而镉含量超标的大米后，政府修订了《食品、添加物等的规格标准》法案，明确规定了大米中镉含量的标准，而这也是日本第一部与土壤污染防治有直接关联的法案。然而，这一系列土壤污染公害事件并未使日本政府完全意识到土壤污染的严重性和对土壤污染防治进行专门立法的紧迫性，因为之前发生的一系列公害事件虽然都与土壤污染密切相关，但土壤在大多数情况下都充当了一个间接的污染传播渠道，主要的传播渠道仍然是大气与水。日本政府认为，只要能处理好这些主要的污染转移渠道，土壤污染自然能够得到治理，因此，在1967年通过并实施的《公害对策基本法》中，“公害”被明确规定为大气污染、水质污浊、噪声、振动、地面下沉以及恶臭，土壤污染并不在“公害”的定义之列。[①] 这种方法虽然简单，但其缺陷也是明显的。20世纪70年代之后，日本又爆发了福岛县磐梯町、东京都府中市等地的镉污染米事件，新宿区牛入柳区等地的铅公害事件等新型公害，[②] 污染情形十分严峻。公害已不仅是环境问题，也演变为重大的政治问题。在这种情况下，为了弥补之前法律体系上的漏洞，尽快解决由于土壤污染而带来的环境、社会与政治问题，日本于1970年修改了《公害对策基本法》，将土壤污染列为“公害”的一部分。同时，将之前饱受诟病的“经济调和”条款从《公害对策基本法》中剔除出去，不再认为环境保护必须与经济发展绑在一起，而把它作为一个独立的领域来看待。这些立法举措使得日本土壤污染防治法律体系的发展逐渐走上正轨。此外，作为《公害对策基本法》的具体实施法律——《农业用地土壤污染防治法》在1970年得以通过，这也是日本第一部土壤污染防治方面的专门性法律，确立了农业用地土壤污染对策区域制度、土壤污染对策计划制度等一系列土壤污染防治基本制度，成为日本土壤污染防治立法发展的里程碑。同年，为了解决实施土壤污染对策计划的费用负担问题，日本将《公害防治事业费事业者负担法》作为补充性法律，明确规定为防治公害而从事公害防治活动的事业

---

① 罗丽：《日本土壤环境保护立法研究》，载《上海大学学报》（社会科学版）2013年第2期。

② 罗丽：《日本土壤环境保护立法研究》，载《上海大学学报》（社会科学版）2013年第2期。

者应承担部分或全部费用，澄清了费用承担问题。①

然而，《农业用地土壤污染防治法》只对农业用地的土壤污染进行了规范，并未涵盖城市，这种规范显然是片面的。尤其是20世纪70年代之后，日本的城市土地污染问题日益突出，成为农业土壤污染之后的又一大土壤污染类型。正是在这种状况下，《土壤污染对策法》应运而生，其立法背景主要有以下几个方面：

（一）社会背景

20世纪70年代之后，发生了多起与城市土壤污染有关的公害事件，如1975年所发生的东京都江东区化学工厂废墟六价铬污染土壤事件，以及1982年发生的国家试验研究机关迁址废墟检测出水银等有毒物质污染事件。② 这些事件的频繁发生给相关者的生命健康、经济利益以及社会声望等造成了巨大的损失，也给整个日本社会带来了不小的恐慌，造成了较为严重的社会问题。

（二）经济背景

日本在20世纪90年代遭遇了重大的经济危机，自从1991年4月日本"经济泡沫"破裂之后，日本的经济陷入了持续的低谷。同时，日本政府的财政状况持续恶化。为了应对严峻的经济形势，日本政府采用减税的财政政策来刺激经济，这非但没有产生预期效果，反而大大减少了日本政府的财政收入，使日本政府面临严重的财政短缺。同时，银行由于大量不良债权的存在，难以扩大信贷规模以刺激经济的发展。可以说，日本所面临的严峻经济形势是空前的，采取必要而强有力的措施刺激经济以尽快走出经济萧条的阴影，是整个日本面临的课题。在这种情况下，有两个迫在眉睫的问题需要解决：其一，必须尽快吸引足够的外资，为国家经济的恢复提供必要的血液；其二，必须尽快帮助银行摆脱糟糕的金融状况，让信贷活动重新走上正轨。为了吸引更多的外资，提供一个清洁的企业经营环境是不可缺少的要素，这就要求日本加快治理城市土地污染，帮助并督促日本本土企业做好环境清洁以及破产企业的土壤污染治理工作，以使外资能够更放心地在日本投资设厂。另外，土地抵押在日本是最重要的不动产抵押方式，也是被日本银行界普遍认可的安全且有利于资产保值的抵押方式。但这种看法正受到土壤污染的严重挑战。

---

① 罗丽：《日本土壤环境保护立法研究》，载《上海大学学报》（社会科学版）2013年第2期。

② 罗丽：《日本土壤环境保护立法研究》，载《上海大学学报》（社会科学版）2013年第2期。

有不少被抵押的土地由于污染而价值严重减损，甚至有些由于污染极其严重而被认定为“零价值”，给银行造成了巨大的损失，并对其抵押担保造成了巨大的威胁。由于没有专门的法律规定被抵押的土地因污染而引发的价值减损究竟该由谁来承担，也未规定对被抵押土地的污染治理活动究竟是谁的职责，银行陷入了巨大的风险与恐慌之中，抵押担保与信贷活动受到冲击，严重影响了经济的复苏。由此可见，制定一部新的、更全面的、覆盖农业用地与城市用地的土壤污染防治法律刻不容缓。①

（三）政治背景

只要是自上而下的上层建筑的变动，必然有其政治的因素，《土壤污染对策法》的制定也不例外。频繁发生的城市土壤污染公害事件在民众中产生了巨大的社会影响，这些社会影响又在政治领域产生了巨大的影响力。民众要求治理土壤环境污染的呼声越来越高，相关的利害关系人汇成了一股巨大的政治力量，对日本政府的决策产生了强大的影响。同时，政治家也不约而同地将对土壤环境污染的治理作为竞选纲领的重要组成部分，更加强化了民众对治理土壤环境污染紧迫程度的认识，在客观上对推动《土壤污染对策法》的通过起到了重要作用。

二、相关法律

如上文所述，日本土壤环境保护法律体系是一个庞大而复杂的整体，由众多法律法规组成。其中的专门性法律有两部：《农业用地土壤污染防治法》与《土壤污染对策法》。本小节也将主要围绕这两部法律展开。

《农业用地土壤污染防治法》作为日本第一部专门性的土壤污染防治法律，其立法目的为：预防与治理农业用地被特定污染物质污染，并且合理恢复与使用已被污染的农业用地，防止其产出的农畜产品对人体造成损害；治理已被污染的农业用地，防止污染物阻碍农产品的生长，以保护环境与国民的食品安全。②

《农业用地土壤污染防治法》所指的“特定污染物”主要有三种：镉、铜、砷。可以很明显地看出这种规定的实际性：日本早期的农用地土壤污染

① 李静云：《土壤污染防治立法：国际经验与中国探索》，中国环境出版社 2013 年版，第 117 页。

② 李静云：《土壤污染防治立法：国际经验与中国探索》，中国环境出版社 2013 年版，第 114~115 页。

公害事件中的绝大部分与这三种物质密切相关。结合《农业用地土壤污染防治法》的立法目的，可以将这些“特定污染物”分为两类：一类是通过被污染土地产出的农畜产品对人的身体健康造成损害的污染物质；另一类是阻碍农作物生长的污染物质。可以说，具体制度与宏观立法目的做到了精确结合。为了掌握土壤污染的情况，确定被污染土地的各类参数，《农业用地土壤污染防治法》规定了对污染土地的调查与监督制度，其具体措施包括：

（一）确定污染区域

确定被污染农业用地的区域范围是日本各都、道、府、县知事的职责。如果在对其管辖范围内的农用地土壤及农畜作物中的污染物质调查后，确认该范围内的农用地土壤含有的有害物质已经影响或显然会影响农作物的生长，或者确认其管辖区域内的农业用地生产的农畜作物可能会损害人的健康，那么都、道、府、县知事有权力指定其为“农业用地土壤污染对策区域”，为下一步的清洁工作做准备。但在指定时，都、道、府、县知事应当听取下属市、町、镇、村升官的建议，并且咨询都、道、府、县的环境审议会。

（二）制订农用地土壤污染对策计划

都、道、府、县知事在确认“农业用地土壤污染对策区域”之后，必须制订农业用地土壤污染对策计划，包含以下几个方面：其一，在对污染土地的污染物分布调查结果的基础上，对被污染土地以可利用的范围为基准进行划分，并以划分的结果制订利用计划。其二，防止被污染农用地基础设施的设置、管理、变更，以及为除去土壤中有害物质而开展的客土事业和为合理利用被污染土地而进行的土地名目变更事业等。[①] 其三，对相关污染土地的调查检测活动。其四，其他相关事项。

（三）设置相关污染物排放标准

都、道、府、县知事可以根据其管辖范围内农业用地的有害物质种类、污染程度以及其所制订的对策计划内容，确定相应的污染物排放标准。一般来讲，为了更好地控制管辖土地上的土壤污染，都、道、府、县知事制定的污染物排放标准会比国家的一般标准更为严格。

（四）对特定污染土地的利用进行限制

对于“农业用地土壤污染对策区域”内由于会给人生命健康带来损害而不适宜继续进行农业活动的土地，都、道、府、县知事可以指定其为“特别

① 李静云：《土壤污染防治立法：国际经验与中国探索》，中国环境出版社 2013 年版，第 116 页。

区域”并宣布此区域不适宜进行农业活动，还可以对依然在这些区域内进行农业活动的人发出相应的行政劝告。

（五）进行监视与调查

为了更好地掌握管辖范围内农业用地的污染状况，防止污染的进一步恶化，同时也为治理与恢复行动做准备，都、道、府、县知事必须对管辖范围内土地的污染状况进行监测，并将结果公之于众。

《土壤污染对策法》是为了应对《农业用地土壤污染防治法》的不足而制定的另一部土壤污染防治专门性法律，其立法目的比较特殊，主要是治理与修复已经被污染的土地，而非对土壤污染进行预防，这从法律的名称上就可以看出（是“对策法”而非“防治法”）。这样做是有原因的：根据日本于2002年进行的对1082件发生在各地的土壤污染事件的统计分析，除去无法找到确切发生原因的505个案例外，剩余的577个案例中有525个与液态污染物质的泄漏有关。换句话说，在能够查明污染原因的土壤污染事件中，有超过90%的案例与水污染直接相关，水质污染是土壤污染产生的最重要的原因。因此，日本立法者认为，对土壤污染进行预防应当是《水质污染防治法》的工作，在新的土壤污染防治的专门性法律中没必要进行重复规定，因此《土壤污染对策法》的工作重心是污染场地的治理与修复，预防工作并非其意图规范的内容。

当然，除了《农业用地土壤污染防治法》与《土壤污染对策法》两部专门性的土壤污染防治法律，日本还有诸多与土壤污染防治相关的单行法，如《水质污染防治法》《废弃物处理和清扫法》《重金属等的土壤污染调查和对策指南》《有机氯化合物等土壤、地下水污染调查、对策指南》《土壤、地下水污染的调查、对策指南》《土壤、地下水污染的调查、对策指南用标准》《二噁英类对策特别措施法》，以及日本在“3·11”大地震后为了应对核泄漏事故而制定的一系列相关法律法规，如《应对伴随2011年3月11日发生的东北地区太平洋地震发生的原子能发电站事故所泄漏的放射性物质污染环境的特别措施法》。[①] 这些法律以及日本环境保护领域的基本法《环境基本法》与专门性的土壤污染防治法律相互配合、相互呼应，共同构成了日本完善的土壤污染防治法律体系。

---

① 罗丽：《日本土壤环境保护立法研究》，载《上海大学学报》（社会科学版）2013年第2期。

三、主要制度

日本的土壤环境保护法律在经过近半个世纪的发展后，已经形成了一套较为完善的土壤污染防治法律体系以及与其相配套的法律制度。这些制度为日本土壤环境法律的实施提供了现实保障，是其成功实施的基础所在。基础性的土壤环境保护制度主要有以下几类：

（一）土壤污染调查制度

对土壤污染进行调查以对与污染有关的情况进行尽可能清晰的掌控，是划定污染区域、制订污染对策计划、对污染土地治理与修复的基础。因此，土壤污染调查制度在土壤环境保护制度体系中起基础性作用。

有资格对污染土地进行调查的主要有三类主体：土地所有者、专门机构与行政部门。土地所有者对土地具有法律上的所有权，对其土地当然享有占有、使用、收益、处分的权利，由其来实施调查活动将会减少很多法律上的阻碍。同时，由于土地所有者更熟悉被污染土地的相关情况，再加上法律程序上的便捷，由其展开的调查所需成本较少，能够节约资源。必须指出的是，这里的“所有者”应作广义解读，不仅包括真正具有所有权的人，土地的占有者与使用者也可根据实际情况享有调查主体的地位。同时，有些污染土地的调查涉及专门性的科学技术，或者某些地区法律明文规定只能由有关专门机构展开调查，或者单纯为了保障调查结果的可信度，这时就由依法律专门设立并由环境大臣指定的专门机构进行调查。另外，在日本，政府机关一般不会出面亲自进行调查，除非土壤污染有造成人身健康损害的可能。

土壤污染调查的开展必须符合一定的标准，不然会造成资金的浪费。根据《土壤污染对策法》的规定，当以下 4 种情况出现时，应当开展土壤污染调查工作：其一，土地转换，即当制造、使用或处理特定污染物质的设施或场地被关闭或废弃，或者相关土地发生流转或功能发生转变。其二，有污染之虞，以及相关土地的周边环境显示其有很大的污染可能性。其三，健康损害，即出现的健康损害案例被怀疑与相关土地有关。其四，行政命令，即都、道、府、县知事怀疑土地存在污染并可能对人体健康造成损害。

在调查完成之后，调查人员应当在 120 天之内将调查报告提交给各都、道、府、县知事，如有特殊情况可以对期限加以延长。[①] 在调查义务人申请

① 李静云：《土壤污染防治立法：国际经验与中国探索》，中国环境出版社 2013 年版，第 132 页。

后，都、道、府、县知事经过确认将调查结果予以登记和公示，如认为有误，可以发布行政命令要求重新调查。对于调查结果，如未发现污染，则应按照普通的土地予以对待；如果之前已经将其划入对策区域，在确认无污染后应将其排除，以防止不必要的损害。如发现存在污染，则应将相应土地指定为对策区域，由都、道、府、县知事公示并制订相应的对策计划。

另外，日本对一切妨害土壤污染调查行为的惩罚都很严厉。《农业用地土壤污染防治法》就规定了对妨害调查的违法行为的处罚措施，并且对虚假报告和隐瞒不报都规定了相应的处罚。这些规范有利于震慑妄图妨害相关调查的人，从客观上推动了日本土壤污染调查的顺利展开。

（二）台账制度

台账制度是日本土壤环境信息公开制度的重要组成部分，是通过将与土壤污染相关的情况公开，以保障公民的知情权，进而保护公民的生命健康，并提高公民对土壤污染防治事业认同感与支持度的重要制度。如前文所述，在土壤污染调查后，都、道、府、县知事确认调查的结果并将受污染的土地指定为对策区域。同时，应当制定记录污染土地等级与其污染状况的登记簿册，以更好地掌握污染状况的变化，并将簿册内容公示以保障公众的知情权、健康权与其他权益。这种记载污染土地状况并予以公示的簿册，就是台账。台账是完全公开透明的，除非有正当的理由，公众要求阅览台账的要求不得被拒绝。而“正当理由”主要是指台账出现被编纂、修改或处于其他类似的不适宜被阅览的情况。

台账的内容主要应该包括：第一，指定污染区域的所在地；第二，指定污染区域的概况；第三，土壤污染的状况；第四，在污染土地上进行的治理与恢复措施的实施情况；第五，与污染土地有关的其他状况。① 当台账中记载的事项在现实中发生变更时，台账也应作出相应的改动，以防止对阅览者产生误导。当某地块上的污染由于治理措施而被清除，土地的相关标准已达到法律规定，相应对策区域已被解除时，与此土地相关的记录应从台账中移除，② 以防止对土地的使用与流转造成不必要的麻烦。对于已经实施了清理与恢复措施但仍达不到相应标准的污染土地，其台账应被区分保管。③

台账制度不仅以公示的方式保障公民的知情权，其实际意义远大于此。

---

① 《土壤污染对策法》第 20 条第 1 项。

② 《土壤污染对策法》第 20 条第 7 项。

③ 《土壤污染对策法》第 20 条第 3 项。

首先，台账制度是一种土壤污染信息的管理制度，在台账制度的帮助下，相关信息得到了更充分合理的收集、整理与更新，信息的利用更为方便。其次，信息的整合与公开使污染的清理者能够获得更多的信息，并根据相关的资源设计出更合理高效的治理与恢复方案。再次，信息的公开激励了公民的参与热情，推动了公民对土壤污染的监督，也提升了公民对土壤污染防治事业的认同感，在客观上有利于土壤污染防治工作的高效展开。最后，公开的土壤污染信息使得污染土地的拥有者无法对污染状况进行隐瞒，有效地阻止了污染土地所有者通过不正当手段将土地进行流转以逃避治理责任，有效地保护了土地潜在购买者的利益。总体来说，台账制度使土壤污染治理工作的正当性大大增加。

(三) 经济援助制度

在土壤污染治理时，假如污染产生者并不明确，此时土壤污染治理的成本理应由土地的所有者或使用者承担，因为对污染的治理必定会增加土地的价值，此时由增值的获益者承担治理费用在形式上是符合公平原则的。但仔细思索，新的土地所有人与使用人有极大的可能性在不知情的状况下在污染土地上生活或工作多年，其本身就很有可能是土壤污染的最大受害者，此时再由其来承担污染治理费用，即由受害者承担污染责任，明显有违公正原则。但如果现土地所有人与使用人不承担治理费用，土壤污染的治理又会因为行政成本不足以支撑而无法进行下去。因此，在确认土地所有人与使用人应承担治理相关费用的同时，还要确立土壤污染治理的经济援助制度，以最大限度地减少不公平情况的出现。另外，土壤污染由于其特殊性，治理周期与成本极高，由单独个人的经济实力几乎是无法完成的。因此，制定相应的土壤污染治理经济援助制度势在必行。日本的土壤污染经济援助制度主要由两个部分组成：指定支援法人制度和土壤污染基金制度。

指定支援法人制度是指为了给土壤污染调查或者治理活动提供资金支持，由环境大臣在《日本民法典》第 34 条规定的法人范围内，向在指定区域内从事土壤污染治理工作的组织团体提供资金与业务支持的制度。[①] 其中，提供的业务包括：向未指定区域内土壤污染的调查、治理、清除工作提供相关建议，并进行相关的教育与宣传，增强国民对土壤污染及其危害的理解。

土壤污染基金制度是日本借鉴美欧的经验，为了解决土壤污染治理的巨

① 李静云：《土壤污染防治立法：国际经验与中国探索》，中国环境出版社 2013 年版，第 143 页。

额费用空缺而建立的制度，主要是为那些无过错购入被污染土地，又无能力进行治理的土地所有者与使用者准备的。基金主要由两部分组成：一部分是日本国家预算中的土壤环境保护综合推进费补助金，另一部分是相关组织与个人缴纳的费用。

（四）土壤污染治理制度

在对土壤污染进行调查、确认与记录后，接下来进行的即土壤污染的治理工作。治理的主体一般来说是污染的产生者，这符合“污染者付费”的环境法基本原则。当污染原因无法确定时，治理责任由土地所有者或使用者承担，土地所有者或使用者在承担责任后取得对污染产生者进行追偿的权利。

同时，为了防止在污染治理过程中对土壤产生的二次伤害，治理活动应当遵守以下两个原则：①最优技术原则。土壤污染的治理者应当在允许的范围内采用最佳的技术清理污染、修复土壤，以最大限度地保证治理效率与效果。②维持土壤生态平衡原则。土壤是一个处于微妙平衡的生态环境，这种平衡对依靠土壤生存的各种生命体至关重要。在治理土壤污染时不得以破坏土壤生态平衡为代价，不然会得不偿失。

四、缺陷与不足

日本土壤污染防治法律体系在实践中取得的巨大成就是有目共睹的，但这并不是说这个体系已经完善。事实上，日本土壤污染防治法律体系仍有不小的缺陷。

（一）重治理而轻预防

之前已经提到，日本的两部土壤污染防治专门性法律《农业用地土壤污染防治法》与《土壤污染对策法》，都以土壤污染的调查与治理为主要规范对象，[①] 而预防工作主要由其他多部单行法来规定，这就造成相应的规范庞杂而混乱，并且在有些方面具有缺失。比如，日本对在土地上使用的化学物质的限制性规范存在缺失，并对未尽预防义务的责任分配规定存在缺失。

（二）行政责任的缺失

日本地方的自治性较强，地方政府的行政权力很大。因此，一般来讲，土壤污染事件都由地方政府酌情自行处理，而由土壤污染产生的行政责任也由地方政府自行解决，这与土壤污染防治法律的全国性相悖。日本土壤污染

① 张天泽：《日本农用地土壤污染防治法律制度研究》，江西理工大学 2010 年硕士学位论文。

防治法律中的刑事法律规定十分完善，而行政违法在日本也被包含在“轻罪”中，因此即使行政责任不完善也不构成大碍，但单凭刑事责任仍然难以对违反土壤污染防治法律的行政主体进行有效追究，也难以对相关主体的违法行为进行预防。因此，行政责任的缺失仍可视为日本土壤污染防治法律体系中一个比较严重的缺陷。①

第四节　德国土壤污染防治经验

欧洲是土壤环境保护工作进行得较为出色的地区，而德国是欧洲各国中土壤污染防治体系构建的佼佼者。德国从 20 世纪 70 年代开始构建针对土壤污染的法律体系，从世界范围来看在时间上是偏晚的。但到 21 世纪初时，德国已经构建起以欧盟相关条约和联邦专门性法律法规为核心，以地方性法规、附属法律以及相关政策为补充的较为完善的土壤污染防治法律体系，其发展速度以及获得的成就令人瞩目。

一、立法背景

德国是最早开始进行工业化生产的国家之一，工矿企业长年累月排放的污染物质使得部分土地污染严重，土地污染问题日益突出。经统计，截至 2002 年，德国境内共有疑似污染土地 362000 处，总占地面积大约为 128000 公顷。② 庞大的污染土地面积严重破坏了德国的自然环境，对公民的生命健康造成了严重威胁，阻碍了相关地区的经济社会发展，形成了严重的自然和社会问题。

与此同时，近代以来，包括两次世界大战在内的诸多战争对德国的自然环境造成了严重的破坏和巨大的损失，包括土地在内的大量自然资源在战争中被消耗、破坏或污染，由此产生的结果在战争结束多年后依然对德国人民造成巨大的威胁。

另外，由于社会经济的发展以及生产的进步，诸如垃圾填埋、农药化肥的使用以及转基因作物种植等领域的活动对土壤环境的影响越来越大，亟待

---

① 张天泽：《日本农用土地土壤污染防治法律制度研究》，江西理工大学 2010 年硕士学位论文。

② Risk Assessment for Contaminated Sites in Europe, Land Contamination & Reclamation, 7 (2), 1999.

法律法规的规范与约束。

综上所述，德国产生与发展土壤污染防治法律体系有其现实的需求，是保障人民生命健康、保护土壤资源、促进社会经济发展的必然选择。

二、相关法律及其发展

如前文所述，德国土壤污染防治法律体系主要由四部分组成：德国参与的欧盟相关协议、德国联邦专门性立法、与土壤污染防治相关的附属法律，以及各州政府的相关立法。这些法律相互配合、相互补充，在自身管辖范围内发挥其作用，共同构成德国土壤污染防治法律体系的有机整体。

德国参与的欧盟层面的土壤污染防治立法主要有两部：《欧洲土地宪章》和《阿尔卑斯公约》，它们是欧洲土壤环境保护立法的基础。

《欧洲土地宪章》在1972年由第221次欧洲部长委员会部长代表会议通过，宪章主要强调了以下内容：①土地是一种自然资源的重要性；②土壤是一种有限资源的脆弱性；③土壤环境保护的理念；④土壤资源与污染调查制度以及土壤信息公开制度的重要性；⑤对土壤污染进行行政主导、划分功能区域、效益主导的治理方式；⑥科学技术在土壤保护工作中的重要性。另外，2003年的第840次欧洲部长委员会部长代表会议对《欧洲土地宪章》进行了修改，增添了一些新的内容：①将土地重新定义为陆地生态系统的一部分；②强调了土壤污染预防原则的重要性，并规定了土壤环境保护的目标；③确立了土壤保护的基本原则。《欧洲土地宪章》的内容奠定了德国土壤环境保护领域大部分原则与制度的基础，对德国联邦与各州的相关立法起了至关重要的指导作用，是德国土壤污染防治法律体系的重要基石。

《阿尔卑斯公约》是由阿尔卑斯山脉横贯的奥地利、德国、法国、意大利、列支敦士登、摩纳哥、斯洛文尼亚、瑞士[①]八个欧盟成员国在1991年签订并在1995年生效的，旨在保障阿尔卑斯山地区可持续发展的国际性领土条约。公约将阿尔卑斯山区视为一个超越国界的利益共同区，认为其具有全球性的重要意义，希望通过各缔约国的努力，在保存其自然资源和文化独特性的同时，促进区域社会经济的发展。《阿尔卑斯公约》目前已有八个衍生协议作为其具体的实行措施，而土壤环境保护就是其中的重要组成部分，规定了各缔约国为保护阿尔卑斯山区土地所应承担的责任。作为《阿尔卑斯公约》

---

① 李静云：《土壤污染防治立法：国际经验与中国探索》，中国环境出版社2013年版，第59页。

的缔约国之一，德国理所当然要承担起保护阿尔卑斯山区土地的责任，这为德国制定自身的土壤污染防治法律带来了诸多实践经验。

德国国内的土壤环境保护立法是从各州发展起来的。由于 1972 年之前的德国基本法并未将环境保护的立法权明确授予联邦，因此相关的立法权一般由各州掌握，而隶属于环境法的土壤环境保护法的立法权当然也由各州掌握。在州一级制定的土壤污染防治法律法规中，比较有代表性的是巴登符腾堡州制定的《巴登符腾堡州土壤保护法》《污染场地处置法》以及黑森州制定的《黑森州废弃物法》等。这些地方性土壤污染防治法规，在中央性质的联邦相关法规未制定时，为地方各州政府预防与治理土壤污染提供了法律依据，使得地方政府在中央法律缺位时不至于束手无策，有效防止了土壤污染因法律缺失乘虚而入的情形。同时，地方性法规的制定与实践也给联邦相关法律的制定提供了很好的参照，使得联邦相关法律在制定时更符合实际情况。当然，由各州自主制定土壤污染防治法律也会带来一系列的问题，如难以确定全国性的土壤污染标准、跨行政区域的土壤污染事件的准据法适用问题等。针对这些问题，德国于 1974 年颁布了《联邦污染控制法》，消除了联邦与州在环境保护立法方面的分裂状态，使得之后联邦立法与各州立法相互联系、相互补充，并形成一个统一的土壤污染防治法律体系成为可能。

德国联邦的专门性土壤污染防治法律主要是 1998 年的《联邦土壤保护法》和作为实施此法律具体实行方案于 1999 颁布的《联邦土壤保护与污染地条例》，以及旨在建立统一土壤评价基础以及信息系统的《土壤评价法》。

《联邦土壤保护法》将“污染场地”定义为用来处理废弃物的设施或其废弃地，如倒闭的垃圾处理厂或其他用于垃圾存放、掩埋、处理的场地。另外，会对土地造成不良影响、损害个人以及公众利益进而阻碍社会经济发展的工业遗迹地也被包含进“污染场地”的范畴中。[①]《联邦土壤保护法》的目的在于：恢复土壤的自然生态功能，保障土壤的可持续发展。

《联邦土壤保护法》由五章组成。其中，第一章为总则，主要规定了立法目的、适用范围、该法案中各概念的定义等基础性内容。第二章为原则与义务，重点强调以预防为主的土壤污染防治原则以及相关责任人修复被污染土地的义务。同时，该章还对土壤物质参数值、风险评估和调查命令等进行了规定。第三章是对污染场地的补充性规定，主要就污染场地的识别、对污染

---

① Germany—Federal Soil Protection Act (17 March 1998) in Contamination cleanup & remediation, Law.

场地调查和修复的计划，以及企业和相关部门的监察等内容进行了规定。[①] 同时，该章还规定了可以将特定土地怀疑为污染土地的几种情形：①在废弃的工业厂址中，距离污染物质的清理已经经过了一段较长的时期，或者污染物质的数量较多，又或者在清理处置时发现该厂址的土地中有重要污染物质的输入。②在废弃的垃圾处理点，有证据表明垃圾并未得到合理的运输、掩埋或其他处置。[②] 第四章为农业土地利用的规定，主要阐述了“良好农业”利用土壤时所应遵守的规则，以及“良好农业”的具体表现。第五章为最终条款，主要规定了专家与调查机构、国防的特殊规定、费用的承担方式、罚款的有关方式等内容。

《联邦土壤保护与污染地条例》是《联邦土壤保护法》的具体实行性法规，它主要规定了疑似污染场地的调查取证、对有发生污染的风险并向不利方向转化的土地污染预防，以及对污染土地的清理与整治。同时，该法规还对四项具体的实施措施进行了规定，分别为：①对已受污染、疑似污染以及因其他原因而发生土壤退化的土地的取样分析方法以及可靠性保障的规定。②规定了土壤污染风险评估制度的评价标准，包括启动值、行动值以及风险预防值，并且规定了允许的附加污染额度。③对已发生损害的污染土地进行的调查以及补救计划具体要求的相关规定。④调查因水土流失而产生不利变化的土地时的具体要求，以及运用水土流失模型等相关技术对水土流失进行预防。[③]

2007 年德国联邦议院通过了《土壤评价法》，并于 2008 年正式生效。如前文所述，其目的在于从税收的角度建立对农业用地评价的统一基础，并建立一个相应的土壤信息系统以加强对土壤的保护。[④] 同时，为了保障其实施，德国于 2012 年通过了《土壤评价实施条例》，作为《土壤评价法》的具体实施法律，为具体司法实践提供了指导。

在专门性的土壤污染防治立法之外，德国还制定了一系列与土壤污染防治相关的附属性法律与单行法律，如《循环经济与废弃物管理法》《肥料法》

---

① 罗丽、袁泉：《德国土壤环境保护立法研究》，载《武汉理工大学学报》2013 年第 6 期。

② 韩梅：《德国土壤环境保护立法及其借鉴》，载《法治与社会》2014 年 10 月（下）。

③ 秦天宝：《德国土壤污染防治的法律与实践》，载《环境保护》2007 年 5 月刊。

④ 罗丽、袁泉：《德国土壤环境保护立法研究》，载《武汉理工大学学报》2013 年第 6 期。

《土地整理法》《农业调整法》《遗产基因工程法》《联邦森林法》《建设规划法》《联邦污染控制法》《环境责任法》等。其中，《循环经济与废弃物管理法》是德国发展循环经济的指导性法律与总纲领。它将企业的生产过程视作一个封闭的循环，有害物质的排放应当在生产过程中被最大限度地减小，这是企业最优先的选择；如果无法减少排放量，那么企业应当对排放的副产品进行循环利用，在节约原料的同时减少污染物质的对外排放；如果循环利用也难以做到，那企业应当对其产生的废弃物进行无害化处理，防止其进入外部环境中，带来不必要的损害。总体来说，《循环经济与废弃物管理法》将封闭循环的思路推进到企业中，鼓励企业减少污染废弃物的排放，有效地减轻了相关土壤与地下水受到污染的威胁。另外，《肥料法》也是一部对德国土壤污染防治有着重大作用的法律。《肥料法》以维持土壤肥力、保护土壤的生态环境以及保障土壤的可持续利用为目的。在多次修改之后，对土壤进行保护更是成为贯穿《肥料法》的宗旨，对德国土地，尤其是农用土地的保护发挥了巨大作用。这些单行法与附属法种类繁多、体系繁杂，但都是德国土壤污染防治法律体系的重要组成部分，它们相互配合、相互补充，为德国土壤环境保护工作提供指导，与其他专门性法律一起，共同构成一个完善的土壤污染防治法律体系。

三、基本原则

德国以现实为依据、以法律为保障建立起一套符合德国国情的土壤污染防治体系，具有很强的本土性与民族性，其所确立的基本原则也具有自身的特色。

（一）预防优先原则

如前文所述，土壤污染具有隐蔽性、滞后性、累积性、不可逆性等固有特征，这些特征使得土壤污染的治理难度极大：单纯阻止污染物质的排放无法解决问题，因为土壤的流动性相对较小，污染物难以自动消除；而要清除土壤中的污染物不仅需要先进技术、庞大资金的支持，而且需要漫长的治理周期。只要有理性的人都能看出，等到土壤污染出现之后再进行治理是很不经济的选择，与其把大量的资金和时间投入艰难的土壤污染治理与修复的工作中，不如从源头上遏制土壤污染的出现与发展，与其亡羊补牢，不如釜底抽薪。因此，德国对土壤污染预防给予了高度的重视，将预防视为土壤环境保护工作的重中之重。

根据德国《联邦土壤保护法》，任何活动的参与者都可能是对土壤性状造成影响的主体，包括土地的所有人与管理人、使用人，都必须对其所占有或管理使用的土地尽预防污染义务，并采取有效的措施防止土壤的功能结构向不利的方面发展。同时，联邦政府也应制定相应的规章制度，保证相关义务人预防土地污染责任的履行。

（二）行政主导原则

德国的土壤环境保护立法，尤其是《联邦土壤保护法》与《联邦土壤保护与污染地条例》，都是行政主导型的法律，特别注重行政机关在法律实施与监督过程中的权力。行政机关有权对污染和疑似污染的土地展开调查，有权对污染土地采取治理与恢复行动，有权要求相关责任主体尽到监控与预防的义务，或者自行监测并要求相关责任人承担费用。同时，行政机关有权对有关土壤污染防治的其他问题，如相关责任人应尽的义务等颁布其他行政法规。可以说，行政机关在德国土壤污染防治体系中起绝对的领导作用。

（三）综合治理原则

由于土壤污染来源的广泛性以及情况的复杂性，想单纯依靠一两部专门性的土壤污染防治法律就囊括所有的相关内容显然是不现实的，必须得到其他相关领域法律的协助，这是德国在长期的土壤污染防治实践中得出的结论。因此，德国在《联邦土壤保护法》《联邦土壤保护与污染地条例》以及《土壤评价法》之外，制定了诸多单行法。这些单行法涉及的方面极为广泛，包括《自然地区保护法》《农业用地保护法》《水资源保护与污染控制法》《固体废弃物处理法》《大气污染防治法》《循环利用法》《危险物质运输法》《新土地开发与建设规划法》《工矿业管理法》，以及与土壤环境保护相关的涉及税收、财政与银行等金融活动的经济性法律等。这些单行法除在各自领域中发挥特定的作用外，更与其他的单行法与专门法构成一个严密完整的体系，互相支撑、互相配合，成为德国土壤污染防治体系中不可或缺的一部分。

四、基本制度

基本原则决定基本制度，基本制度是基本原则的具体体现。德国土壤环境保护法律体系具有其特殊的基本原则，相对应地也具有其特有的基本制度。这些制度组成了德国土壤污染防治体制的具体实施机制，是相关规范得以被遵守、相关原则得以被贯彻的保障。

（一）土壤污染调查与评估制度

在任何国家的土壤污染防治体系中，对土壤污染状况的掌握是所有其他工作开展的前提，在德国也不例外。因此，德国根据其自身的特色，构建了一套较为完善的土壤污染调查与评估机制。

根据《联邦土壤保护法》之规定，德国土壤污染调查机制被分为两个部分："初步调查"和"详细调查"。"初步调查"以监测为主，其主要目的为在宏观层面确认土壤是否出现了向不利方向转变的情况。如果没有出现相关情况，则解除对此土地的污染怀疑；如果出现了相关情况，则进入下一个调查阶段，即"详细调查"。"详细调查"是对已被确认存在污染的土地上的污染物的细致调查，主要利用抽样分析的方法以及实验室的科学技术，对污染土地上的污染物种类、含量、空间分布、可移动成分以及转移到其他生命或非生命体中的可能性进行定量分析，由此得出的结果将成为土壤污染评估与风险分析的基础。

根据《联邦土壤保护法》，能够进行土壤污染调查的主体主要有三个：环境主管部门、对污染土壤负有修复义务的责任人以及受环境监管部门委托并具备必要专家、设备及其他必要资质的第三方机构。

土壤污染评估体系是以土壤污染调查结果为基础，为紧接着的土壤污染治理工作提供科学有效行动基准的体系。其核心是用于土壤污染分析评估的值阈体系，这个体系由"启动值""行动值""风险预防值"三部分组成。"启动值"是启动个案调查的标准，如果某块污染土地的评估结果超过该数值，那么就需对其进行个案调查，并以土地的未来用途为出发点评估该土地是否存在污染或有害变化。"行动值"是区分土壤污染存在与否的分水岭，假如对土壤中的污染物质或其不利影响的评估结果超过了此数值，则确定土壤存在问题，需要对土地的使用进行评估。"风险预防值"是土地治理修复工作展开的基准，如果调查评估的结果超过了该数值，那么该土地存在相应的风险。此时环境主管部门应开展污染治理与环境恢复工作，消除这种风险。

如果环境主管部门有合理的理由怀疑某块土地发生了不利变化，且对该土地评估的结果超过了"启动值"，那么环境主管部门应当对土地的利用进行调查，调查的内容包括：污染物的种类、污染物的浓度、污染物转移到其他生命或非生命体中的风险等。如果调查结果能充分表明土壤已被污染或已发生不利改变，则环境主管部门有权要求相关环境责任主体承担风险评估与配合环境治理行动的义务。

（二）土壤信息管理制度

土壤污染调查与评估必然会产生大量的信息，如何管理与利用这些信息是开展高效的土壤环境保护工作的关键。德国对此建立了全国性的土壤状况信息系统，联邦政府与各州政府共享相关数据，共享的范围、内容以及数据传输的成本分摊由联邦与州协商决定。另外，由于土壤污染信息涉及土地的利用方式、自然环境的保护、土地的价值以及土地的流通状况等多方面情况，且与社会、经济、自然等方面息息相关，土壤污染信息的准确性以及权威性便显得尤其重要。因此，德国《联邦土壤保护法》第19章专门规定禁止在个人之间传输土壤污染信息，以防止因不准确的信息传递而造成的不必要的社会恐慌或者经济损失。

（三）状态责任制度

行为人造成危害社会结果的方式，要么是通过行为人自身的行为，要么是通过物的性质或状态。前一种一般被称为行为责任，而后一种一般被称为状态责任。[①] 德国土壤环境保护立法中的责任正是状态责任。

状态责任成立的客观要件即存在对社会公共利益产生危害的物，并且导致状态责任成立的危险是由该物造成的。状态责任的主体，即状态责任人的成立是不需要主观过失的，无论是故意、过失还是意外事件、不可抗力，其所造成的损害均能成立状态责任。但状态责任与严格责任又有区别，严格责任的关注点在于保护环境污染的受害者，而状态责任是以责任人有排除危险的可能性为出发点的。状态责任的责任主体是对物享有支配权或使用权的主体，具体表现在实际中一般为物的所有人、管理人或其他占有人、使用人。这些主体对物享有权利，并且对物的性状的了解超过其他人，或者他们本来就是污染的产生者。因此，由他们来承担治理土壤污染的责任能够大大增强治理的效率与可能性。根据德国相关法律的规定，能够成为土壤环境污染状态责任主体的包括：土壤污染的产生者；污染排放设施的前所有人、现所有人以及后所有人；污染土地的当前所有人或占有人；污染土地的前所有人，包括主动放弃该土地所有权的前所有人。[②] 另外，因为状态责任并非过失责任，所以在过失责任中一般不会产生因果关系的判断问题。

根据状态责任的一般理论，责任与主体的联结因素是主体对产生危害的物的支配力。因此，当责任主体失去此支配力时，状态责任也当然归于消灭，而继受财产的主体原始取得此责任。但是，一个比较现实的问题是，某些污染土地的责任主体为了摆脱沉重的法律负担，自动放弃了对污染土地的占有，如土地所有者放弃污染土地的所有权。此时，原状态责任已经归于消灭，而

---

① 李静云：《土壤污染防治立法：国际经验与中国探索》，中国环境出版社2013年版，第77页。

② 秦天宝、赵小波：《论德国土壤污染立法中的“状态责任”及其对我国相关立法的借鉴意义》，载《中德法学论坛》2011年1月刊。

出于对沉重治理义务的恐惧，继受土地者又迟迟不出现，结果就是，应承担治理义务的主体出现空缺，治理费用无人承担，治理工作受到阻碍，产生很多本不必要的额外损害。因此，德国没有拘泥于一般理论，而是将抛弃了占有责任主体的状态责任予以保留，以防止上述责任主体空白的情形出现，起到了很好的效果。

（四）土壤污染基金制度

如前文所述，土壤污染由于其固有特征，治理极为困难，有治理成本高、难度大的特点。假如由状态责任主体单独承担治理成本，那治理工作必定是不可能成功的，因此建立土壤污染基金是每个国家治理土壤污染的必由之路。

德国的土壤污染治理基金制度起步较早，且不同于美国、日本等国家较为单一的国有基金体制。德国的土壤污染治理基金体系极为庞大复杂，不仅有隶属于联邦的基金，还有各州自行创办的基金；不仅有大量公法性质的基金，还有不少与私法责任有关的基金。[①] 这些基金在各自负责的范围内为土壤污染治理工作提供资金支持，共同构成了德国土壤污染治理基金体系。

这里笔者主要介绍的是根据《联邦土壤保护法》设立的土壤污染治理基金。其设立目的在于向各州政府的土壤污染治理工作提供资金支持，其应用的情况有以下几种：①支付各州用于被污染土地的土壤污染调查与预防工作的开支。②对未开发的土地进行土壤状况调查并对未来可能出现的污染进行预防。③当应承担污染治理责任的责任主体无法确定，或者责任主体已经确定但却无力承担治理费用时，由基金承担相关费用。④各责任主体的责任份额难以分割，由其中部分人承担责任有失公平。此时，为了防止关于责任分配的诉讼阻碍治理工作的进行，由土壤污染治理基金先行承担相应的治理费用。

根据“污染者付费”的环境正义原则，《联邦土壤保护法》设立的土壤污染治理基金的来源主要有两个：对持久性有机污染物的税收和对废弃物的特别收费。这与其他设立土壤污染治理基金的国家的做法基本相同。

五、评价

德国土壤污染防治法律体系经过多年的发展，已经臻于完善，其所具有的诸多优势是我们应当学习的榜样。虽然其也有一些缺陷，但与整体相比较

---

① 李静云：《土壤污染防治立法：国际经验与中国探索》，中国环境出版社 2013 年版，第 76 页。

无伤大雅。

（一）严谨完善的法律体系

德国土壤污染防治法律体系的结构相当精密严谨，它以欧盟相关条约和协议为指导，以自身实际情况为基础，以《联邦土壤保护法》为核心，以各个领域的单行法和各州土壤环境保护立法为支撑，构建起一个覆盖广泛、条理清晰、逻辑严密的土壤环境保护体系，有效地保障了德国土壤的可持续利用。

（二）注重法律的可操作性

德国不仅制定了土壤环境保护的基本法——《联邦土壤保护法》，其他与之配套的单行法律也都具有很强的可操作性，类似“原则性”或是“喊口号”类型的法律很少，这就使发生在现实中的大部分土壤污染事件都能依据法律得到解决，而较少会出现虽有相关法律，却因为内容过于空洞而难以实际适用的情形。

（三）鼓励州的自主立法行为

联邦与州环境立法权限对立的问题已经解决，联邦具有管辖环境污染的权限，州同样有相关权限。德国一方面加强联邦土壤环境保护立法，为各州土壤污染防治工作提供指导；另一方面鼓励各州根据自身情况单独立法，以解决各州的具体实际问题。这种做法在保证土壤污染防治法律体系统一与协调的同时充分发挥了各州的积极性，使得土壤污染防治法律体系在保持普遍性的同时兼顾了各州的特殊性。

虽然德国的土壤污染防治法律体系已相当完善，但仍有一些缺陷，即某些方面的规定仍不够清晰，如对良好农业规范的规定仍过于模糊，未规定对其的强制措施，有“原则化”之嫌。当然，这些问题更像是技术上的疏忽，而非体系上的失误。总体来讲，德国的土壤污染防治法律体系值得我们研究与学习。

第五节 英国土壤污染防治经验

英国作为工业革命的发起国，有着悠久的工业化历史，由此而导致的土壤污染问题，是困扰历届英国政府的重要问题。同时，英国作为两次世界大战的主要参战国，战争所造成的污染也是土壤污染的重要来源之一。因此，制定完善的土壤污染防治系统是英国政府历来努力达成的目标。

根据 1993 年英国国会科学与技术办公室的调查，英国被污染土地的面积为10万~20万英亩，分布在5万~10万处污染场地内，数量与分布范围均十分惊人，已经对相关的自然环境、公民健康以及社会经济发展构成了重大的不利影响。因此，治理土壤环境污染对英国政府而言刻不容缓。

一、相关法律及其发展

英国土壤污染环境立法的相关工作始于20世纪中旬。1967年，英国颁布了《生活环境舒适法》，规定政府有妥善处理生活垃圾的责任，以防止垃圾污染土壤与地下水，以至于对人体健康造成进一步破坏。1972年，英国颁布了两部与土壤环境保护有关的法律：《有毒废弃物处置法》与《有毒污水处理法》，分别从固体废弃物的有效控制与有害废水的妥善处理两方面做到了对土壤污染源头的控制。

在20世纪70年代之后，英国制定了大量与土壤污染防治相关的外围性法律，其中包括《计划法》《放射性物质法》《垃圾填埋税法》《综合污染预防与控制法》《水资源法》等一系列单行性法律，这些法律在英国尚未形成一套成熟系统的土壤污染防治法律体系时，从各个相关方面实现了对土壤污染的有效控制，为英国土壤污染防治法律体系走向成熟提供了重要的经验。

1990年，英国颁布并实施了第一部专门性的土壤污染防治法律《污染场地法》，其将“土壤污染”的定义为：对生命体健康及经济的损害，包括对人的生命健康和财产的损害，以及对整个生态系统其他组成部分的干扰。其目的在于：通过确立起治理土壤污染的规范流程，解决大量遗留的污染土地带来的生命健康损害问题以及社会经济问题，在消除其风险的同时提升这些土地的价值，为再开发利用做准备。

1993年，英国公布了土壤污染白皮书——《为我们的过去付费》，这是英国土壤污染防治事业中一个里程碑性质的文件，标志着英国土壤环境保护法律体系开始迈向成熟，形成了一套自身的理念与原则。《为我们的过去付费》明确提出应对土壤污染的五项措施，包括：①推进土壤可持续发展战略。②重视预防工作，从源头上防止未来的土壤污染发生。③对土壤的修复工作遵循“适合使用”原则，即不设立一个固定的修复标准，所有的修复工作都应以该土地日后的用途为出发点而采取严格的“环境主导”模式，要求土地应被恢复成本来的样貌既不现实也无必要。④坚持“污染者付费”原则，由污染的肇因者承担土壤污染调查、评估与治理工作的费用，这个原则在英国土壤污染防治法律体系中的具体体现就是严格责任制度。⑤对污染场地的处理方式达成了一系列的共识：对污染土地的情况应尽早报告；对污染土地的治理应根据再开发利用的需要，包括治理的时间及方式；在治理污染土地时应遵循“成本—效益”原则。此原则将在下文中详尽阐述，在这里不再赘述。

2000 年，英国国会对《环境保护法》进行了修订，专门增加了应对土壤污染防治的一章：“Part Ⅱ A”专章。由此为英国调查、评估与修复污染场地建立了一个新的规则体系。[①] 这一专章主要规定了四个方面的内容：①重新对“土壤污染”进行定义。如前文所述，《污染场地法》已经对“土壤污染”下过定义。但很明显可以看出，这个定义过于宽泛，导致“土壤污染”的外延被扩大，很多其他领域的内容也被包含进来，使得部分资金可能被使用在不该使用的地方，造成资金浪费。“Part Ⅱ A”章将“土壤污染”的定义分为两部分：一是明显受到污染或有严重污染风险的土地，二是水源受到污染或有被污染风险的土地。这个定义使得被污染土壤的范围更精确，有助于把有限的土壤污染治理资金使用到正确的地方。②将风险评估制度纳入土壤污染调查体系。评估的主要内容为：污染物的性质；污染物对人的暴露程度及其影响；污染物对环境的影响；“污染的关联”，即“污染物—受体—暴露途径”三个要素及其中的关联。③区分了中央环境主管部门与地方环境主管部门的职权。中央环境主管部门的权利包括：协助地方主管部门进行土壤污染的调查与整治；对“特殊场地”[②] 进行公告与整治，并为之提供必要咨询；进行相关的公告工作。地方环境主管部门的权限包括：进行与土壤污染治理有关的实际性工作，包括制订计划、进行调查、划定污染范围等，以及责令责任主体履行治理义务并行使相应的执法权；定期公布污染土地列管名册。④明确规定了土壤污染整治工作的三大步骤：风险评估、污染整治与事后监测。[③]

同时，英国环保局在 2000 年制定了《污染场地条例》，并且由英国环境、运输和地方事务部颁布了作为《污染场地条例》的具体实施性文件《关于污染场地管理的导则》。至此，英国已经基本建立起以 1993 年的土壤污染白皮书为指导、以《环境保护法》“Part Ⅱ A”章为核心、以土壤污染专门法为支柱、以众多与土壤环境保护相关的外围法为补充的土壤污染防治法律体系。这些法律法规在各自的管辖范围内发挥作用，构成了英国土壤污染防治法律体系的有机整体。

---

① 李静云：《土壤污染防治立法：国际经验与中国探索》，中国环境出版社 2013 年版，第 102 页。

② 具有特别危险物质的场地。

③ 王世进、许珍：《美、英两国土壤污染防治立法及其对我国的借鉴》，载《农业考古》2007 年 6 月刊。

二、基本原则

在土壤环境保护法律的实践中，英国积累了大量的经验，根据自身特色形成了一套符合其基本国情的土壤污染防治体系。其中，有许多具有英国特色的土壤污染防治原则。

（一）预防与治理并重原则

如前文所述，土壤污染由于其隐蔽性、滞后性、累积性、不可逆性等特征，导致治理工作十分困难，治理成本极高且治理周期长。因此，在土壤污染出现之前就防患于未然是最为经济的选择。英国在重视对已出现的土壤污染进行治理的同时，强调对土壤污染的预防工作。在1993英国政府公布的土壤污染白皮书——《为我们的过去付费》中，“从源头上防止未来的土壤污染的发生”被作为一项重要的原则与措施写入其中。同时，为了从污染源头上对土壤污染加以遏制，英国颁布了一系列外围立法，从其他领域阻断土壤污染的传播源头，这些外围立法包括《放射性物质法》《垃圾填埋税法》《废弃物管理法》《水资源法》等。由外围立法构建的土壤污染预防体系与由专门性立法构建的土壤污染治理体系相互协调、相互配合，共同构成了英国土壤环境保护法律体系的有机整体。

（二）“成本—效益”原则

在治理土壤污染的实践中，有两种不同的治理思路。一种是“环境主导”的治理思路，即完全修复土壤环境、将土壤的生态功能与经济社会功能恢复到污染前的自然状态。这种治理思路固然比较合乎环境伦理的要求，但它要将土地功能完全恢复的目标过于“先进”，需要花费巨大的成本。同时，由于在修复时并未考虑将来的用途，很可能因与将来的土地利用方式不符而对将来的土地再开发利用造成阻碍，得不偿失。可以确定的是，这种修复方式不仅耗资巨大，而且缺乏可操作性与灵活性，仅适用于一些确有必要完全恢复的重要地区，如国家公园或其他自然保护区、耕地保留区。另一种治理思路即“效益主导”的治理思路，其所遵循的原则为“成本—效益”原则，具体内容为：①污染场地的治理应当服务于再开发利用的目的，这主要涉及两个方面的问题。第一，污染场地应当在需要被开发时才进行治理。在被开发之前，假如其风险处于可接受范围之内，则可将其暂时搁置。第二，污染土地治理的目的应当是使其能适应再开发的需要，而非将其恢复到原有的功能。也就是说，土地利用以及经济效益的最大化被放在了首位。②确保承担土壤污染治理费用的主体承担的份额与数量都是合理的，并具有经济上的持续性。①“效益主导”的治理思路将“土地再利用”作为首要考虑因素，虽然在表面上忽视了环境伦理的要求，但它将对土壤环境的恢复与社会经济的发展有机结合，在治理污染、消除风险的同时兼顾了该土地未来的利用与发展，使得对土壤污染的治理不再是单纯的环境保护行为，还加入了巨大的经济效益，有效激发了各个主体治理土壤污染的积极性，同时也更加符合可持续发展的要求。

（三）行政主导原则

英国土壤污染防治法律特别强调了环境主管部门在土壤环境保护工作中的核心作用。在英国，有环境管理与保护权能的部门包括：环境保护署，环境、食品和农村事务部，环境、运输和地方事务部等。环境管理部门应当根据实际情况采取积极有效的措施，推动土壤污染的调查、治理工作以及污染土地的再开发利用。同时，环境管理部门还有权根据实际情况的变化，不断更新土壤污染防治法律的实施细则，对其中有缺陷的部分进行修改，对不完善的地方进行补正。

三、基本制度

在土壤环境保护基本原则与理念的指导下，英国建立了一系列相关基本制度，这些制度涉及信息收集与管理、污染治理、治理责任等诸多方面，共同构成了英国土壤环境保护工作的基本实施框架。

（一）污染场地风险评估与确认制度

根据英国《污染场地法》与《环境保护法》“Part Ⅱ A”章之规定，在土壤污染防治工作中，各行政机关的首要职责是识别污染场地。这是因为，只有在对污染场地进行识别之后，其余的治理与恢复工作才能展开。为了确认污染场地的位置、范围与其他情况，首先必须对污染场地进行调查与风险评估。

在行政主导原则的指导下，开展土壤污染调查的主体一般为相关行政主管部门。当然，为了保证调查结果的公正与客观，有资质的第三方调查机构的调查结果也可作为参考。同时，为了保证调查工作的稳定性与准确性，所有调查结果都应以书面报告的形式保存下来，以便日后查阅，同时也为可能

---

① 李静云：《土壤污染防治立法：国际经验与中国探索》，中国环境出版社 2013 年版，第 101 页。

出现的诉讼提供一份可信的调查资料。

土壤污染调查的结果是土壤污染风险评估的基础，评估的范围主要包括：污染物的种类、污染物的数量、污染物的扩散可能及其可能带来的危害、人长期暴露其中的影响等。归结起来主要就是扩散的风险与危害的风险。根据《关于污染场地管理的导则》之规定，土壤污染风险评估的内容主要有三个方面：污染、受体、暴露途径。假如三个要素同时存在，那么就表明存在“污染的关联”，而这也是确认污染土地的重要标志。

对污染土地的确认建立在土壤污染调查与风险评估的结果之上。根据《环境保护法》“Part Ⅱ A”章之规定，有权力确认污染土地的主体是英国环保主管机关，并且主要是地方环境保护主管机关。当地方环境保护主管机关认为其管辖地区土地上的污染危害了水体或有危害之虞，或者对土地造成严重损害或有损害之虞，其都应当将这类土地确认为污染土地并依法采取措施。在这项规定中，“严重损害”的定义无疑是确定污染土地范围最为重要的标准，而根据《关于污染场地管理的导则》的规定，“严重损害”的情况分为以下四类：①对人的生理健康产生极为严重的不利影响，包括先天畸形、基因变异、精神异常、死亡以及其他严重疾病。当然，有关“其他严重疾病”的定义依旧模糊不清，这需要依据实际情况进行具体分析。②对生态系统整体或其中具有特殊价值的物种造成不可逆转的影响，包括物种灭绝等。③造成具有经济价值的动物或植物，包括作物、牲畜等生病或死亡，并且使其经济价值减少超过 20%。④对建筑物造成损害，包括对其功能或结构的破坏，或是妨碍其正常使用。被污染土地只要符合以上四点中的任意一点，就必须被地方环境管理机构宣布为污染场地，并被采取相应的措施。对于在调查后被确认存在特殊危险物质的场地，地方环保主管机构应当呈报给英国环境保护署，由其决定是否将该场地判定为“特殊场地”。若被批准，则由英国环境保护署对其进行治理与修复。

（二）严格责任制度

英国土壤污染防治法律体系采用的是国际环境法中通用的“污染者付费”原则，应当承担治理与修复责任的是污染的制造者或者是故意允许污染进入土地的人，这些人被称为“原始污染者”。但当包括产生或故意引入污染的责任人在内的典型的原始污染者不存在或难以确定时，则由当前的土地所有人或占有人来承担治理责任，除非他们有充分的证据证明自己有符合法律规定的免责事由。被确定为承担治理责任的主体即“适格的主体”的责任人，必须履行治理污染场地的义务；若拒绝履行或未合理履行，则由相关行政主管机构代为履行，并由责任人承担相应费用。

英国土壤污染责任包括刑事责任与民事责任。应负刑事责任的行为包括：①违法生产，主要是未经许可生产含有、使用或是生产过程中会排放污染物质的产品。同时，曾经进行违法生产的工厂或其土地的现所有人或占有人也可能承担相应责任。②未经许可向土地弃置法律规定的废弃物。同上一条相似，曾经被弃置过此类物质土地的现所有人或占有人也可能承担相应责任。③应当承担治理义务的责任人未履行好自身义务，在治理结束后仍未将污染物质清理完毕，并且给他人造成严重损害。④未尽法定妨扰减轻义务，包括对损害健康的恶臭、噪声等的减轻义务。⑤未经许可向水中排放污染物质，或没有履行污水治理义务。可以看出，英国涉及土壤污染的刑事责任种类众多，覆盖面十分广泛，这是其他国家土壤污染防治法律体系中所鲜有的。相对应地，会引起民事责任的土壤污染相关行为主要有两种：妨扰侵权与因土地估价和损害而产生的争议。与刑事责任相比较，民事责任的范围较小，而这种更为注重土壤污染中刑事责任的做法与绝大多数国家的惯常做法有区别，体现出对土壤污染的强大打击力度。

（三）污染场地治理与修复制度

治理与修复工作是土壤污染防治事业的核心环节，是土壤环境保护工作的重中之重。由于英国采取了“成本—效益”的土壤污染治理思路，并不是对所有污染土地一经发现即进行治理，因此，英国对污染土地采取修复行动需满足以下几种情况：①污染的风险极大，已经对周围环境造成了重大而不可接受的损害或是有此种损害的风险；②遵循“成本—效益”原则的指导，在考虑土地未来用途的基础上，确实存在经济合理的修复方式；③“自愿”进行，如开发商由于土地的再开发利用而进行的修复。①

如前文所述，因为清理所达到的修复结果仅需满足未来的利用所需，所以英国的土壤污染治理与修复并不以完全恢复其本来功能为目的。根据《污染场地法》与《关于污染场地管理的导则》之规定，治理的目的为消除“严重的污染关联”，即仅需阻断“污染—受体—暴露途径”这一关联即可，要么切断污染源头，要么保护污染受体，要么阻断暴露途径，并不需要彻底清除污染物。

治理与修复污染土壤的工作应由“适格的主体”在接到地方环境主管部

---

① 李静云：《土壤污染防治立法：国际经验与中国探索》，中国环境出版社 2013 年版，第 107 页。

门的“治理修复通知”后开展，相应的治理修复工作包括：对相关污染土地进行污染状况调查与风险评估；对被污染土地采取相应措施以减轻污染与其不良影响，并预防未来的进一步污染；在治理工作结束后对污染土地保持进一步的监测。

另外，在“成本—效益”原则的指导下，英国在土壤污染治理措施上形成了一系列标准，包括：①“合理性”标准，即采用的治理方案具有经济性，能够产生收益；②“可操作性”标准，即采用的治理方式在观念上与技术上均是可行的，并且其产生的结果也是可接受的；③“效率性”标准，即对比投入与产出，采用的治理方式应当是有效率的，这个“效率”既指长期效率也指短期效率；④“持续性”标准，这是从风险可能持续的时间上设定的标准，即治理工作的持续期限应当与风险的存在时间相符合，假如短期的治理工作无法符合此期限，则应采用定期的监测。

（四）土壤信息公开制度

在现代国家的土壤污染防治体系中，公众参与是不可或缺的环节，也是治理工作顺利进行的保障。而公众参与的基础与前提即土壤信息的公开。

英国土壤污染防治法律要求环境主管部门对有关土壤污染以及围绕其进行的一切活动信息予以公开，包括土壤污染的各项参数、风险评估结果、对污染土地采取的措施以及相关的诉讼等。行政机关原则上不得阻挠公众对这些信息的查阅，当然也存在特殊的情况，如调查尚未完成，或者调查结果不充分、有疑点。此时，由于土壤污染信息与土地的流通息息相关，为了防止不准确的信息给交易公平与安全带来损害，行政部门可以拒绝相关主体提出的查看相关资料的请求。

公开土壤污染信息对于行政机关而言显然是利大于弊的。首先，公开相关信息有利于公众对政府土壤污染治理工作的监督，有效推动政府在这方面的积极作为。其次，土壤污染涉及的主体极为广泛，可能造成的损害范围也极为广泛，公开土壤污染信息有利于潜在的受害者及时发现其带来的风险，提前做好防范措施，预防损害的进一步扩大；同时，公开信息也能给予潜在的污染土地购买人警告，防止其在不知情的状况下购入污染土地，带来不必要的纠纷，浪费行政和司法资源。再次，公开的信息使污染土壤的流通受到阻碍，价值也受到削减，有利于督促治理责任人加快污染土壤的治理与修复工作。最后，公开的信息使公众能以主人翁的姿态参与到土壤环境保护的工作中，提高他们参与土壤污染治理工作的积极性，提高相关工作的效率。

四、评价

英国土壤污染防治体系是融合了英国多年土壤环境保护实践经验与传统哲学思想的结晶，其经验主义与实用主义的色彩之浓厚，是其他任何国家所不及的。这套体系符合英国土壤污染问题的特征，也为相关问题提供了优秀的解决方案，是一套符合英国国情的法律与实践体系。

（一）实用主义色彩浓厚

英国传统政治哲学的最大特征即经验主义与实用主义，而此特征在英国土壤污染防治法律中也体现得十分明显，最好的例子即“成本—效益”原则。实用主义使得英国在治理土壤污染时十分看重成本问题，尽量使治理土壤的费用小于其能产生的价值。同时，英国的土壤污染治理体系是一个“朝前看”的体系，它更注重对土地未来状况的影响，而非让土地恢复到从前的状态。这种不同寻常的做法的效果是显而易见的，它使得英国的土壤环境保护法律体系成为世界上最节约、最经济，可操作性也最好的土壤污染防治法律体系之一。

（二）严格的法律责任

这里的严格作两种解释。第一，英国土壤环境保护法律体系中采用的责任是严格责任，其并不以责任主体具有过错为前提，而是一种基于保护被害者而设立的无过错的严格责任。第二，违反英国土壤环境保护法律而产生的责任十分严厉。如前文所述，英国土壤污染责任分为刑事责任与民事责任，其中刑事责任占据了主要地位，而这在其他国家的相关法律中是罕见的。可以看出英国对土壤污染行为的惩罚力度之大，有效地震慑了潜在的污染者。

（三）三位一体的立法模式

英国土壤污染防治体系除了与其他国家相似的专门性立法和相关的外围立法之外，还包含在英国环境基本法——《环境保护法》中的专章“Part ⅡA”章，使土壤环境保护不仅在自身领域中，而且在环境基本法的层面上也构建起土壤污染防治的制度体系。这体现出英国对土壤环境保护的高度重视，有利于相关工作得到应有的支持并顺利进行。

当然，英国的土壤污染防治体系也有其自身的缺陷。例如，在“污染的关联”中，“受体”的范围被限定在了人类、建筑物、商品农作物、商品畜类和某些生态系统中，土地不在其中，因而当污染从一块土地转移到另一块土地时，另一块土地的所有人将因为“污染的关联”不成立而难以用现行的土壤污染防治法律主张自己的权益，只能诉诸普通民法要求排除妨害。这显然是不合理的。当然，此类缺陷大部分都是技术上的，通过法律的不断修订或案例的积累可以解决。总体来说，英国的土壤污染防治体系仍不失为相关领域的典范。

第六节　国外经验与启示

如前文所述，在经过大约半个世纪的发展后，大部分主要国家均已建立起适合自身国情的、相对较为成熟的土壤污染防治法律体系，并依据自身的法律体系实现了对本国土壤污染的较为有效的控制与治理。我国虽然经济社会的总体发展水平有了很大的提升，但本应与其配套的土壤污染防治法律体系却始终未能成熟，至今仍是一个雏形。在高速发展的社会经济所带来的土壤污染压力以及缺位的土壤污染防治法律的双重作用下，中国的土壤污染状况已经较为严重，主要表现在以下几个方面：

（一）土壤污染面积不断扩大

随着我国城市化范围的不断扩大、工业企业的不断发展，以及农业中污水灌溉和污泥施肥的运用，再加上化肥农药的滥用和塑料地膜的不合理处置，使得水污染与固体废弃物污染状况越发严重，而土壤污染也随之日益恶化，面积不断扩大。根据2014年环境保护部和国土资源部公布的全国首次土壤污染状况调查结果，全国土壤污染的总超标率高达16.1%，其中耕地点位超标率19.4%、重污染企业及其周边地区的点位超标率36.3%。[①] 从这些数字中可以看出，中国土壤污染的区域范围较大，已经成为环境、社会、经济的巨大威胁。

（二）土壤污染的来源日益增多

在20世纪80年代之前，中国的土壤污染来源主要是因集中力量发展重工业而产生的相关污染，主要是重金属污染。而20世纪80年代之后，特别是改革开放之后，由于全方位、宽领域、多层次的社会经济发展，土壤污染的来源渠道也随之拓宽。目前，土壤污染的来源包括：①农业化肥以及农药的使用；②污水灌溉和污泥施肥；③生活污水与固体垃圾；④工业企业产生的危险废弃物，包括通过正常途径排放的以及非法排放和意外泄漏的；⑤农业固体废弃物，包括塑料地膜以及集约化牲畜养殖产生的废料等。

---

① 新华网：http://news.xinhuanet.com/politics/2014-04/17/c_1110291606.htm，2015年10月7日访问。

（三）土壤污染的类型多样化

由于污染物的来源日益广泛，土壤污染的类型也日渐增加。20 世纪 80 年代之前主要的土壤污染物为重金属和其他化学元素，包括汞、镉、铜、铅、砷等。目前，除了这些常规的污染物外，还出现了：①固体废弃物，如塑料制品、电子元器件等；②无机化合物，主要出现在化学制品泄漏的场合，如天津“8·12”爆炸事件中泄漏的氰化钠；③某些病原体，如大肠杆菌；④持久性有机污染物，如二噁英、多氯联苯、DDT 等。在这些新出现的污染物中，持久性有机污染物的危害性最大。首先，正如其名字所表达的那样，它们很难被降解，如二噁英，在 700 摄氏度以下都能保持稳定的状态。这些物质持久的存在性使得它们的危害会延续很长时间。其次，毒性巨大。持久性有机污染物大都拥有骇人听闻的毒性，如二噁英的毒性是氰化物的 130 倍，是三氧化二砷（砒霜）的 900 倍，即使很低的浓度都能产生致死效应。而其他大多数持久性有机物都能致癌、致畸、致突变或是导致其他严重的病理反应。最后，积累性强。持久性有机污染物能顺着食物链不断富集，并最终在食物链顶端，即人类身体中大量积累。且大多数有机污染物都较难排出体外，使得持续性有机污染物对人类而言十分凶险。总而言之，目前的土壤污染呈现出有机与无机污染物并存、新老污染物共同作用的严峻态势。

（四）法律制度的缺位

与土壤污染严峻态势不相符合的情况是，中国的土壤污染防治法律存在缺位现象。目前，中国除在《土壤污染防治法》中作了一定规定外，与土壤环境保护相关的规定散见于环境基本法、其他领域的专门法、土壤环境保护领域的外围法和一些行政命令中。这些法律法规包括：《环境保护法》《固体废物污染环境防治法》《水污染防治法》《大气污染防治法》《基本农田保护法》《水土保持法》《农业法》《农产品质量安全法》《基本农田保护条例》《农药管理条例》等。[①] 这些法律法规虽然都在自身负责的领域中对土壤环境保护起到了一定的作用，但其缺点也是显而易见的。首先，2018 年出台的《土壤污染防治法》运行年份不长，多为原则性条款而实际刚性规定缺乏，使得中国目前的土壤污染防治法律体系缺少系统性、可靠性、专门性与逻辑性，各法律法规间相互龃龉的情况并不鲜见，难以相互配合发挥其应有的功能。其次，大部分在国际经验中被认为必要的制度，如土壤污染防治基金制度，

---

① 巩固：《绿色发展与环境立法新思维——兼评〈土壤污染防治法〉》，载《法学论坛》2018 年 6 月刊。

在我国并未得到重视，在相关法律中也难寻规定。最后，即使有些规定已经被写入相关法律中，其用语也大部分为原则性和概括性的，具体的可操作性的规定很少，并未形成具体可行的制度，也未达到在土壤环境保护领域有法可依的目标。

在通常情况下，土壤污染防治法律是阻止污染蔓延并处理已发生的污染最好的途径，但中国严峻的污染状况与科学有效立法不足的同时出现，使得土壤污染带来的破坏成倍增加。这是由于没有有效的手段预防污染，没有及时的方法治理污染，没有强硬的措施处理相关责任人，这些情况不仅使土壤污染难以遏止，同时还在一定程度上让污染排放者有恃无恐，起到了负面的刺激效果。而这些情况造成的严重后果主要如下：①严重浪费了土地资源。土壤污染使得土地质量大幅下降，耕地的产出能力因污染已经低于预期数值，这对于我国本不宽裕的土地资源而言是一个沉重的打击，对我国的粮食安全也是巨大的威胁。②威胁人民的生命健康。我国是农业大国，农产品的质量与国民的生命安全息息相关。被污染土地所产出的农畜产品必然包含了该土地上的有害物质，造成这些危险的污染物在人体内富集，产生严重的后果。③对其他环境要素的破坏。土壤是有机界与无机界的交汇处，土壤中的污染很可能会因降雨、风力等原因转移到他处，对其他环境要素造成间接破坏。④对社会经济发展的阻碍。农产品是我国出口的传统大宗商品，土壤污染导致的农畜产品质量下降使得出口受阻，严重阻碍了农畜产品的出口创汇，影响了经济的发展。同时，土地的污染使得土地的利用受阻，对土地所有人或使用人的经济利益造成影响，极易造成社会问题，是社会经济可持续发展的严重阻碍。

可以清楚地看出，建立一套符合我国国情的土壤污染防治机制已经刻不容缓。而我国缺乏相关经验，故借鉴其他主要国家在该领域中的经验是一条捷径。接下来，笔者将详细介绍其他国家值得我们学习的优秀制度与原则，以及我们应该引以为鉴的不足之处。

（一）进行土壤污染防治的专门性立法

如前文所述，土壤污染防治是一个系统性的工程，各部分之间的联系与配合十分紧密。因此，更加具有系统性、逻辑性、专门性的土壤污染防止立法体系成为目前国际上的主流，各主要国家大都围绕土壤污染防治的专门性法律（可能是形式上的，也可能是实质上的），通过附属性法律的补充与配合建立自身的土壤环境保护体系。而目前中国专门性的土壤污染防治法律还有待完善，《土壤污染防治法》虽已于 2018 年出台，但对于一些关键性制度，如土壤污染责任制度与土壤污染调查制度，大都只是泛泛而谈，对于部门职责划分不清，除基本制度和原则外，配套的规则、标准与具体落实方案等在其中并未得到妥善规制，而这些制度本来应该是由土壤污染防治的专门性法律来进行规定，并且是土壤环境保护体系中不可或缺的。同时，过于分散与部门化的立法也使得各相关法律间相互矛盾的可能性加大，不利于土壤环境保护工作的展开。因此，有必要对已出台的专门性立法进行反思与完善，并以其为核心形成适合中国国情的土壤污染防治法律体系，使土壤环境保护工作真正有法可依。

（二）以预防为先

如前文所述，土壤污染由于其自身的特点，治理起来难度大、成本高，因此事前的预防成了最为经济的选择，也是最为可行的选择。目前，在中国实行以预防为主的土壤污染防治法律体系既是符合客观规律的，也是适合中国国情的。符合客观规律是因为土壤污染治理工作的长周期、高成本与高难度，以及环境伦理方面的要求，这在前文中已多次详细阐述，此处不再赘述。适合中国国情主要包含以下两个方面：①中国目前依然处于经济快速发展的阶段，对土地开发利用的需求极大，可能对土地造成损害的生产生活活动也数量巨大，如果不对可能产生的土壤污染加以预防，那么不断产生与积累的土壤污染问题将愈加严重，对今后治理工作的展开将是巨大的挑战。②中国缺少一套科学有效的土壤污染防治法律体系，在治理已发生的土壤污染时现行法律法规显得捉襟见肘。同时中国还存在大量的外围立法，从水、大气、固体废弃物等方面对土壤污染的来源进行遏制，加之《土壤污染防治法》中从农用地、建设用地两个层面对土壤污染风险进行管控，可以说在预防方面有较为充分的法律依据。然而自《土壤污染防治法》实施以来预防效果并不明显，更多只是依照规定在污染产生后进行末端治理。综上所述，无论从现实主义的角度出发还是从理想主义的角度出发，中国都应当将“预防为先”作为土壤污染防治立法、开展土壤环境保护工作所必须遵循的原则。

（三）坚持效益主导的立法模式

如前文所述，土壤污染防治立法模式分为环境主导型与效益主导型。环境主导型遵循环境伦理，力图将污染土地恢复到污染前的原始状态，是一种“向后看”的立法模式；而效益主导型遵循经济效益原则，将土地未来的再开发利用作为土壤污染治理的出发点与落脚点，是一种“向前看”的立法模式。目前各国的立法经验表明，环境主导型的立法模式太过理想主义，在实际操作中难以实行，这从荷兰、美国等国立法模式由环境主导型向效益主导型的转变可以看出，而中国也应该从中吸取经验，遵循效益主导的原则，因为这不仅符合客观规律，也与中国的国情相符：①中国在现代化过程中造成了大量的污染土地，全部将其恢复到污染前的状态是不切实际的想法，应当以再开发利用为目标进行修复；同时，大规模的污染土地的存在使得对所有目标土地进行同时治理有很大的困难，因此，英国“需要时治理”的风险管理原则值得我们学习。②中国虽然面积辽阔，但能够适宜开发利用的土地并不多，并且目前中国正处于经济发展的快车道，这些因素相互影响、相互结合，决定了我国的土壤污染防治工作必须与社会经济发展的需求相结合，与创造新的国内经济增长点的要求相适应，而不是仅以恢复土壤质量、保护土壤环境为目的。综上所述，中国的土壤污染防治立法应遵循效益主导的原则。

（四）完善土壤污染调查与风险评估制度

土壤污染调查与风险评估制度是土壤污染防治工作的基石，只有对土壤污染信息进行实时的监控与全面的掌握，才能保证下一阶段各种工作的有效展开。可以毫不夸张地说，土壤污染调查与风险评估制度是整个土壤环境保护工作在操作阶段的基础。如上文所述，包括美国、日本、德国、英国在内的各个已经建立较为完善的土壤污染防治体系的国家，均把土壤污染调查与风险评估制度作为其土壤污染防治体系中的首要内容，并进行了极为详尽的规定。反观我国，相关的制度却极为薄弱。由于土壤环境质量监测的技术难度大、成本高，而且土壤污染不像水污染与大气污染那样一目了然，长期以来，中国在土壤环境监测领域的投入始终比不上水污染监测与大气污染监测，相关工作也远远落后，已经无法适应越来越严峻的土壤污染形势。事实上，中国直到2013年才完成全国范围内的第一次土壤污染状况调查，与同时期的其他主要国家相比已经远远落后。

（五）完善土壤污染责任机制

土壤污染责任机制是保障土壤污染受害者的利益并对其损失进行救济的最重要手段之一，也是对环境法“污染者付费”原则的有力贯彻，同时还是对污染场地进行治理与修复的重要途径。中国的土壤污染责任机制需要关注的重要问题主要有以下两个：①对责任主体的确定。就目前的国际经验来看，各主要国家普遍采取的是严格责任制度，即污染的制造者、运输者、处理者、污染土地的所有人、管理者、土地交易的中介人等主体均有可能成为法律追究的对象。同时，这种责任制度一般具有溯及力，即法律颁布前的污染行为同样会被后颁布的法律所追究。之所以有这种极为严厉的法律责任，是因为土壤污染由于其潜伏性与积累性，在污染刚发生时难以发现，而在发现后原污染制造者难以追寻，这时受害者的利益难以得到救济，因此采取了能够扩大责任主体的严格的有追溯力的责任制度。中国目前的土壤污染形势严峻，只有采取严格的有追溯力的责任制度才能保证污染土地得到充分的治理。当然，这种严格责任也应当是有限度的，不能无限制扩大责任主体的范围，否则将有违公正原则，同时也将成为土地再开发利用的阻碍。这方面最好的例子就是美国，美国在《超级基金法案》中规定的过于严格的责任，使得开发者对于“棕色地块”望而却步，严重阻碍了污染土地的再开发利用，最后只能制定修正案《小规模企业责任减轻和棕色地块再利用法》来限制严格责任的范围。中国也应当吸取美国的经验，在制定严格责任的同时不能打击潜在开发者的积极性，以防止产生负面效果。②责任类型的确定。土壤污染责任主要有民事责任、刑事责任与行政责任三种。目前，中国的土壤污染责任主要是民事责任与行政责任，刑事责任稍显不足，这与我国实际国情不相符合。现今，我国由于土壤污染防治法律体系不完善，责任追究工作难以落实，导致很多污染制造者肆无忌惮地排放污染物。我国的土壤污染立法应当学习英国的经验，加强土壤污染防治领域的刑事责任立法，增强对土壤污染行为的惩治力度，以震慑不法排放者。同时也应当吸取日本的教训，加强土壤污染行政责任方面的立法，对于公权力机关在土壤污染方面产生不利后果的作为或不作为，都应当依法进行追究。

（六）建立土壤污染基金制度

在土壤污染防治这类成本极高的事业中，资金是开展相关工作的生命线，没有经济上的支持，即使有再完备的法律体系也无法达到预期的效果。因此，在各国的土壤环境保护实践中，保障充足的资金来源都是重中之重，而其中最常见也最重要的就是土壤污染基金。由于土壤污染治理的巨大成本，绝大多数私人责任主体都无力承担污染土地调查、评估、治理与修复的费用。如果没有经济上的支持，既有违公平原则，没有让土壤污染的其他受益者承担治理费用，又会阻碍污染场地的治理。因此，建立为土壤污染治理活动提供经济支持的土壤污染基金是十分必要的。制定土壤污染基金制度主要应解决的问题是：资金来源及筹措方式、使用的标准、管理者以及管理的方式等。其中，基金的来源以及管理是重点。中国的土壤污染治理基金来源可以参考美国“超级基金”的经验，由中央政府、地方政府与污染排放企业共同出资，通过合埋的比例建立。同时，管理者及管理方式是必须重视的方面。美国的“超级基金”由联邦环境保护署单独管理，权限极大并且缺乏监管，这就使得“超级基金”在使用过程中出现了诸多浪费。根据调查，“超级基金”在过去大约30年间支出的资金只有不到一半用在了土壤污染的治理与修复工作上，其余大部分都花费在调查评估与其他的行政管理工作上，造成了很大的浪费。因此，在制定我国的土壤污染基金制度时，应当注重对管理规则的制定以及对管理者的监督，以防基金被滥用。另外，美国、日本等国的经验表明，基金的总额与治理所有被污染土地的预期成本相比总是显得很渺小，因此，对污染土地在时间上进行无差别的治理并不明智，这会使有限的资金无法被集中到有急迫需要的地方。在这方面我们应当学习英国的经验，遵循“成本—效益”原则，即在需要再开发利用时再对污染场地进行治理，以节约有限的资金。

（七）完善行政主导的土壤环境保护工作领导体系

在我国土壤污染防治工作的实践中，由谁来负责领导一直是个剪不断理还乱的问题，尽管《土壤污染防治法》明确生态环境主管部门“对全国土壤污染防治工作实施统一监督管理”，但农业农村部、工业和信息化部、生态环境部等部门均对土壤污染防治工作享有权限，但究竟是哪方面的权限，又有多大的权限，这些均无明确的规定“各自职责范围”，立法表述无法明晰各部门在土壤污染中的权责。由此导致了目前中国土壤污染防治工作中“九龙治水”的局面，即每个部门都有权治理，但相互推卸责任，导致治理效率低下，又难以追究行政过失。参考其他主要国家的土壤污染防治体系可以看出，单一明确的行政主导制度是目前的主流模式。例如，美国与“超级基金”相关的一切工作，包括基金的筹集、管理、使用，污染土地的调查、评估、治理、恢复等工作，全部由美国联邦环境保护署一个部门负责。这种做法虽然使联邦保护署缺乏监督，在“超级基金”的使用上造成了较大浪费，但也保证了美国在土壤污染防治工作实际开展方面的高效率，有力防止了相关机构在工作中的扯皮与推诿，是美国土壤污染防治体系得以顺利运行的重要保证。为了解决实践中领导不明的问题，中国同样应该划清各部门的权限范围，在确定一个领导核心的基础上，使其余各部门配合、辅助核心部门的决策和行动，由此提高相关防治工作的效率。同时，中国应充分发挥好自身独特的体制优势，加强各级人民代表大会与各级政府的监督职能，防止因权力滥用而产生的资源浪费。另外，在划清权限的同时，也应该授予相关行政主管机关相应的权利，如对土壤污染展开调查、进行风险评估、采取治理与修复行动、要求相关责任人尽相应的义务、对土壤污染治理工作中的具体问题颁布具体的行政命令或章程等。这些权限是一个真正有执行力的土壤环境保护部门应当具备的。

（八）完善公众参与制度

如前文所述，土壤污染防治工作依赖于社会公众的参与，在民主法治日益完善、公众环境意识日益加强、参政议政水平不断提高的今天，公众的参与程度已经成为土壤污染防治工作是否成功的重要指标。公众参与土壤污染防治工作的基础是土壤污染信息的公开，目前绝大多数发达国家均已建立了较为完善的土壤污染信息公开制度。例如，美国的综合环境反应、责任与赔偿信息系统与日本的“台账”制度，均对全体公众开放有关污染土地的信息，以防止公众在土地交易中因标的土地存在污染而遇到不必要的麻烦，同时也敦促相关责任人加快履行治理与修复的义务，另外也希望通过此种坦诚的方式获得社会公众对治理与修复活动的支持。反观中国，在土壤污染信息公开上的投入显然是严重欠缺的，最明显的例子就是中国始终没有建立环境评价结果的公开制度。这种严重不透明的信息体系造成了极为严重的后果。首先，民众的焦虑感增加，对政府的不信任程度上升。近年来，我国出现了多起受当地政府高度重视的对二甲苯工业项目（PX 项目）或是垃圾焚烧站项目遭到当地民众强烈抵制，最终不得不停止的事件。这些事件通过及时的信息公开、民意采集与宣传本来是可以避免的，但当地政府在这些方面的严重失职最终导致事件的发生。更为糟糕的是，如今民众已经从之前的对信息缺失的焦虑发展到对一些政府机构发布的信息的不信任，以至于出现“逢 PX 必反对”的荒唐现象，这不得不说是某些地方政府自食恶果。其次，民众参政议政的愿望正在不断加强，但由于信息公开制度的缺位，空有满腔热情却由于不了解相关信息、缺乏参与的途径而难以将愿望转化为实际的动力，长此以往将会对我国刚培养起来的公民参政环境造成重大打击。最后，力量再强大的政府也不可能是全知全能的，仅仅依靠政府不可能做到对所有污染排放者都实施监督，而在公开相关信息后，民众将扮演监督者的角色，实现对排污企业与个人的全方位监督。

公众参与制度以信息公开为基础，而其核心就是参与的途径。在这方面美国是做得较好的。美国以每个社区为土壤污染公众参与的基本单位，建立了社区关系计划书制度、资料阅览室制度、居民建议书制度、公众评议期制度①等一系列旨在建立充分的公民参与途径的制度。中国的社会结构与美国不同，但仍可以建立相应的公民参与制度，包括：①及时将环境评价报告、开

---

① 李静云：《土壤污染防治立法：国际经验与中国探索》，中国环境出版社 2013 年版，第 37 页。

发计划等与土壤环境保护直接相关的资料予以公布，以方便一切利害相关方查阅；②对于可能对土壤环境造成重大影响的行政决策，应当召开听证会或其他形式的民主集会，充分听取各方面的意见，尤其是基层民众的意见；③建立土壤环境保护热线与快速反应制度，对于民众反映的土壤环境破坏行为，应当在第一时间予以反应。只有建立能让民众真正参与到土壤污染防治工作中的机制，土壤环境保护体系才可以真正高效运行，土壤污染防治工作才能真正获得民众的支持。

综上所述，我国的土壤污染防治体系仍处于起步阶段，各种制度大多是雏形，需要我们不断向他国学习，并用在自身实践中掌握的经验来完善。当然，国际经验只能作为一种参考，我们所建立的必须是符合自身国情的体系，必须是能为我国所用的体系。

第四章
土壤污染防治的中国法律优化路径

第一节　我国土壤污染防治法律制度构建路径选择的价值目标

一、“保护国家主权权益”价值目标的确立

（一）保护国家主权权益的定义

1. 国家主权的定义

对于国家主权概念的界定，从近代让·博丹最初提出主权的概念开始，学术界一直争论不休。现实主义权力政治学者认为，一切的政治关系和政治行为都以权力为基础，国家对权力的运用实际上是为了维护自身利益。在国际关系中，国家在运用权力保障利益的过程中维护了国际秩序的平衡。国际政治经济学者则认为，在国际合作过程中，维护国家主权不仅要追求民族利益，而且在制定国家政策过程中，为协调国际关系，需要国家综合考虑国际形势，体现了国家的主权责任。可以看出，主权的内涵总是随着历史进程的发展而不断填充时代的需求，富含历史性。同时，主权一方面因为要反映国际社会的需要而具有客观性，另一方面由于每个民族、国家的认识不同而具有主观色彩判断。①

现代国际法一般认为，一定数量的人口、领土、政府和主权是构成国家

① 吕国平：《国家主权问题探析》，内蒙古大学2005年硕士学位论文。

的基本要素。一旦主权的完整性受到侵犯，就会对其他三个要素造成影响，因此主权是组成国家的要素中最重要的因素和法律基础。由于主权代表一个国家内部的最高权力和权威，具有终极性，因此国家的形成是主权产生的前提。同时，由于国际社会处于无政府状态，各国之间是没有命令与服从的平等关系，主权国家作为国际关系的行为主体，既享有国际权利，也承担国际义务。

因此，对于国家主权的定义应综合其对内和对外的两种属性，可以概括为：国家主权指的是一个国家对内管理自己政治、经济、文化的最高权力，对外处理国际事务而不受其他任何国家干涉的独立权利。

2. 国家主权权益的内涵

国家主权权益指的是国家主权在对内行使权力、对外在国际上主张权利的过程中所追求和维护的国家利益。该国家利益对内主要表现为对稳定秩序的追求，对外反映了对经济发展、国家竞争的需要。国家主权的权力体现了一种主体和客体之间命令与服从的关系，主要表现为管辖权。而国家主权权力的行使范围是国际关系中的平等主体，主要包括独立权、平等权。国家权力是一个国家最基础的组成要素，而国家权力不受干涉是国家利益得以实现的保障。

(1) 国家主权权力中的管辖权。

在国家主权权力的基础上，国家对其管辖区域内的一切人（享有外交豁免权的人除外）、事物和发生的事以及在其管辖区域外特定的人、事物和发生的事实行使管辖权。并且，管辖权制度根据绝对程度的不同可以分为两类：一类是完全的、排他的属地管辖权，另一类是需要其他国家配合、协作才能得到维护本国利益的属人管辖权、保护性管辖权和普遍性管辖权。[①] 由于管辖权是一个国家最基本的权力，因此，国家根据自己的经济发展情况与社会环境秩序，制定符合本国国情的政治制度，决定国家、政权组织原则，并制定有利于提高人民生活水平的经济制度，以此为基础才能实现国家的长治久安。

(2) 国家主权权力中的独立权。

在对本国内外事物管辖的过程中，对独立权的维护有利于不受其他国家的干预和干涉，因此国家在行使主权过程中具有排他性和自由性。独立权具有对内属性和对外属性。独立权的对内属性指的是国家对内管理的最高统治权，主要通过立法、行政、司法等方法来实现，这种对内最高统治权是国家

① 高建明：《论国家管辖权的发展趋势》，贵州大学2007年硕士学位论文。

作为政治实体的基本要素。独立权的对外属性指的是国家根据国家意志有权决定自己的外交方针政策，与国际社会中的其他国家、国际组织进行合作。

通过对对内属性和对外属性的比较、联系，可以总结出独立权的对内属性和对外属性之本质是国家可以按照自己的意志，根据自己本国的利益处理内外事物而不受其他任何国家、组织干涉和控制的权利。主权独立，是国家主权的其他权利得以实现的前提，有利于民族文化的继承和发扬，增强国民归属感和自信心。

(3) 国家主权权力中的平等权。

国际法学家瓦特尔继承和总结了普芬多夫和沃尔夫的观点，从自然法的角度论证了国家平等的原因。他在其 18 世纪出版的《万国法》一书中提出，既然自然状态下所有的人都是平等的，每个自然人天生具有相同的权利和义务，那么作为由自然人集结而组成的国家在自然状态下也是平等的，每个国家拥有平等的权利和义务。①

主权国家作为国际关系的主要参加者，是国际社会的基本成员，虽然由于历史原因各国在自然资源、人口数量、领土大小和经济发展水平等方面存在差异，但是在国际上的法律地位都是平等的。1945 年《联合国宪章》序言规定了"大小各国平等权利"的主张，1970 年《国际法基本原则宣言》将平等权视为国际关系的基本原则。但是在当今的世界格局中，由于霸权主义和强权政治依旧存在，国际地位和发言权也大都是靠各国的综合实力而决定的，因此国际法律关系中的平等权在实质上是不平等的。虽然法律形式上的平等权只涉及维护共同认可的道德尺度和行为规范，但是这种价值倡导有利于促进国际民主化的发展，对于维护国家社会的和平与安全有重要作用。因此，各国在享有主权平等权利的同时，还有尊重其他国家人格的义务，只有各国承认对方的主权平等，尊重各国意识形态和经济水平上的差异，才能求同存异，和平相处，共同发展。②

(4) 国家利益的本质。

国家利益是一国对外活动的出发点和落脚点，分为国家的生存利益和发展利益。国家主权利益具体指的是国家通过主权来满足国家以生存、发展为基础的各种客观需要，并以此来维护国家的秩序安全，促进国家综合实力的提升，保障全体人民利益等得以实现。国家主权是围绕国家利益而展开的，

---

① 周鲠生：《国际法》(上册)，商务印书馆 1981 年版，第 207~208 页。

② 夏云珍：《试论国家主权平等面临的困境》，载《广角视野》2010 年第 2 期。

国家利益的实现是行使国家主权的目的和驱动因素，而主权是国家的核心利益。

为了更好地阐述国家利益的本质，首先应对国家的概念作深入的理解和分析。从广义的角度来看，国家是指拥有共同语言、文化、历史等心理认同感的社会群体。从狭义的角度，国家是一定范围的领土之上的人群在一个独立自主的政府管理下所形成的社会共同体。国家既然由其领土范围内的人群构成，公民是组成国家最基本的单位，那么保护全体公民的共同利益便是维护国家主权的根本目的。共同利益是全体公民所追求的普适价值，体现在每个人的身上而不仅仅局限在某个个体。国家保护人民利益体现在各个方面，如生命、健康、财产，以及人们赖以生存的地球生态环境。因此，保护国家主权权益是指通过国家主权的行使来保护全体公民的共同利益。

20世纪90年代后，随着全球化的发展，世界各国的政治、经济、文化紧密地联系在一起，但是在全球经济发展进程中，人类对资源的过度开发、对环境的肆意破坏，引发了严重的能源危机并提升了全球环境污染程度，增加了环境治理的难度。污染物和引起污染的因素进入环境中，随着全球生态循环系统，通过水循环、气体循环在土壤中逐年累积，使土壤中的有害物质增多，不仅破坏了土壤结构、功能，而且被农作物吸收后通过食物链对食用者的健康造成了持久性的影响。

面对生态环境的污染，公民的生命健康权遭受着潜在的威胁，并且国家生态安全也经历着考验。生命健康权作为每个人最基本、最核心的权利，是实现任何活动和利益的基础和前提，因此，维护生态系统的稳定、保障公民的生命健康权不受侵犯已经成为实现国家主权权益的首要目标。采取有效措施对污染土壤进行评估、规划、治理，改善污染质量状况，提高农产品的品质，并为广大人民群众提供优质安全的食品已经变得十分紧迫。

(二)“保护国家主权权益”的历史沿革

1. 让·博丹对国家主权权益的认识

“主权”一词最早出现在中世纪的封建社会，指的是一种高于个人的权威。16世纪，法国思想家让·博丹首次提出国家主权理论。受亚里士多德的影响，让·博丹认为家庭是国家的起源，许多的家庭聚集起来组成了具有合法政府的国家。在《主权论》一书中，他认为主权是一个国家享有的对公民和领土进行统治的最高权力，并且这种最高权力是凌驾于法律之上且不受任何限制的。让·博丹提出国家主权理论的目的在于打破封建割据，解决神权和王权的对峙冲突，加强中央集权的君主专制政府对整个国家的管控。进而摆脱封建神权对思想的禁锢，促进资本主义思想、生产关系的发展，为资产阶级革命的后续发展提供思想理论基础。[①] 可以看出，让·博丹的国家主权理论具有绝对性、不可限制性的特点，因此，国家利益的对象也更多地表现为资产阶级和统治阶级的利益。

2. 格劳秀斯对国家主权权益的认识

让·博丹将国家主权理论的重点放在对内主权上，认为其是对一个国家内部的人、物、事实行的最高统治权力。而另一位思想家格劳秀斯将国家主权的范围扩展到了对外主权上，并对对外属性进行了详尽的阐述。格劳秀斯在《战争与和平》中从国家法的角度，首次将国家与主权联系在一起。他认为，作为国家意志的主权权力，国家应该服从，并且由于主权的绝对性，他人通过意志或者法律限制来约束主权的行为是无效的。同时，格劳秀斯也首次提出了对战争主权限制的主张。他虽然认为战争是历史进程中不可避免的产物，但在《战争与和平》中他对战争主体进行了严格的限制，并将战争分为非正义的侵略战争和正义的维权战争。正义的维权战争是为了实现自然权利免受侵犯，但必须要有正当且合法的理由才能发动维权战争，可是这种论点却为西方资本主义国家的人道主义侵略战争提供了理论渊源。格劳秀斯为国家主权思想奠定了近代国际法的理论基础，即主权是国家存在的基础，也是国家作为国际主体参加国际事务的基础。[②]

3. 国家主权在国际法上的正式确立

由于欧洲各国存在利益争夺、宗教纠纷等问题，1618 年引起了由全欧国家参加的大规模战争。持续 30 年战争后，欧洲主要国家为缓解战后恢复的压力，在 1648 年签订的《威斯特伐利亚和约》中第一次以条约的形式确认各国应互相尊重国家主权、国家领土、国家独立等原则。该和约承认了天主教和其他教会的平等地位，要求各国在发生冲突时，应该以谈判、协商等和平方式解决争端。此事件从法律上确认了主权国家在国际上的地位和在国际关系中独立交往的平等权，标志着主权国家作为国际社会行为主体的近代国际关系体系的形成。[③]

---

① 高全喜：《理解博丹〈主权论〉的三重视角》，载《读书》2009 年 6 月 15 日。

② 熊光清：《限制战争：格劳秀斯主权理论新解》，载《太平洋学报》2014 年第 9 期。

③ 黄德明：《论威斯特伐利亚和约对国际法的影响》，载《江汉论坛》2000 年第 6 期。

4. 卢梭对国家主权权益的认识

随着资本主义生产关系的日趋完善，法国启蒙思想家卢梭在彻底否定君主专制和批判洛克议会主权的基础上，从政治学的角度对国家主权理论进行了补充。他认为，国家主权是人民公共意志的集中体现，是人民权利让渡给国家的结果，而这种公共意志是为了更好地实现权利让渡者的自身权利，因此人民将自己置于遵循公共意志之下并接受公意的支配。卢梭强调将形式上的人民主权转变为现实实际的，以此实现保障人民集体权利和政治权利的目的。①

基于社会契约论的人民主权明确了人民在政治生活中的主体地位，并为政府和国家的形成、权力的合法行使提供了理论基础。卢梭所强调的公共意志属于每个人意志的集中体现，因此，国家主权是不可分割和转让的，具有至高无上性，并且不受外来势力的干涉，具有独立性。但是卢梭并不认为主权具有绝对性，因为如果主权不能真正地服务和实现人民公意，那么人民就可以宣布与国家之间的权力让渡契约无效，从而动摇国家存在的合法性根基。②

卢梭的人民主权理论丰富了主权的内涵，他认为只有在遵循公共意志的基础上实现公共利益，才是国家和政府存在的根本意义。主权属于人民的观点，成为亚非拉等地发展中国家争取民族独立、抵制西方霸权干预的重要思想武器。

5. 黑格尔对国家主权权益的认识

德国近代哲学家黑格尔的国家主权理论具体表现为君主立宪制，强调君王对国家的统治，而君王的统治是受法律限制的，是国家意志表现的最佳形式。在国家的起源上，黑格尔反对契约主义主张的人民主权思想，他认为国家是由理性力量产生的，民主制度只会绑架政府的理性管理，而社会契约的任意缔结和解除都是对国家权威的破坏。黑格尔的民族主义理论认为，独立是一个国家最基本的自由和最高的光荣，国际联盟是对国家独立性的限制和破坏，国家是不受法律和道德约束的，各国之间彼此处于自然状态。但独立性并不代表着与其他国家完全隔离，各国之间发生经济、外交上的关系是不可避免的。③

---

① 钱福臣：《洛克与卢梭人民主权学说比较研究》，载《法治论丛》2005 年第 4 期。

② 孙永芬：《卢梭的人民主权论再探析》，载《前沿》2008 年第 11 期。

③ 崔建树：《“国家至上”的现实政治——黑格尔国际政治思想研究》，载《国际政治研究》2008 年第 1 期。

在国家与市民社会的关系中，他认为国家是市民社会产生的逻辑前提，而市民社会是从家庭的个别性向国家的普遍性过渡的中介。市民社会是一个私利社会，每个人通过各种手段追求自身利益的最大化，有时甚至会与国家利益相背离，而国家是有意识的，普遍性是对公共利益的调节和保障。

6. 第二次世界大战对主权认识的影响

黑格尔对社会契约和市民社会的反驳，被一些极端好战分子个别、片面地理解使用，成为统治者对内暴政、对外实行侵略扩张的依据，也为第二次世界大战的爆发提供了理论思想基础。

20 世纪初，工业革命为资本主义国家创造了巨大的物质财富，为了资本输出和抢占海外市场，资本主义国家纷纷进行海外扩张。1933 年，全球资本主义市场爆发了空前的经济危机，由于资本主义国家经济发展不平衡，海外掠夺资源分配不公，加之《凡尔赛条约》的签订，在同盟国对德国的殖民地和财富进行瓜分的情况下，德国开始通过发展军事力量，对外国发动侵略战争走上了纳粹道路。

帝国主义国家为了给侵略扩张寻求正当的借口以推行殖民政策，极力鼓吹民族主权过时论。1939 年，由德国、日本、意大利为轴心国的法西斯国家发动了第二次世界大战，践踏了国家的领土完整和主权独立。在反抗殖民侵略的过程中，民族主权意识逐渐觉醒。例如，莱翁·狄骥的社会连带学说认为，绝对的主权将导致暴政；拉斯基在《主权问题研究》中认为，主权使国家在国际关系中丧失了理性，是与其他国家划清界限、疏远合作的障碍。反法西斯战争胜利后，为了制止侵略并促进国家关系的和平发展，1945 年《联合国宪章》提出了各会员国无论大小主权平等的原则。主权平等体现在三个方面：一是各国的法律地位平等；二是各国享有主权权利，有权选择自己的政治和经济发展模式；三是各国有尊重其他国家主权的义务，不干涉他国内政。[①]

7. 全球化进程中对主权的认识

“和平”和“发展”在全球一体化的进程中已然成为世界的主旋律，国际间依赖程度逐渐加深。可是由于主权国家在经济全球化中为了实现自身发展，无节制地使用主权理论，对作为主要工业生产原料的煤炭、石油和木材等自然资源进行掠夺性的开采，导致了全球自然资源短缺。

由于发展中国家起步晚、技术落后，高污染、高消耗的粗放型经济发展

---

① 吕国平：《国家主权问题探析》，内蒙古大学 2005 年硕士学位论文。

模式使大气、土壤、水不断受到污染，极大地破坏了地球生态系统固有的运行和发展规律。为实现社会经济与自然生态环境的协调良性发展，1972 年在斯德哥尔摩通过了具有里程碑意义的《人类环境宣言》。针对国家主权在环境领域的适用，宣言明确宣布了两个重要原则：一是在联合国宪章和国际法原则的双重配合指导下，各国有一定限度的主权来按照符合自身的环境政策开发自己的资源，但各国在开发资源中需负有责任，确保不影响其他国家或者本国管辖范围之外的环境；二是在改善环境的国际合作中，各国应本着平等协商的精神处理环境问题，而不是把自己的意志强加在他国身上，无视他国主权及利益。

20 世纪 80 年代以来，绝对主权理论虽然为第二次世界大战后亚非拉等发展中国家争取民族独立、捍卫国家主权提供了重要的思想武器，但其所强调的对本国事物完全排他性的管理已不符合国际社会发展的趋势。完全不考虑其他国家的环境政策和资源开发势必会引起世界人民的反对，仅凭一己之力来抵挡全球环境的压力也是不切实际的。

一些发达国家为了弱化国家主权理论，提出了新干涉主权理论，鼓吹人权高于主权的理论，力图拓展国际活动的空间，在国际社会中起主导作用。在以人道主义救援为借口来维护国际社会安全稳定的过程中，妄图建立符合他们利益的世界新秩序。[①] 因此，在绝对主权和新干涉主权理论针锋相对的过程中，相对主权理论因融合了前两者的精髓，且更符合《人类环境宣言》的宗旨，得到了国际社会的普遍认可，成为各国处理国际环境关系的准则。

相对主权指的是国家自愿主动地将部分主权让渡给其他国家或者国际组织行使，来实现国家利益的最大化，同时保留随时收回让渡部分主权的权利，防止产生影响国家安全的威胁。欧盟各国正是本着相对主权的观念，让渡部分主权。这种做法深化了欧洲一体化，增强了作为团体的竞争力和话语权。可以看出，欧洲各国的主权让渡在主动、自愿、共同利益观追求原则的指引下展开，因此欧洲一体化并没有给各国主权和根本利益造成实质性的侵害。[②] 德国外交家俾斯麦指出："政治是门追求次好的艺术。"在处理外交关系时，只有各国相互妥协、彼此协商达成共识，才能促成合作、解决纠纷，实现各国利益的最大化。

---

① 肖宁、王瑛：《浅析"新干涉主义"的渊源与理论基础》，载《湖南文理学院学报》（社会科学版）2004 年第 3 期。

② 武磊：《论国家主权的限制》，西南政法大学 2012 年硕士学位论文。

8. 经济全球化下的全球污染问题

20 世纪 90 年代以来，以互联网为标志的信息技术革命掀起了全球化的浪潮。在生产力和生产关系相互促进的过程中，经济全球化使得国际经济区域化合作明显，国家之间的贸易壁垒和歧视性政策逐渐消失，资本、劳动力等生产要素在全球大市场中自由流动并合理配置，各国、各地区的贸易结构融为一个整体，新的国际经济秩序在国际分工合作中逐渐形成。① 但随着经济一体化进程的加速，跨国环境问题也成为阻碍经济进一步发展的障碍。

对资源的过度开采虽然满足了来自世界的消费需求，但是生态环境的失衡影响着全球生态系统的稳定，环境问题逐渐从区域性问题发展成为亟待解决的全球难题。

环境问题主要表现为：二氧化碳过度排放造成的全球气候变暖、海上石油开采泄漏造成的海洋污染、原始森林采伐造成的生物多样性锐减等。一个国家、地区的行为往往会在相互联系的全球生态系统中引起明显的反应。正所谓牵一发而动全身，任何一个国家在全球环境问题中都不可能独善其身。由于在全球化中各国之间相互影响、相互依存的特点越发明显，解决环境问题已经不是单单靠某一个国家、地区的力量就能完成的，必须依靠各国的共同努力与合作。②

（三）“保护国家主权权益”与土壤污染防治实施机制的关系

地球是一个有机的生态系统，全球相互关联的物质循环、能量流动，使得环境问题不再局限于某一个区域。全球气候具有统一性和相互牵连性的特点。《我们共同的未来》指出，经济发展和环境保护对传统的主权理论提出了新的挑战，成为人类必须担负起来的历史重任。世界各国应当重新审视当今环境与发展所面临的严峻问题，在资源枯竭前找到新的出路，确保人类的可持续发展。③

在迅猛发展的工业化过程中，对资源的过度开采、污染物的肆意排放，加上对工业负面效应的认识不足和应对不力造成的资源短缺、生态破坏问题，制约了经济的进一步发展，使得生态环境的承载能力透支，并提高了持续发展的环境成本。

---

① 薛敬孝、曾令波：《论经济全球化的内涵和表现形式》，载《北华大学学报》（社会科学版）2000 年第 1 期。

② 路日亮：《全球化对生态环境的影响》，载《岭南学刊》2010 年第 3 期。

③ 王剑、吴娟：《“可持续发展”理念的首倡及其意义——〈我们共同的未来〉述评》，载《铜仁学院学报》2014 年第 6 期。

比利时马斯河谷烟雾、洛杉矶光化学烟雾、日本富山痛痛病等事件，直接或间接地对国民健康和国家经济造成了极大的损害。但环境污染已不仅仅局限在一国境内，随着科技成为引领全球经济发展的核心因素，研究和开发领域的拓展，以大型重化工企业为代表的产业出现，环境污染也突破了地区界限，涉及面大的跨界污染触及国家、团体、公民的切身利益。①

1. 跨界污染对主权权益的危害

跨界污染日益显著，但是在国际环境法和学术理论界却未对跨界污染形成一个统一的定义。1977 年的《关于跨界污染中平等申诉权与非歧视权执行机制的建议》首次对跨界污染的概念进行了定义。该定义明确，跨界污染的污染源来自一个管辖区域，却对另一个管辖区域造成了污染，而这种污染的产生不论主观是否故意。

从上面的定义可以看出，跨界污染是在一国管辖或控制范围内的环境污染，对其他国家领土或其管辖或控制的区域造成影响。但是笔者认为，跨界污染来源不仅仅发生在国家的范围之内，如不属于国家管辖的公海、经注册登记的航空器和船舶、大陆架和专属经济区等法域概念规定的国家管辖区域造成的对其他国家环境的影响也属于跨界污染的范畴。《国际法不加禁止的行为所产生的损害性后果的国际责任条款草案》中将“污染影响国”界定为“起源国以外的一国领土内或其管辖或控制下的其他地方”，扩大了对污染影响国的定义。②

综合上述定义，笔者对跨界污染进行了定义。跨界污染指的是污染源部分或者全部发生在一国管辖或控制的范围内，并在污染来源国以外的他国领土内或者其管辖控制外的其他地区造成损害。

由于大气的统一性和海洋、河流的流动性，使得各国的环境关系紧密相连。跨界污染造成的国与国利益的不均衡和冲突，影响着国际关系的和平发展以及国际合作的顺利进行。在近现代的发展史中，不乏因不恰当开发本国自然资源而损害其他国家环境利益的污染事件。

（1）跨界污染中的大气污染。

位于加拿大的特雷尔冶炼厂是当时北美最大的冶炼厂，在冶炼锌和锡等矿物质时排放出大量的一氧化氮、二氧化硫等工业废气，由于上层空间的开

---

① 吴晓燕：《跨国环境污染引起的国家环境责任》，载《哈尔滨学院学报》2005 年第 12 期。

② 邓波：《论国际环境损害责任——从国家责任向私法责任的转变》，吉林大学 2005 年硕士学位论文。

放性，排放到空气中的污染气体在气压风的推动下，扩散范围随之变大，又由于污染气体中含有多种元素，污染物质与空气中的其他物质元素相结合发生化学反应形成新的污染物，导致污染来源不清、治理难度增大。这股废气让美国的庄稼、牲畜、森林遭受大面积的损害。最终，仲裁法庭于1941年裁决加拿大负有赔偿损失责任，还要采取保全措施来防止污染的进一步扩散。

特雷尔冶炼厂仲裁案奠定了国际环境法的重要原则，即领土无害使用原则。该原则在之后制定的国际环境条约、宣言中体现得尤为明显，成为国家预防环境污染、解决跨界污染纠纷的重要准则。领土无害使用原则提倡的“相对主权”理论是对“主权绝对”“主权豁免”理论的彻底否认，并且在此基础上派生地提出了“不损害国外环境”的原则。[①]

“相对主权”是建立在“干涉主权主义”和“绝对主权主义”平衡关系中的理论。由于国际关系的复杂性、国家之间的差异性，因此建立一个世界政府来解决国际环境问题的新干涉主权主义难以促进各国同心协力地解决环境问题，但是对本国资源无限制且无责任开发的绝对主权主义势必会引起全球环境的连锁反应。根据本国利益的需要，各国让渡出部分主权来促进经济、环境的和谐发展是对传统主权观念的超越，将对国家利益的强调上升到更高的层次。

（2）跨界污染中的海洋污染。

地球之所以被称为蓝色的星球，主要在于它的大部分面积被水资源所覆盖，而其中96.5%的水都来自海洋。因此，海洋污染所造成的损害范围是极为广阔的。就如蝴蝶效应一样，一只小蝴蝶在亚马逊雨林扇动翅膀，可能会引起美国得克萨斯州一场不小的飓风。而跨界海洋污染也会随着海洋的环流，对海岸国家和内陆国家造成直接或者间接的影响。海洋跨界污染大多为国际法不加禁止的行为，表现为远洋油轮的行驶、海底和沿海地区矿产资源勘探、海上石油平台的开采。这些活动都对海洋生态环境安全带来了极大的隐患，操作不当或者恶劣的自然原因都可能导致石油泄漏等海洋污染。

1979年，由于遭受恶劣天气的影响，大西洋皇后号油轮同爱琴海船长号油轮在加勒比海相撞，导致28.7万吨原油泄漏，26名船员死亡。造成多巴岛附近海域大火蔓延，被浓烟覆盖。此次油轮泄漏事件是规模最大且造成影响最为严重的一次海洋污染。1989年，美国“瓦尔迪兹”号因船长指挥失误，

---

① 李伟芳：《跨境环境损害赔偿责任的国际法思考》，载《政治与法律》2008年第9期。

导致失控撞上岩礁后搁浅，5 万吨原油泄漏，使美国沿海 1300 公里区域遭受污染，海洋野生动物遭受重创。[①] 1977 年，位于北海的埃科菲斯克油田由于钻井平台组织和管理失误，安装时将井喷预防器倒置，导致 26.3 万吨石油泄漏，造成方圆 4000 公里海域被浮油所覆盖。2011 年，中海油渤海湾 19-3 油田钻井时出现井喷，溢油事件对沿海渔民生产作业和沿海居民用水造成了一定的影响。

（3）跨界污染的特征。

全球生态系统是一个有机整体，国际环境安全则将人类看成一个共同体，并把局限于一国之内的环境安全与国际安全相互联系，上升到全球的高度。国际环境问题主要表现为以下几个特征：

一是规模的跨国性。以二氧化碳为代表的气候问题造成了全球温室效应，两极冰川融化严重威胁着沿海国家、地区的安全。亚马逊雨林等森林资源的过度砍伐，使森林涵养水源的功能大大降低，水土流失导致耕地面积减少，使得粮食安全保障遭受威胁，并且由于绿色植物减少，进行光合作用固定二氧化碳的能力减弱，进而又加速了全球气候变暖。

二是影响的长期性。为了保障粮食安全，使用化肥和农药来保证农作物增产成为农业生产的普遍现象，但由于这些人工合成物质化学性质稳定难以降解，长期积累超过了土壤的自净能力，造成土壤结构板结、养分减少等问题，反而导致农作物的质量和产量降低。人们在食用积累了大量农药和化肥的农产品后，将对健康构成潜在威胁。土壤污染的隐蔽性和滞后性，对当代人和后几代人的可持续发展形成阻碍。

三是问题的复杂性，环境问题与经济利益和政治利益密切相关。在国际政治经济秩序和世界贸易体系中，各国基于本国发展优势承担着不同的国际分工。由于世界人口基数大、增长率高，对物质资料的需求和消耗超过了物质资料的生产、供给能力。广大发展中国家因历史原因起步晚、经济模式落后，加之先污染后治理的发展理念，粗放型、低利用率的生产方式最终导致生态失衡，恶性循环加剧。

2. 国际非政府组织在治理跨界污染中的作用

跨界污染通常涉及几个国家和地区，并且环境恶化速度以及环境治理难度超过了主权国家的承载能力，因此通过国际组织来协调国家间的利益，消

---

① 沈婷婷：《都是漏油惹的祸——史上最严重的海上石油泄漏事件系列》，载《海洋世界》2010 年 7 月 15 日。

除分歧、解决纠纷变得日益重要。国际组织在解决环境纠纷时，根据国际条约和规定，对各国的行为进行限制，并需要各国让渡出部分主权来配合国际组织的工作。例如，《人类环境宣言》提倡各国应该支持各国际组织进行的环境保护和改善的各项举措，并与国际环保组织相互配合协作以达到防治污染的目的。国际组织由具有专业环境知识和技术的人员组成，并且机制较为灵活，更容易取得治理成效。但国际组织的出现无疑对国家主权提出了挑战，非国家行为主体的加入也促进了国际社会的分化，动摇了国家才是国际关系行为主体的理论基础，同时对主权的绝对性和不可分割性形成了挑战。①

随着公益诉讼的发展，环境非政府组织为了代表人类的共同利益，以监督者的身份参与到环境污染治理之中。但有时却只代表了某个国家或特定社会阶层的利益，只强调对环境的保护而不顾经济发展的状况，这势必会与当事国国情脱节，也将加剧地区的差异。

“行使自己的权利不得损害他人的权力”以及“使用自己的财产不能损害他人的财产”是罗马法在私人领域提出的权利禁止滥用理论，上升到国家关系的层面，领土使用无害原则指的是一个国家根据本国国情制定环境政策对本国自然资源进行开发、利用，但应当对其可能产生对别国的损害承担预防义务，避免损害其他国家的利益。如果发生损害，应该承担赔偿和治理责任。

作为国际环境条约、协定的缔约国，接受相关制度的约束和督促，必将会对国家主权的行使造成一定的限制。如果缔约国不履行条约中的规定，或者不接受国际组织关于停止污染行为的建议，那么便会面临违约的风险，国际组织将会暂停对该国的援助，或者终止该缔约国在条约中所享有的权利来制裁、惩罚该国的违约行为，并且在国际舆论上对其国际名誉和守信度造成负面影响，直接或间接地损害其经济和政治利益。②

3. 国际环境法对国内法的作用

虽然国际环境法并不具有强制力，但其原则和规范对主权国家相关法律的形成奠定了基础。联合国环境规划署不仅在其起草的国际环境法中对污染的标准和规则进行了制定，而且近年来还督促各国对国际环境犯罪追究责任。法院在审理同一个案件时，援引的国际条约和国内法的规则及标准不同，将会造成规则使用上的冲突，进而影响国家的司法管辖权。当遇到这种情况时，

---

① 李杰豪：《国际组织与主权国家互动关系新探》，载《当代世界与社会主义》2005年第6期。

② 徐颖岚：《国家环境法的实施对国家主权的冲击》，西南政法大学2009年硕士学位论文。

可以基于国际环境法的基本原则来作出价值判断，同时可以弥补国内相关立法的不足。

4. 绿色贸易壁垒对主权的冲击

在世界贸易结构中，发达国家出口高科技产品占据贸易优势，发展中国家在国际贸易中出口低附加值的劳动密集型产品，以低价优势争取国外市场。但某些发达国家以保护生态环境为借口，设置绿色贸易壁垒，根据本国的科技和环保水平制定进出口标准和措施，提高了其他出口国对外贸易的门槛，违背了世贸组织规定的给发展中国家特殊优惠待遇的原则——发达国家尽最大努力对发展中国家开放其贸易和服务市场，以达到世界格局的平衡与协调。

由于发达国家实行了绿色会计制度，使得环境资源成本内化，对尚未实行绿色会计核算的国家对企业补贴的合法性进行批评，认为环境补贴违反了国际贸易公平原则。对于接受政府补贴的企业，进口国以不公正竞争为借口拒绝进口，甚至对出口国提起反补贴申诉，实质上是在实行贸易保护主义。如果出口国对绿色贸易壁垒的合法性进行承认，那么便等于接受了进口国所制定的贸易保护标准，而环境标准的域外管辖权将产生对国家主权的冲击。[①]

5. 国家主权权益与公民权利的关系

国家的最小单位是个人，国家是由多人组成的共同体。因此，只有在实现国家利益和公共意志的基础上，才能更好地满足每个人的自身需求，而国家主权和公民权利的关系是整体和局部的从属关系。那么，保护国家主权是保障公民权利的前提，保护公民的权利是保护国家主权的具体体现。公民的生命权、财产权、家庭生活权是公民最基本的权利，也只有在适宜的环境中才能实现，因此学术界提出了环境权的概念，希望以此保障人的健康并使财产免受侵害。试想，若人所居住的环境产生了水污染、空气污染，那么人的生命健康将无法保障。酸雨、土壤功能退化导致的建筑物侵蚀和粮食减产，也将无法保障公民财产不受损失。因此，营造一个适宜的生活环境对保障人权有重要意义，进而达到保护国家主权的目的。

大气、水体和土壤作为组成全球生态系统的三大要素，其污染的影响力是不容忽视的。目前，土壤面临严峻的污染问题，农药化肥污染、固体废弃物污染、放射性物质污染等不仅改变了土壤自身的结构和功能，而且土壤中的污染因素通过风力和水流扩散到其他环境之中，造成的大气污染和水污染

---

① 郭爽：《透析假“绿色”之名的新贸易保护主义》，载《辽东学院学报》2006年第3期。

扩大了污染范围。因此，防治土壤污染对国际环境和国家主权的保护有着重要的现实意义。

二、“保护国家主权权益”价值目标的可行性与合法性分析

（一）“保护国家主权权益”价值目标的可行性

在原始社会时期，尚未形成具有约束力的社会秩序，每个在自然状态下的人都是绝对平等且自由的，但正是因为绝对的平等和自由造成了“平等者之间无管辖权”，每个人都没有听从他人命令的义务。这使得每个人本性中逐利性的贪婪本质完全暴露出来，因此对物质资料的需求也是无限的。可是由于当时的社会发展阶段，物质资料主要表现为有限的动植物资源，满足每个人无限的需求是不切实际的。因此，由第三人来平衡利益关系便成了当时整个社会的诉求。①

为了寻求社会依靠和团体的支持，自然人开始集结成一个团体来增强应对自然变化的能力，并在部落吞并和文化的融合中逐渐形成一个个统一的共同体。在共同体之中为了更好地实现每个人的需求和利益，每个成员将自己的权利让渡给某个人或某一部分人，在权力让渡过程中建立起有序的权力结构秩序。在社会权力结构中，享有支配公共权力的人因此具有了使他人服从的权威，而排他性和最高性权威的建立促使了主权观念的形成。同时，主权体现了命令与服从关系的权威形态。

作为共同体中的一员，每个自然人都希望在共同体中得到支持和保护。在长期的共同生活过程中，人们相互融合，形成了对文化习惯、历史传统的心理认知，觉醒的民族观念促使他们对共同体的依赖程度逐渐加强，因此保护国家利益不受侵犯在实质上成为保护个人利益不受侵犯的大前提。

（二）“保护国家主权权益”价值目标的合法性

随着时间的推移，基于社会契约而构建的共同体形成了现代意义上的国家，并为国家主权权益的合法性奠定了理论基础。

社会契约论最早是由霍布斯提出的，但霍布斯的社会契约论仍是在绝对主权论的基础上强调对理性的约束和对自然法的遵循。他认为由于在自然状态下，人们的逐利性在没有一个确定秩序的约束下被肆意放大，这必然会危害生存环境的稳定。因此，在社会中应该存在一个公众都认可的“法官”角

---

① 喻锋：《主权的缘起：历史理性、合法性与认同》，载《基础世界经济与政治》2008 年第 4 期。

色对利益进行公平的划分，并公正地裁判是非对错。显然，“法官”角色在社会结构中处于优越地位，具有高于他人的权威，并且可以基于公众的授权而管理社会事务并发布强制性命令却不受任何限制。①

霍布斯并没有对权力的来源作明确的说明，只是表述了“法官”的来源。洛克在霍布斯的理论基础上认为，权力并非是不受限制的，权力是公众基于共同利益追求所制定的一致规定，而这种规定是由社会上大多数人在自由意志的抉择下形成的，因此只有在规定范围内行使权力才具有权威性和合法性。②

1762年发表的《社会契约论》是卢梭对尚不统一、完善的理论和实践进行总结归纳后的集大成之作。该书为了缓和自由和秩序之间的矛盾关系，提出了人民主权理论，认为社会公众权利通过社会契约与国家权力联系起来，国家是自然人为了凝聚力量而让渡部分权利形成的共同体，政府存在的目的是更好地运用权力以实现公共意志和利益。同样，公共意志也包含了主权者的利益诉求，主权者在行使公共权力时，也是在服从自己的公共意志。如果政府并没有遵循公共意志的宗旨，那么政府便没有了存在的意义。因此，实现公共意志是国家和政府合法性的依据，同时也是国家主权权益的合法性根源。③

第二节　发达国家相关法律制度改革的导向性绩效分析

2005年，原国家环保局对全国2/3的土壤状况进行了调查，历时近九年，直到2014年才公布了结果：调查区域耕地污染率达到19.4%，全国土壤污染超标率约为16.1%，其中主要为轻度污染的土壤，中重度污染耕地接近5000万亩。土壤污染的重灾区为经济发展较快的中东部地区，如长江三角洲、珠江三角洲和东北老工业区。据调查，珠江三角洲的农田污染超标率高达40%，其中严重污染农地由于阻碍农作物的生长，造成的直接经济损失高达200亿元。耕地污染问题造成的农作物减产、质量品质的降低，严重影响着全国的

① 孙永芬：《卢梭的人民主权论再探析》，载《前沿》2008年第11期。

② 曹宪忠：《社会契约理论：霍布斯与洛克之不同》，载《文史哲》1999年第1期。

③ 彭晓梅：《卢梭社会契约论中的政治合法性思想研究》，燕山大学2011年硕士学位论文。

粮食安全。①

由于我国经济起步较晚，为了满足人民日益增长的物质文化需求、提高生产力，农业和工业发展比较粗犷，在农业生产上大量使用农药和化肥，造成了土壤有机污染物富集，吸收了污染物质的农作物进入市场后，人们通过饮食危害了自身的健康。在城市化进程中，工业厂址搬迁至城市外，虽然给城市人口的居住生活、工作和交通提供了便利，但其长期以来不重视预防和治理的遗留地可能造成了严重的重金属污染。由于重金属污染的难治理性，将对有关人群造成长期的危害。

土壤污染问题不仅阻碍了自身经济的进一步发展，而且影响着土壤生态环境的平衡。土壤污染改变了固氮类微生物（如根瘤菌）和土壤动物（如蚯蚓）的原有生存环境，影响其生物活性，造成土壤养分和肥力的降低，并且土壤中的污染物质随着降雨渗透进地下水，将通过水循环系统导致污染范围的扩大，直接关系到公众的饮水安全。

发达国家在早期的发展过程中也面临着同样的土壤污染问题，之后通过相关法律制度改革和完善逐步使其得到解决。因此，了解发达国家的法律制度改革方法，学习防止土壤污染的经验，将对中国土壤整治、修复提供导向性借鉴意义。

一、发达国家相关法律制度改革

（一）美国的相关法律制度改革

美国作为世界上经济最发达的国家，并没有关于土壤污染防治的专门立法，而是通过外围法的方式完善土壤保护和污染土壤治理的体系，即通过《固体废物处置法》《清洁水法》《清洁空气法》等相关法律中的规定来防治土壤污染。

1. 美国历史上严重的环境污染事件

1930 年至 1936 年，由于干旱天气影响，加之对北美草原的过度开发使得地表植被稀疏，致使土壤风蚀严重，水土流失现象不断加剧，颗粒化的土壤在高空气流的助推下席卷而起，在天空中形成了黑色风暴带，风暴所到之地水井干涸、庄稼枯萎，民众流离失所。这场严重的沙尘暴侵袭事件史称“黑色风暴”事件，引起了美国对环境的高度重视。为了使土壤防治有一定的规

---

① 袁峰：《浅析我国耕地土壤污染现状及其改善措施》，载《广州化工》2014 年第 6 期。数据来源：《2005~2013 年全国土壤污染状况调查公报》。

定来指导，相关的土壤污染防治措施也应运而生，随后美国国会出台了相关的农田保护法令。出台这些法令的主要目的是防止土壤流失导致农作物减产，稳定农牧业发展。

20世纪70年代末的“拉夫运河污染事件”同样震惊了整个美国。19世纪末本应在其上修建成发电站的拉夫运河，由于投资方资金链断裂，在修建到1.6公里时只能停工废弃。1942年，一家化学公司买下这个干涸的河道，主要用于填埋化工废弃物。据统计，1942年至1953年，拉夫运河填埋了约2万吨化学废物垃圾。随后，该化学公司以1美元的价格将河道卖给了当地的教育委员会并附有毒物质安全警告，但教育委员会仍在填埋场上修建起小学，纽约市政府亦在周边建成了学区住宅房。1978年，地面开始渗出重油般的黑色液体，金属容器也显露出来，这些危险的化学物质严重危害了周围居民的身体健康，各种疾病也频频发生，如孕妇流产、儿童发育缺陷、泌尿系统疾病等。在公众舆论的压力下，纽约州政府作出决定，对660户居民进行暂时性搬迁，并赔偿居民损失高达6000万美元。这次政府赔偿建立的“超级备用金”也是联邦资金第一次用来对化学废弃物进行清理。①

2. 美国超级基金制度

1980年通过的《综合环境反应、赔偿与责任法》旨在处理危险物质泄漏事故并建立危险物质泄漏后的应对反应机制。根据该法案设立了超级基金，为危险物质泄漏后的治理和赔偿提供了资金基础。面对责任主体不能确定或者责任主体无力承担的情况，可以由超级基金先行垫付，这样污染所造成的损害便能得到及时的弥补。在明确责任主体或责任主体有能力承担时，超级基金可以提起诉讼追索其先行支付的费用，并且超级基金具有无限连带和溯及既往的特点，土壤污染的所有者、使用者不论有没有过错，都负有赔偿责任，并且对于《超级基金法案》颁布前的土壤污染问题也可以要求土地的使用者、所有者承担责任。这两个特点对损害的弥补形成强力的保障，也否定了污染企业的短期获利行为。

但是美国的《超级基金法案》也存在一些不足，其中最大的问题是基金投入的回收情况较差。由于治理土壤污染范围广、耗时长、耗资巨大，在短时间内不仅难以实现目标期望，而且资金状况常常入不敷出。第二个大问题是给企业造成了巨大的负担。《超级基金法案》规定了20年的追溯时效，使得企业常常因土壤污染问题处于应付诉讼的状态，频繁的诉讼减缓了企业的

① Seuly：《美国拉夫运河事件》，载《见证·思考》2005年8月刊。

发展。第三个大问题是使污染土地的再开发利用变得异常艰难。企业搬迁后的遗留地被称作棕色地块，《超级基金法案》要求后来的开发者要对棕色地块进行勘查和清理后才能开发利用，巨额的清除费用和将来潜在的环境侵权索赔风险影响了其对棕色地块的开发利用，造成了大量棕色地块的闲置。由于没有治理，地块的污染程度进一步加深，成了“棕色地块”，许多企业放弃了对靠近巨大消费市场且交通方便的“棕色地块”的开发，而是转向对市郊土地价格低的绿色地块投资。①

3. 美国对“棕色地块”的整治

为响应“棕色地块”全国合作行动议程，1997 年 8 月美国国会颁布了《纳税人减税法》，对清除“棕色地块”的企业和个人实行税收优惠的政策，以达到振兴开发的目的。据统计，一年税收虽然减少了 3 亿美元，却吸引了 34 亿美元的投资开发，这对全国 8000 个“棕色地块”的整治和振兴有着重要意义。② 为进一步加快“棕色地块”的清除和再利用进程，完善对土壤污染风险的管理，为“棕色地块”提供资金援助并强化各州之间的配合反应机制，美国于 2002 年对《超级基金法案》进行修订，制定了《小规模企业责任减轻和棕色地块再利用法》，免除了中小企业部分由《超级基金法案》规定的赔偿责任，并详细规定了土壤污染的免责情形。从《小规模企业责任减轻和棕色地块再利用法》的名称便可以清晰地看出美国土壤污染的立法目的，也体现了明确土壤污染治理责任的立法模式。③

4. 倡导公共参与监督环境保护

美国还鼓励公众和非政府组织参与环境治理工作，保护环境成为政府和全体公民的共同义务。风险评估、整治标准、土地规划的制定由政府部门、非政府组织、社会公众和专门学者共同研讨确定，从而有利于土壤污染防治工作得到社会各界的配合和支持，实现民主化和科学化。同时，将环境信息公开给大众，从而在公众的监督之下更好地开展土壤污染防治工作。④

---

① 卢明、王志彬：《美国超级基金制度对我国土壤污染防治的启示》，载《安徽农业科学》2013 年第 5 期。

② 罗思东：《美国城市的棕色地块及其治理》，载《城市问题》2002 年第 6 期。

③ 张百灵：《中美土壤污染防治立法比较及对我国的启示》，载《山东农业大学学报》（社会科学版）2011 年第 1 期。

④ 赵沁娜、杨凯、徐启新：《中美城市土壤污染控制与管理体系的比较研究》，载《土壤》2006 年第 1 期。

（二）日本的相关法律制度改革

与美国的宽阔平原地形不同，日本平原大多为冲积平原且面积狭小，用来耕种的土地十分有限。据统计，日本总面积的71%为山地和丘陵，因此保护耕地安全成为日本关注的重点。

1. 日本历史上严重的环境污染事件

19世纪70年代，足尾铜山被过度开发，在快速发展的同时，也造成了严重的生态破坏。为了冶炼铜矿，周边的树木被大量砍伐用作燃料，并且含有铜化合物的污水未经处理便排放出去。虽然建立了矿渣沉淀池和过滤池，但是污染仍不能有所缓解，造成了流域地区的土壤污染。稻草停止生长并从根部腐烂，撒下的种子根本发不了芽，农畜饮水后也一批批地死掉，富庶的鱼米之乡变成了颗粒无收的荒地。这次污染被称作“足尾铜山矿毒事件”，持续了40年之久，直到20世纪初仍影响着当地的农业生产。以“足尾铜山矿毒事件”为起点，保护农业生产安全成为日本土壤污染防治开始的主要目的。①

冶炼厂排出的未经处理的废水中含有大量重金属，由于重金属不断在人体内富集且潜伏期久，直到20世纪50年代，各地因土壤污染造成的发病率急剧升高。神通川流域镉污染造成人体镉元素富集，钙元素流失，引发了因慢性中毒导致的骨软化症，被称作“富山痛痛病”。截至1979年，造成的经济损失高达20亿日元。在宫崎县土吕久砷污染事件中，土壤中的含砷量达到300~838mg/kg，慢性中毒导致了脑麻痹、肾细管障碍和各种复杂原因结合而产生的症候群。

2. 日本的《公害对策基本法》

进入20世纪70年代后，日本公害问题突出，如镉大米事件、光化学烟雾事件、铅污染事件等。因此，日本于1970年修订了《公害对策基本法》，将土壤污染列为公害之一。虽然该法是原则性的基本施政方针，但它却体现了国家对于防治公害的坚定态度，也为政府制定相关的环境标准提供了法律依据。《公害对策基本法》第22条规定，造成污染的企业应承担整治污染部分或者全部责任。第24条规定，国家应采取金融或者税收优惠的政策，鼓励刺激企业进行防治污染的工作。这些规定明确了污染者的责任范围和责任程度，同时对政府营造良好环境提出了要求，希望以此来促进土壤污染防治工作。在《公害对策基本法》的指导下，相应的政省令随即颁布。②

---

① ［日］上昇一郎：《たなかしょうぞう》，光村図書2009年版，第26~28页。

② 康树华：《日本的〈公害对策基本法〉》，载《国外法制介绍》1982年4月。

3. 日本的《环境基本法》

为了迎合时代发展，日本在《公害对策基本法》的基础上，于 1993 年制定了《环境基本法》并在其中融入了可持续发展理念。该环境综合性法律将污染划分为大气、土壤、水体和噪声污染，并明确了相应的环境标准，同时将责任对象的范围扩展到公众，提倡循环使用产品并合理处置废弃垃圾。循环经济理念提高了民众的环保自觉性，并促使日本在先进技术和教育文化基础上向循环型社会转变，成为世界上资源循环率最高的国家。①

4. 应对农用土地污染的《农业用地土壤污染防治法》

为进一步加强农业安全管制，做到积极预防、统一管理和及时治理污染，日本在 1993 年修订了《农业用地土壤污染防治法》，其目的是预防和消除土壤污染，将污染土壤分类分级后进行有针对性的开发利用，以便最终达到保证农业安全发展和国民健康的目的。

《农业用地土壤污染防治法》规定了保护土壤环境的具体内容，如农用地土壤调查和检测、划定污染区、治理污染区域、恢复土地使用功能等，并提供了相应的土壤质量环境标准以及分析方法，有利于对土壤污染防治的管理和具体工作的开展。② 而农业污染主要涉及农药、化肥的施用，因此 1948 年《农药取缔法》颁布，对于农药种类登记、农药使用方法与期间及其注意事项作了具体规定，并对农药生产、销售和使用全过程通过抽样检查进行实时监测，减少了对农作物的直接污染。

5. 日本对城市土壤污染的整治

20 世纪 70 年代以来，土壤污染从农村扩展到了城市，工厂废墟和搬迁后在原厂址留下有毒物质污染的事件频繁发生，废弃物的无序放置和不当处理，不仅直接造成了土壤的污染，而且还让其渗透至地下水中，造成地下水循环系统污染。1976 年，日本修改了《废弃物处理和清扫法》，规定了废弃物的范围和处理规范。1989 年修订的《水质污染防治法》明确禁止有害物质进入地下水中。

21 世纪以来，日本土壤污染问题已经在市街地蔓延，为防止工厂、企业停运和产业转型，以及在城市再开发过程中产生的土壤污染，日本于 2002 年颁布了《土壤污染对策法》，有针对性地解决了各类具体的土壤污染问题，如

① 于琳：《日本环境基本法的发展历程》，载《法制与社会》2009 年第 12 期。

② ［日］《农用地土壤污染防治法律》第 3 条、第 5 条、第 8 条、第 10 条，第 12 条第 3 款。

市街道、重金属、地下水对土壤的污染。为了解情况并采取相应措施，该法要求对土壤污染调查结果进行报告并对污染土壤进行实时监测，还规定了土壤污染环境标准、调查范围、地域及其所要达到的条件。其在责任制度上借鉴美国的《超级基金法案》，采用严格责任原则、连带责任原则、追溯责任原则，构建了独具特色的公害赔偿制度。从此，形成了以《环境基本法》为中心的土壤污染防治立法体系，以《农业用地土壤污染防治法》和《土壤污染对策法》及相关配套法律同样构成了日本土壤污染防治体系。①

6. 日本地方性土壤污染立法

日本各地根据不同的环境情况，制定了不同的环境标准和整治措施，形成了因地制宜的土壤污染防治地方性立法。日本地方性立法具有鲜明的特征，但也在宏观上遵守共同的原则和规范。例如，在土地流转过程中，要根据土壤环境基准提供防治土壤污染的对策措施；在建设具有一定规模的建筑物时，要有相关部门指导监督等。

数量庞大的地方性立法，为中央了解各地实际情况、制定综合性的土壤污染防治法提供了依据。部分技术条件成熟、被实践证明行之有效的地方立法被中央采纳。这种自下而上的立法方式具有较强的实践性和灵活性，形成了中央和地方两级环境管理模式。

地方性立法由于所作用的地域范围小，因此具有针对性，规定得也更详细，可操作性较强。其中比较典型的是《东京都土壤污染处理基准》。第一，明确了土壤污染对象的范围，其中包括镉、铅、砷、铬等 13 种对土壤影响较大的有害物质和重金属。第二，将土壤污染的标准划分为 2 类，其中溶出量基准值是判断土壤是否污染和制定相应防治措施的标准，含有量参考值是反映土壤中各类物质含量多少的参考，对于掌握土壤现状、预防土壤污染具有重要作用。第三，为划定土壤污染的范围、检测土壤污染的程度确立了调查制度。调查制度包括书面调查、实地表土调查和地下水分析调查。第四，调查后发现的被污染土壤，根据地质结构、周边区域状况等因素，在听取社会各界的意见后，作出总结性的处理方法，使得处理方法具有科学性、综合性，有利于得到公众的支持。②

---

① 罗丽：《日本土壤环境保护立法研究》，载《上海大学学报》（社会科学版）2013 年第 2 期。

② 秦天宝、赵小波：《日本地方典型土壤污染防治立法评析》，载《河南省政法管理干部学院学报》2011 年第 2 期。

7. 扩大公共参与的《信息公开法》

1999 年制定实施的《信息公开法》从国家层面正式建立起行政信息公开制度。国民和市民可以申请行政部门公开特定的文件，以保护自己的权益，进而保护公共权益和社会民主。其中规定了环境信息公开和汇报制度。例如，企业将污染信息汇报给政府相关部门后记录在登记簿中，同时政府的调查检测结果同样反馈到登记簿中，污染土壤登记簿可让公众查阅，每个公民可以提出自己的不同意见，保障了公民的知情权，树立了主人翁意识，培养了责任观念，促使土壤污染防治工作得到公众的参与和监督。日本通过以上土壤污染改革，减小了经济发展过程中对环境造成的负面影响，协调了两者的关系，促进了可持续发展。

（三）英国的相关法律制度改革

欧洲作为近现代资本主义的摇篮，在文艺复兴中启蒙了民众的思想，促进了自由、民主文化的传播。蒸汽机带来的机械化和焦炭冶炼技术极大提高了生产力，迎来了人类历史上第一次工业革命的浪潮，可随之而来的污染却给国民健康带来了极大的隐患。

1. 英国历史上空气污染事件的严重后果

作为世界上第一个工业化国家，英国在工业革命后迅速进入了煤烟时代。在电影场景中可以看到，室内壁炉取暖、室外工厂生产都燃烧了大量的薪材和木炭，白色的浓烟从烟囱中密集地排放出来。由于伦敦上空被高气压系统控制，导致没有被净化处理的混浊气体无法扩散。长时间的集聚终于在 1952 年 12 月导致了严重的烟雾事件。恐怖的烟雾不仅使交通系统瘫痪，空气中的煤尘被人体吸入后附着在肺部，支气管炎和肺病胸闷频发，伦敦居民的发病率和死亡率也急剧攀升。据测量，空气中的污染物含量是平时的 10 倍，达到 3800μg/m^3，导致直接和间接的死亡人数大概是 1.2 万人。①

空气中的颗粒物不仅影响了植物的光合作用，沉淀下来之后还影响了土壤的透气性，工业、生活废气中的重金属等有害物质通过空气进入土壤中，严重破坏了农业安全。为了控制大气污染，1956 年英国政府颁布了具有现代化意义的防治大气污染的基本法——《清洁空气法案》。该法案要求居民生活供暖只准燃烧不会产生烟尘的燃料，如无烟煤和煤气等，并提倡采用集体供暖和使用电力来减少、代替煤炭燃烧。针对城市中的重工业工厂和发电厂等高污染企业，该法案要求它们须在 7 年之内安装除尘设备和无烟生产改造。

① 周斌：《毒雾围城：伦敦战雾记》，载《国家人文历史》2013 年第 3 期。

这一系列举措直到20世纪70年代才收到巨大的成效，人口稠密的伦敦地区大气污染程度降低了80%。①

2. 为应对环境污染的《污染控制法》

面对严峻的环境污染形势，英国人民的环境保护意识觉醒，为遏制空气污染的势头、净化大气环境，立法者从整体角度考虑空气污染问题。英国逐步重视以制定标准来规制各种行为，以客观的标准来评价、控制、管理环境。1974年颁布的综合性环境法典——《污染控制法》，使得各个环境要素之间相互联系、彼此协调，不仅切断了土壤污染的源头，而且对污染土壤的恢复具有指导性意义。②

（四）法国的相关法律制度改革

法国没有专门的土壤污染防治立法，但是在工业法、侵权法、民法的基础上，通过对外围法的修订来应对土壤污染。由于没有对土壤污染进行专门性立法，法国尤为重视预防污染发生。

针对工业生产，严格控制工业废气、废水、废渣的排放以及建设工程行为，从源头上阻止污染因素的发生。除此之外，日常的监测措施、土壤风险评估机制和污染物溯及系统同样为防治土壤污染保驾护航。这一系列举措能够及时发现污染而不致使其扩大，切除了污染源和污染渠道，避免了全面性修复，以较低成本防止土壤污染的发生和扩散，并综合考虑土地修复后的再利用问题，使得土壤污染治理体现其社会经济价值。

法国在环境信息公开方面建立起2个数据库，包括经权威认证的现存污染土地的国家数据库和已被修复的污染土地的国家目录。这2个数据库对土壤的实际状况和再开发利用提供了信息基础。国家数据库会把政府机关整治修复污染土地的举措一一记录下来，使得治理过程和修复进度更加有序清晰，透明的政府工作得以在公众监督中进行。③

（五）德国的相关法律制度改革

截至2002年，德国有超过30万处疑似被污染的土地，给经济发展和投资环境造成了极大的风险。《联邦土壤保护法》是德国全面规制土壤污染、进

---

① 金博文：《1952年英国伦敦烟雾事件原因探析》，载《安庆师范学院学报》（社会科学版）2014年第2期。

② 王世进、许珍：《美、英两国土壤污染防治立法及其对我国的借鉴》，载《农业考古》2007年第6期。

③ 曾晖、吴贤静：《法国土壤污染防治法律及其对我国的启示》，载《华中农业大学学报》（社会科学版）2013年第3期。

行土壤污染治理和修复的指导性法律，并对相应配套法律中没有规定的内容进行了补充解释。该法明确了行政机关的权限以及在环境调查、评估、规划中的责任，同时要求土地所有者将自我检测的土地状况及时反映给行政机关，以备行政机关审查。根据土地所有者上报的信息和全国排查、筛选结果，建立了污染场地的全国数据库，在此基础上掌握了土壤变化趋势，摸清了各地污染程度，使得预防、整治工作更加合理。①

以《联邦土壤保护法》为基础，《联邦土壤保护与污染地条例》规定了具体的程序和实体内容。根据土地的风险等级和利用类型，采取不同的行动：达到启动值才能对被怀疑土壤进行调查；调查是否超出相应浓度后才能采取土壤防治措施；确定采取土壤防治措施后，结合土地使用类型和修复后的用途采取不同的修复措施。在治理污染土地的过程中，德国意识到了预防原则和循环利用的重要性，只做事后污染修复永远无法从源头上解决引起污染的问题，那么治理工作将无法结束。因此，应将避免污染产生的预防性条款和治理污染地块的条款摆在同样的高度，做到防治结合、综合治理。②

（六）俄罗斯的相关法律制度改革

俄罗斯是世界上领土面积最大的国家，考虑到土壤污染所跨区域广，只有做到事前预防才能有效规制土壤污染问题，进而要求生产者采取环保型的生产工艺，因此，预防性条款的建立变得尤为重要。由于没有专门的土壤污染防治法律，因此俄罗斯对土壤的保护建立在其他法律基础之上，如《俄罗斯联邦大气保护法》和《俄罗斯联邦水法典》。

在农业方面，土地的所有者、使用者不仅要采取事先性措施防止土地遭到破坏，而且还要在此基础上保障、提高土壤肥力，详细规定了土壤中各种物质的含量标准和最高允许的浓度。对农业生产有极大影响的农药杀虫剂和化肥进行了严格的限定和审查，在农药杀虫剂和化肥投入市场之前，国家有关机关要进行试验和危害性鉴定，这种审查方式排除了有毒有害农药、化肥流入农业生产之中的可能。同时，要求使用者在施用农药杀虫剂和化肥前应该学习掌握使用规范，只有具有专业知识和技能的人才能允许使用该类物质进行农业生产，提高了农业生产过程的科学性和专业性。为了明确责任主体，使用土地的人需要在相关部门进行土地使用登记，以保障农药和化肥按照规

① 秦天宝：《德国土壤污染防治的法律与实践》，载《国际瞭望》2007 年第 5 期。

② 周昱、刘美云、徐晓晶、保嶽、陈辉：《德国污染土壤治理情况和相关政策法规》，载《环境与发展》2014 年第 5 期。

定的量来施用，不致危害周围的环境和人类食用安全。①

二、发达国家相关法律制度改革的导向性绩效

可以看出，农业用地的污染引起了发达国家对土壤污染防治的重视。数千年来，农业始终是一个国家经济发展的基础和保障，处于优先发展的战略地位。农业带来的影响是最直接的，如果一个国家的粮食安全得不到保障，人们的基本生活物质匮乏，那么必将引起社会动荡。并且农业的影响是最深刻的，农业不仅仅涉及种植业、畜牧业等初级农产品，还包括农产品加工业和农产品工业。由于农业涉及的范围宽广，一旦农业发生危机，将对农业生产链造成巨大冲击。而土壤与农业密切相连，土壤为农作物提供水分和养料，如果土壤中的有害物质超标，将直接被作物吸收，并最终影响人类的饮食安全。

因此，有些发达国家直接制定了专门的土壤污染防治法律，对土壤进行调查、风险评估和分析，根据土壤类型确定标准。有些发达国家虽然是分散型立法，但是通过对外围法的制定和完善来防治造成土壤污染的源头，并在相关法律中明确环境因素中各有害物质的含量标准和相应治理措施，如对大气、水质、固体废弃物的防治。希望在对生态环境整体改善的基础上，实现对土壤生态环境的共同提高。

通过总结发现，由于土壤污染不易被察觉，在发现后的治理过程中耗时长且成本高，因此各国对土壤污染的态度基本强调事前预防，并将预防原则具体化为各种规则，其中包括对土壤中有害物质含量日常监测、制定土壤环境质量标准、切除造成污染的源头等。

（一）重视土壤质量监测

土壤中有害物质含量的日常监测主体包括行政机关、土地所有者和使用者。行政机关依职权对存疑的土壤进行监测调查，经过专业性的检测和鉴定，通过土壤中影响环境质量因素的代表值含量来评估土壤风险，然后根据土地使用类型采取不同措施发挥土壤应有价值。所在地主管机关定期检测本辖区内的土壤质量品质，上级主管机关实地考察土壤污染情况，监督所在地主管机关依法办事并对其工作进行指导和纠正。土地的所有者和使用者定期将土地状况检测资料报给主管机关，其目的不仅在于让主管机关及时了解当地土

① 王宏巍：《俄罗斯土壤污染防治立法研究及其对构建我国〈土壤污染防治法〉的启示》，载《长江流域资源与环境》2009年第4期。

壤状况，还有利于让土地的所有者、使用者在准确把握土壤状况后，有针对性地进行修复和开发利用。

（二）严格土壤使用标准

制定土壤环境质量标准是判断土壤质量状况的定量依据，是环境主管部门通过环境执法追究环境违法者责任的依据。环境标准不仅包括环境因素含量标准，还包括规范的操作程序标准，其使得环境标准具有可执行性。通过对世界各发达国家的比较，其无不制定了符合实际的环境标准。由于环境标准具有规范性，对一般的人和事普遍适用并指导其行为，有利于社会公平竞争秩序的建立。环境标准具有强制性，而强制性分为外在强制性和内在强制性。外在强制性体现为主管部门的环境执法以及公众的监督，违反环境标准的土壤污染行为将遭受法律的规制和舆论的谴责。内在强制性体现为土地经营者依据环境标准进行生产活动来降低违法成本和经营风险，在保证利益的前提下实现可持续发展。但是由于人类社会高速发展、科技水平不断提高，新生事物层出不穷，面对新的挑战，环境标准的滞后性和科学上的不确定性有时无法适应新形势，也难以体现每个地区的实际状况，一些虽然超过环境标准的土壤，由于自身性状不同而并未形成污染，那么及时更新环境标准并考虑经济发展的可行性将变得尤为重要。

（三）制定综合性法律体系

大气、水、固体废物等污染是造成土壤污染的源头，各种污染物都会沉降在土壤中。要从根本上解决土壤污染问题，必须积极应对、全面治理，与相关环境要素协调配合。法国、俄罗斯等国没有专门的土壤污染防治立法，但通过对相关单行法的完善不仅保障了土壤安全，还实现了生态环境整体的良性发展。各国在相关立法中明确了具体的执行方法及程序，使得各个法律不再只是指导性、原则性的“法律骨架”，而是有了血和肉，赋予了其在实际生活中的现实意义。

（四）明确土壤污染责任

对已经被污染的土地，世界各发达国家对责任主体和责任内容进行了详细的规定。造成污染的土地所有者、使用者有严格的无限连带责任，并且还要追究主管机关负责人没有按照法律规定的权限进行监督管理的责任。美国在土壤污染防治中始终贯彻“污染者付费”“谁污染，谁治理”的理念原则，只要造成了实际的土壤污染，不论有无过错，都应该承担治理修复责任。并且美国土壤污染防治法律规定的污染责任可以溯及既往，这极大地打消了经营者的侥幸心理。即使土地不再使用，也应提交检测报告来判断是否符合生态环境安全标准。对于不符合生态环境安全标准的土地，污染者仍然承担治理修复责任；对于拒不承担责任、企图逃避法律制裁的污染者，美国有权机关可以强制执行，要求其支付应付污染费用3倍以内的罚款。日本的《土壤污染对策法》也明确了责任主体的范围和具体的实施方式：法人及其代表人、自然人及其代理人阻碍调查的行为，将承担相应的责任。[①] 这种责任机制提高了污染者的违法成本，拉长了追究责任的期限。由于企业本身具有营利性，当违法成本高于守法成本时，生产经营者在对自身利益考量后会自觉依据相关标准进行生产经营活动。

（五）建立污染基金

建立应对突发环境事件的资金保障体系被各个发达国家所采纳，虽然形式不同，但是其目的都是及时治理土壤污染，防止污染范围的扩大和治理难度的提高。大多数国家资金保障体系的建立都借鉴了美国超级基金制度的经验。美国为治理“棕色地块”而制定了《超级基金法案》，对于无法找到污染者和污染者不具有修复能力的情形，可以由超级基金支付相关费用；对于拒不支付费用和污染者尚不明确的情形，可以由超级基金先行垫付，然后由环保署通过诉讼等途径向实际污染者追索费用。从市场经济的角度看，土壤污染治理修复周期长、收益少，超级基金的建立需要由政府来主导。美国超级基金主要由环境税、石油和无机化学品生产行业征收的专门税组成，确保了基金运转的稳定性。

（六）重视公众参与监督

由于每个人都生活在社会中，都会受到自然环境直接或者间接的影响，那么充分调动每个人的积极性，让其了解周围的环境质量状况，根据自己的实际生活情况提出有益的意见并且可以监督相关主管机关的执法活动，不仅可以维护自己的环境合法权益，还可以更好地促进生态环境的改善，毕竟每个人的力量汇聚在一起将变得非常庞大而有力。因此，世界各发达国家日益注重环境信息公开和公众参与的程度。美国、日本、英国将环境信息公开后，民众可以查阅有关的资料并提出建议。政府在制定环境标准和政策时广泛听取学者、民众的意见，在风险评估和利益均衡的基础上作出行之有效的决议。而一些欧洲国家如法国，建立了2种数据库，对已经被修复的污染土地和现存的污染土地进行分类，一方面可以让主管机关了解土壤现状并作出恰当的

① 陈德敏、薛婧媛：《中国土壤污染现状与法律责任解读》，载《重庆大学学报》（社会科学版）2008年第1期。

修复治理和再开发利用行动；另一方面可以让行政活动透明化、效率化，加强民众监督。公众通过合法途径参与到和自己切身利益密切相关的环境开发决策活动中，当其合法权益遭到损害时，可以向法院提起诉讼以得到救济。

第三节　我国土壤污染防治的法律体系

一、土壤污染防治立法体系内的基本原则

土壤污染防治立法体系的基本原则，体现了土壤污染防治的本质和根本的价值追求目标，是进行相应立法和司法的指导原则。但基本原则和目的价值却有所不同，基本原则虽然具有指导性、原则性，但在具体的司法活动中可以被援引，以此实现法律正义、自由、效益等价值精神。例如，当法律规范模棱两可时，根据基本原则来解释和推断，使对法条的理解更加接近原意；当法无明文规定时，可以直接适用基本原则，使得各方人员在普遍价值观的指导下服从裁判。因此，基本原则具有可诉性和可操作性。而目的价值是立法者的主观愿望，是法律追求的最高理想，宣言性强于可操作性。基本原则是人类在长期社会生活中的经验总结和思维进步，是人民普遍公认的真理，并成为其他具体原则和规范的原理依据。基本原则是一种上位的概念，具有确定性和权威性，不因事实状态变化而改变，是保障法律体系统一性和稳定性的理论基础。①

土壤污染防治立法体系的基本原则是主导立法和司法的出发点和落脚点。我国2015年《环境保护法》将环境保护的基本原则确立为“坚持保护优先、预防为主、综合治理、公众参与、损害担责”，2018年《土壤污染防治法》在上位法基础上更进一步，提出土壤污染防治的原则为“预防为主、保护优先、分类管理、风险管控、污染担责、公众参与”以此来指导土壤环境管理工作、生产经营者的生产活动和社会公众的日常行为生活。

（一）土壤污染在我国产生的原因

由于土壤污染具有不可逆性、隐蔽性、潜伏性，且治理周期长、成本高的特点，因此强调预防为主原则是从根本上解决土壤污染问题的关键所在。土壤污染和大气、水污染不同，大气、水污染可以通过循环作用稀释污染浓

---

① 刘中民、唐斌：《国际环境法基本原则研究评析》，载《中国海洋大学学报》（社会科学版）2007年第4期。

度，还可以在可承载范围内通过自身净化来消除。但是土壤污染往往使污染物质在土壤中累积，不易挥发分解，并使污染程度逐渐加深，土壤危害很难彻底消除。

我国在改革开放40多年的历程中取得了辉煌的成就，工业化和城市化进程显著加快。但是由于起步晚、技术创新落后，工业化多停留在制造业上，而制造业多是对原料的再加工，因此耗能大、排污多成了经济发展的附带产物。净化过滤技术尚不完善和普及，环境破坏和资源匮乏阻碍了社会的进一步发展，危害了人民健康。另外，我国人口基数大，对物质的需求量大，在发展的过程中容易只重视“量”而不重视“质”。为满足人民日益增长的物质文化需求，为达到经济工作增长指标，在以经济建设为中心的战略框架中，形成了以末端治理和环境破坏为代价的经济增长模式，虽然使社会在短期内明显感受到改革成果，但也阻碍了社会的可持续发展。

在新的阶段，产业结构转型、工业化升级改造日益加快，淘汰落后产能、提高生产效率和资源利用率成为重要发展趋势。将预防原则和社会转型紧密结合起来、协调发展，促进现代科学技术成果和管理手段结合传统有效经验来实现资源节约型、生态友好型社会建设，以达到生态、经济和社会效益的最大化。

（二）预防为主原则

1. 预防原则的历史沿革

预防原则最早是由德国于20世纪60年代提出的，源于联邦德国要求提前规划和阻止环境风险造成破坏的“事先的考虑和担忧法则”。德国将预防原则纳入1976年通过的《空气清洁法案》中，赋予了制定者和执行者可以对环境风险采取强制性措施的权力，以此降低不可逆转的环境风险发生的可能性。随着国际环境问题日益严重，生存生产环境日益严峻，预防原则在20世纪80年代后被国际性条约、宣言和协议频繁引用。1982年的《世界自然宪章》对预防原则的首次表述使之得到了国际社会的普遍重视和认可，并且适用范围和价值理念也在不断扩展和丰富，逐渐成为公认的国家环境法的基本准则。在1984年的北海部长级会议中，预防原则第一次被写入国际条约之中。20世纪90年代的《联合国气候变化框架公约》和《生物多样性公约》将预防原则放在突出位置，两则公约都要求各缔约方应采取积极措施来减少造成气候变化和生活多样性锐减的因素，并且不能以环境威胁风险是否必然发生为由逃避环境预防责任。[①]

虽然各国对风险预防和保护环境一致认同，但在实际运用中，由于各方利益的不同而冲突不断、实施艰难。因此，在符合成本收益原则的基础上，实现环境和社会利益的均衡是预防原则得到切实保障的关键。

预防原则对各国环境污染防治法律体系的制定和修订具有重要的指导意义，部分国家如法国，通过宪法修正案的形式确立了预防原则。在制定基本制度和根本任务的过程中，将环境风险影响纳入其中，使之成为立法、司法和执法的指导性原则，体现了整体的利益诉求和未来发展思路。在基本法层面上，加拿大、瑞典等国家对特定的环境影响因素规定了具体的预防原则，使得法律实施更具针对性和系统性，如对土壤状况风险评估制度、分类规划、监测报告制度等，促进预防原则的贯彻和实践。这种立法方式对预防原则真正赋予了可操作性，使其不再是一种高深的宣言性准则。

2. 预防原则在我国相关法律中的体现

除《土壤污染防治法》的原则性规定外，我国在相关立法中也体现了预防原则。国内的专家、学者更多强调的是完善土壤污染防治立法体系，如建立污染防治保护战略和健全污染防治关系体制等宏观的框架，却没有对预防原则的具体实施细则进行深入研究。因此，配套制度和实施标准的缺失使实现有法可依变得无从谈起，导致预防原则的现实可操作性不强。

我国《环境保护法》指出，各级人民政府有义务做好职责范围内的防治土壤污染工作，并且主要防治的对象是农用地、农作物污染。我国《农业法》规定，合理使用化肥、农药和农膜来防治土壤污染。《土地管理法》将工作重点放在事后改良和改善土地质量上。但随着城市化进程的显著加快，越来越多的农村人口涌入城市建设中，日常饮食消费中产生的生活垃圾数量剧增，加之地方卫生事业并不被重视、资金投入不足且从事城市卫生的工作人员数量少、专业性差等原因，阻碍了城市卫生事业的进一步发展。

在早期，工业生产为了形成规模效应以降低生产成本，在工业配套基础设施完善、劳动技术工人较多的城市中建立了适应市场需求的众多工厂。但随着人们环保意识的增强、城市在开发建设中土地成本的提高，自 20 世纪 90 年代以来，在“退二进三”政策的指导下，许多老工业厂址在搬离城市的过程中留下了许多有害废弃物，在土地用途转化和二次利用上产生了潜在的安

---

① 张志勋、郑小波：《论环境法中的风险预防原则》，载《企业经济》2010 年第 12 期。

全威胁。城市人口密集、流动性大等因素，导致土壤污染危害范围更大并且影响对象更加直接、明显。①

3. 预防为主原则的确立

预防为主原则强调了预防原则在各项基本原则中的核心地位，土壤污染防治的重点应放在防止环境污染和资源破坏上，做到防患于未然。在开发建设活动之前，生产经营者要通过风险评估，严格按照标准规范，从根源上消除或降低污染发生的可能性。同时改进净化过滤技术，开发新节能环保能源，提高资源利用率，转变以往高耗能、高污染、低产量的生产模式。主管部门履行法定管理权限，把防治土壤污染与经济发展、城乡建设结合起来，根据各地区的优势和特点，因地制宜规划生产力布局，以获得综合效益的最大化。

预防原则也体现了环境优先理念。如果保护环境的目的是促进经济发展，那么造成环境破坏时，污染者和监管者便可以以促进经济增长为理由逃避环境损害责任，保护环境只会变成一句口号而不被各方重视。因此，在经济利益与生态利益产生冲突时，应以长远眼光衡量双方利弊，而不能仅仅为了实现经济发展目标而全然不顾生态环境保护的需要。

环境优先原则源于增长的极限理论，当生态承载力处于极限时，生态环境如果不采取保护措施将变得十分脆弱，而生产原料无法从生态环境中获取则影响了经济的可持续增长。环境优先原则要求相关立法、风险评估、发展整体规划在以保护环境为第一目标的同时，同样体现了预防原则，避免末端治理形成的复杂困局。

（三）公众参与原则

1. 公共参与原则的现实基础

民主、自由文化的广泛传播，使人们更加注重对自身权益的保护，而以民主和公开为基础形成的公众参与原则，保障了人民对环境况状的知情权、参与权，以及被侵害后的请求救济权。知情权要求环境信息公开，知情权是参与权的基础和前提，这样才能有针对性地展开活动，而不至于使得参与环境决策的时候流于形式。例如，美国的《信息自由法》保障了环境信息的开放，提供了法定程序来拓宽信息公开渠道。参与权使公民有权参加环境决策、立法审查和执法监督等过程，并可通过听证会、环境影响评价等方式提出自己的意见和建议，使得环境和经济决策更能反映公众的整体利益诉求，在实施过程中得到普遍的支持和遵守。请求救济权是指当公民的知情权和参与权

① 凌欣：《论土壤污染防治立法的预防原则》，载《学术交流》2008 年第 5 期。

受到阻碍或损害时，可以请求相关部门排除妨碍；当环境违法行为损害到自己的人身、财产权益时，可以请求司法机关通过裁判弥补损失。而在世界发达国家中，环境请求权较为完善的是美国的环境公民诉讼制度，即每个公民的诉讼范围扩展到与自己没有直接利害关系的环境侵权事件，这个制度使环境公众参与原则得到极大发展。①

2. 公众参与原则的理论基础

早在 17 世纪的文艺复兴时期，英国资产阶级便通过革命建立了新的政治架构，为了反对封建专制而主张主权和契约两大思想观念。与此同时，洛克提出的人民主权理论被卢梭继承和完善。卢梭将人民主权行使的基础建立在公意上，而非只有通过议会来表达自己的主张、行使自己的权力，强调了人民对政府、社会活动的参与权和监督权。

公众参与原则起源于罗马法中的公共信托理论。罗马法认为环境资源是共有物和公共物，每个人都有与生俱来对它们自由利用的权利，但是当人民对公共物自由利用的权利被侵害时，个人力量毕竟是弱小的，公众将自己的权利交给具有权威和管理能力的政府统一行使，司法部长可以命令停止侵害或者根据诉讼请求给予相应制裁。根据罗马法的公共信托理论，英国学者海勒的公共权利理论提出个人权利要服从公共权利的主张，希望以此来限制国王对环境资源的特权。20 世纪 70 年代，美国学者萨克斯教授将罗马法的公共信托理论和英国普通法结合起来，创新地提出：自然环境资源作为公共财产，不应被私人自由地控制和支配，每个人在享有自己权益的同时不可损害他人的合法权益，并且为了形成对自然资源的合理利用和共同开发的秩序，使得环境利益的受众范围更加普遍，政府与公众达成了某种契约，促使政府有权行使公共管理权力，进而形成了受托方和委托方之间的信托关系。这种理论清晰地阐述了自然环境与公民、政府之间的关系，为公共信托理论被各国接纳采用并进行成文化立法起到了推进作用。②

虽然民众与政府是一种公共信托关系，按照契约政府有义务以实现人民利益为工作目标，但是毕竟公共权力是由人来行使的，由于人性的不可控制性，难免会出现权力寻租或以权谋私现象。因此，公众对政府的管理行为进行监督，以此来提高行政效率、保护公众权益是十分必要的。公众参与权提

---

① 陈冬：《公众参与：环境法的基本原则》，载《河南教育学院学报》（哲学社会科学版）2006 年第 1 期。

② 柯木玲：《论环境法基本原则之公众参与原则》，载《吉林广播电视大学学报》2012 年第 6 期。

高了环境法治精神，法治精神要求政府依法办事，不得超越法律的权限。在环境保护中，公众行使监督权规范政府的行为，促使政府部门严格守法，以此保护公众的环境权益。

3. 公众参与原则在各国的立法体现

20世纪70年代以来，随着人们环境意识的增强，以美国、英国、日本为首的国家掀起了环境保护公众参与的浪潮，新公共管理改革和环境管理民主化在历史趋势的推动中被各国所接受，并将公众参与原则融入环境保护工作中。

公共参与原则的基础是公民环境权，虽然我国没有明确提出环境权的概念，但是生存权和发展权是每个人最基本的权利，并且时刻与环境紧密相连。[①] 1972年《人类环境宣言》提出的环境权被一些国家作为公民的一项基本权利写入宪法。美国的《国家环境政策法》和日本的《东京宣言》明确提出并规定了环境权，它们共同认为每个人都应该享有环境权益，并且都有权参与到与自身利益密切相关的环境保护活动中。

(四) 损害担责原则

1. 环境侵权与损害担责原则的关系

环境权不仅促进了公众参与原则的发展，而且成为环境损害赔偿的理论基础，是公民自身权益受到损害和生态遭到破坏进行索赔的依据。社会个体或者企业组织在享有和利用环境权益的同时，若存在超过自身环境权利范围、损害他人环境权益的污染和破坏行为，应该承担赔偿损失、排除妨碍和恢复整治的责任。损害担责原则要求造成环境损害的当事人，承担民事赔偿责任、行政处罚责任或者刑法上的严厉制裁。损害担责原则明确了责任主体，即有损害便有责任、有责任便有承担弥补损失的义务。[②] 在环境侵权中，责任主体包括公共环境主管部门、生产经营组织和社会公众群体。损害担责原则是权利义务相对等原则在环境侵权中的表现，对规范权力的行使、防止权力滥用具有积极意义。

2. 环境侵权的责任承担

政府等公共管理部门的责任主要表现为履行法定管理和监督的职责，对放任主管区域内的环境污染行为，违反其法定职责的，应该追究主要负责人

---

① 李艳芳：《论环境权及其与生存权和发展权的关系》，载《中国人民大学学报》2000年第5期。

② 竺效：《论中国环境法基本原则的立法发展与再发展》，载《华东政法大学学报》2014年第3期。

的责任。如果在环境保护中，公众只有了解相关信息、提出建议等形式上的参与权，治理环境的权力仍由政府掌控，那么这样的管理一定是不全面的、低效的。作为公共权力的管理者，将自身的环保权力和责任分给社会，可以减少责任承担的错位，有利于提高公众参与监督的积极性和遵守保护环境规范的自觉性。

造成环境污染和破坏的责任主体主要是企业等生产经营者，虽然人人都有相等的环境权益，但是企业在追求经济效益的同时占用了更多的环境资源和环境空间。

3. 环境污染侵权及相应措施

面对产业革命中由资本家的疯狂逐利行为造成的日益严重的生态破坏，美国在20世纪初就建立了企业环境责任制度，该制度在欧洲于1970年得到全面的发展。企业环境责任制度延伸了企业环境保护责任的范围，不仅对事后损害担责作出了规定，而且要求企业做到事前预防，直到发展到目前的要求对产业的整个周期进行控制。对产业的周期控制可以明确社会各部分承担的责任，有利于减少工业系统和各个阶段产生的不利影响。

美国的《污染防治法》将企业的污染损害责任变为源头治理预防责任；德国的《废物避免和处置法》要求企业对废弃产品处理和处置负责，并对废弃垃圾回收循环利用。[①] 在责任的归责原则上，大多数国家采用严格责任，不论行为有无过错，只要造成了污染后果就应该承担责任。与污染后果有联系的人承担连带责任，在找到污染者后，赔偿者可向实际污染者追偿。由于土壤污染具有积累叠加性、周期长、起因复杂等特点，世界上大多数国家规定了土壤污染责任溯及既往原则，这有利于提高生产经营者的守法意识，减少侥幸心理。

一些发达国家还建立健全了环境污染责任保险制度，以此首先可以减轻政府在污染治理中的财政负担，其次可以避免企业在巨额的污染损害赔偿中面临破产的风险，最后有利于保障受害者的受损权益得到及时的补偿。虽然环境污染责任保险制度在一定程度上减轻了污染者的责任，但符合三方共同利益的实现和新时期经济发展趋势，促进经济发展和环境保护相协调，为生态环境保护、治理和修复提供了资金支持。

---

① 王汉玉、王垚、邓大跃：《发达国家企业环境责任制度的启示》，载《吉首大学学报》（社会科学版）2010年第2期。

二、基本制度的衍生

基本原则提供了立法、司法和执法的价值导向，是社会普遍认可的精神指引。为使基本原则具体化，在现实中具有可操作性，衍生出了相关的制度，如土壤环境质量评级制度、土壤规划制度、土壤风险评价制度、土壤监测及信息披露制度等。这些制度相互联系，在不同的阶段发挥不同的作用，贯彻了预防为主原则、公众参与原则和损害担责原则的价值内涵。

（一）土壤环境质量评级制度

1. 土壤环境质量评级的影响因素

土壤环境质量指的是一定区域内的土壤对污染物的容纳、吸收、降解的能力，体现了土壤的肥力状况。土壤环境质量评级是根据土壤的结构形状和土壤中污染物质影响权重的大小，对不同类型的土壤划分等级，进而为土地产业结构的调整、土壤防治规划和再开发利用提供依据指导。在土壤环境质量评级的过程中，需要考虑到影响土壤环境质量的因素及其所占权重。影响因素一般可分为以下四类：一是土壤结构。土壤的稀松程度、干湿度和可耕层深度等都是直观的物理因素。二是土壤中所含养分的种类和数量。有机化肥、含氮和钾离子的化合物都是促进作物生长、提高土壤肥力的重要因素。三是微量元素。虽然微量元素对作物产量的影响不是特别明显，但是对作物的生长有调节作用，可以保障作物生长品质良好。四是土壤所处地形。地形、地貌的不同影响了气候环境，而气候环境的不同直接与降水和阳光是否充沛有关。

2. 土壤环境质量评级方法

土壤环境质量评级通过两种方法：第一种是单项污染指数法，是对土壤中某一种污染物的含量进行评定，以污染影响最为严重的来决定土壤环境质量。第二种是对污染物种类较多的土壤在综合比较各种污染物含量指数后，不仅可以了解各种污染物的平均水平，还可以在比较后找出主要污染因素，更有针对性地采取措施进行预防和整治，这种方法被称为内梅罗指数法。为进一步了解土壤的空间结构和具体数据含量，根据科学准确的数据分析作出正确的土壤质量判断，GIS（地理信息系统）土壤质量等级评价手段提供了全面的土壤信息数据库，建立起更加严密、精准度高的空间关联特征。其中，多元线性回归分析法对数据值进行公式推导，可以检验污染因子的显著性和关联性特征，并且可以明确污染因子的影响所占权重。这种分析方法避免了主观认识对土壤污染程度的影响，提高了土壤决策的科学性、客观性，促进了土地的合理规划和资源开发利用的最大化。①

3. 土壤质量评级的重要性

我国的土壤面临严峻局面，人口基数大，对粮食的消耗量大，但是保障粮食安全的农用耕地面积却十分有限。全球气候变暖等自然原因导致降雨量减少，地表径流和地下水日益枯竭，水土流失严重造成了耕地功能的退化。造成土壤污染的主要原因是人类的肆意破坏，在城镇化进程中，为追求经济效益将耕地作为建设用地，减少了人均耕地面积，并且交通道路的不合理规划建设，使集中连片的耕地变得零散和细碎；在工农业生产中，为降低生产经营成本而忽视净化循环装置配置和运行，并且不按规定和标准使用农药和化肥的种种做法，增加了土壤中的污染物含量；日常生活垃圾和工业废弃材料的任意堆砌，导致土壤污染面积逐渐扩大。因此，我国有必要对土壤环境质量进行科学的分析研究，并根据质量状况作出不同的利用决策。可以通过对国内和国外相关历史进程的研究比较，来了解土壤环境质量评级的不同规定和作用。

4. 各国对土壤质量评级的发展

1930 年，英国建立了土壤环境质量评级的雏形，即通过对全国的土地调查分析出土地性质情况，并编制土地利用图。随后，在欧洲展开了土地资源清查工作，为之后的土地利用规划和土地修复整治提供了详细的决策依据。我国也进行了三次全国土地资源清查，调查反馈结果反映了我国耕地空间分布不均匀、土壤质量亟待改善、土地资源匮乏的状况。在全国土地资源清查之后，政府相关部门更加关注对土地污染物的调查，以保障耕地和环境安全、健康、可持续发展。

5. 土壤质量评级的标准

为了有依据地对土壤环境质量进行评价，在不同阶段和层次制定了不同的标准体系。土壤环境质量评价标准一般分为三个层次：第一个是国家层次，即国家建立宏观的指导性标准；第二个是区域层次，即根据国家标准结合本地主要影响土壤的原因，制定符合本地土壤发展利益的标准；第三个是地块层次，这也是实现土壤环境质量评价最基本的单位，并根据实际土壤情况制定的确定机理性和生产目标。可以看出，三个层次体现了不同内涵的生产目标和生产内容，形成了不同的管理规划标准，这对考虑各地差异并建立统一

① 侯文广、江聪世、熊庆文、陈继祥：《基于 GIS 的土壤质量评价研究》，载《武汉大学学报》（信息科学版）2003 年第 1 期。

的评价标准，实现一体化土壤监测和评级体系提出了新的要求。

（二）土壤规划制度

1. 土壤规划制度的目的

以土壤环境质量评级为依据，在全面了解各地不同土壤质量状况的基础上，为正确规划农业用地和企业布局提供了参考。土壤规划是指为了实现经济的可持续发展与生态环境之间的良性互动，加强土地利用的宏观控制以便协调国民经济发展，而对土壤资源有选择性地开发利用，综合考虑经济、社会和土壤自身质量状况等因素，对土壤在空间和时间上所作的超前性整体安排和布局。

土壤规划的目的是通过将土壤资源合理配置，选择可以充分发挥土壤价值的方式来确定土地使用用途，达到产业布局的合理划分和社会利益的最大化。土壤规划在各国的发展历程中起到了重要促进作用，被各国重视并不断根据实际情况完善修改。

2. 各国对土壤规划制度的发展

1909 年，英国颁布了第一部土地规划法，作为全国土壤规划的指导性方针，其规定了规划的技术要求和行动原则。通过一个世纪的不断完善，英国确立起了政府主导型的适当行政干预与公众参与相协调的规划管理体系。为保障公众的知情权和参与权，英国在土壤规划决策实施之前要举行听证会，对作出的规划方案征求民众的意见，并在采纳接受公众的批评、建议意见后修改和完善规划方案。同时，规划决策还要考虑土壤的长期和近期需求，使得其更加民主和严谨科学，使其在实施过程中得到公众的支持而顺利进行。

与英国政府行政主导性的土壤规划不同，美国在土壤规划方面，市场需求占据主导地位，国家没有统一的土壤规划法律法规，而是通过其他法律规范来配合实施。联邦政府将土壤规划的权限下放到地方政府，地方政府根据市场生产需求并结合各地不同的地貌特征和土壤质量状况来决定土壤的用途。在美国的农用地地理布局图上，可以清晰地感受到区域化、集约化生产的显著特征，合理的农用地规划布局为大规模的机械化生产提供了条件。

在土壤规划的管理上，日本和我国都采取了严格的政府主导型管理模式，由政府干预土地利用，通过制定指令性的政策和法律避免可用土壤的减少。①但日本的土壤规划管理更加严厉，规定也更加细致具体，将土壤规划分为基

---

① 武庆娟、陈利根、魏莉娜：《国外土地规划立法特点及对我国的启示》，载《国土资源科技管理》2006 年第 3 期。

本法和专项法两类。基本法的主要作用是在宏观上控制全国的土壤利用，以其中的规划范围和使用途径为框架进行具体政策的指导。专项法是对各土壤类型的规划利用作出详细规定，如城市土壤、农用地、自然保护区等。在土壤规划管理体系中，中央和地方的都道府县分工合理，相互配合补充，力求实现土地规划目标并将中央宏观的调控政策落实到位。

与日本相比，我国同样重视中央和地方的配合协调关系。《土地管理法》是全国土壤总体规划的基本法，明确了以保护基本农田为核心，统筹各区域用地协调发展的规划战略思想，但在土壤规划的具体实践中仍缺乏统一的国土资源综合开发整治规划作为指导。与此同时，由于相关法律法规的不完善，产生了一些明显的问题，如我国对土壤规划的权限集中在中央层面，常常以指令性指标来干预耕地保护和建设用地管理，影响了地方政府对土地资源规划利用的主动性和规划效果的科学性。刚性和静态的指标式规划方式时间跨度长，忽略了经济环境、政策改革对改变的决定性导向作用。同时，中央层面由于对各地土壤信息掌握得不全面，只能将土壤规划任务通过一定比例分配到省、市县、乡镇来贯彻实施。这种行政命令式的计划管理模式脱离了对实际情况的真实反映，不能及时地采取有效措施作出有针对性的决策，进而不利于资源的优化配置。①

（三）土壤环境风险评价制度

1. 土壤环境风险评价制度的必要性

土壤环境风险评价制度是20世纪70年代兴起的由物理学、化学、生物学等学科构成的新兴领域，其目的是找到对土壤环境造成不利的因素来规避风险，并及时掌握土地利用变化状况，根据土壤风险程度采取不同的应对策略，以此来达到生态资源稳定、均衡、可持续发展的良性状态，从而最终建成环境友好型社会。土壤环境风险指的是自然灾害、建设项目、人为活动对土壤的结构、质量造成的改变引起的对人体健康、生态环境、经济发展构成危害的可能性。土壤环境风险评价主要是由有关机关、组织对以上几种可能造成危害的原因进行评估、管理、控制的过程。②

土壤作为最基本的环境要素，覆盖了陆地的所有面积，土壤之间相互联系形成一个相通相连的有机整体，局部的土壤污染可能引发全局性危害，甚

① 弓春芳：《对我国当前土地规划的理性思考》，载《山西农业大学学报》2006年第6期。

② 孙永刚：《环境风险评价研究综述》，载《林业经济》2011年第6期。

至影响全球土壤安全。由于污染物在土壤中积累而不易挥发、降解，治理修复工作也十分复杂，具有耗时长、投入多、收效慢的特点，往往造成巨大的经济、生态负担。为降低土壤风险危害，对可能造成严重污染的开发建设项目进行事前审查、分析、评估，并提出是否许可其继续进行的决定；对已经发生的土壤污染事故的风险度、风险源进行判断，结合风险程度大小采取不同治理恢复措施，来达到最优的整治效果。

2. 土壤环境风险评价的对象

土壤环境风险评价的对象主要有三个，即土壤质量风险、土壤结构风险、土壤承载能力风险，并且三者之间相互联系、相互制约。土壤质量风险指的是不同污染程度造成的对土壤肥力、生产性能的影响；土壤结构风险指的是土壤结构形成过程或利用过程中对土壤稳定性的影响；土壤承载能力风险指的是人类的生产生活行为对土壤可持续发展平衡性的影响，当人类在生产生活过程中过度开发利用土壤资源，改变了其原有的性状结构，土壤的承载能力也会随之变化，这种变化最终会影响到经济、生态的进一步发展。当土壤质量风险提高后，污染物含量增多，生产性能降低，土壤承载能力风险度明显加强，单位面积土壤产量所能满足的人群数量减少。为了满足物质需要，通过改变原有的土壤利用类型来使得生产方式符合经济预期，从而改变了土壤稳定的结构，使土壤结构风险度提高。因此，只有综合考虑分析三种对象的风险值，并提出有效的土壤生态管理对策，才能降低因连锁反应而发生扩大土壤危害程度的可能性。

3. 土壤环境风险影响评价的历史沿革

土壤环境风险影响评价最早于 20 世纪 60 年代出现在对健康风险评测的领域，主要评价的对象是有毒物质对人类健康所构成的威胁程度。直到 20 世纪 70 年代后，以美国为主的西方发达国家针对核电站应用构成的潜在风险提出了概率风险评价方法，并率先形成了基于事故风险的评价体系，随后详细制定了健康风险评价的程序和方法，其中具有里程碑意义的是《联邦政府的风险评价：管理程序》。该文件对世界各国、国际组织构建土壤环境评价制度起了指导性作用。直到 20 世纪 90 年代，美国修改完善了土壤环境风险评价的技术，进而提高了该制度的准确性和科学性。

从国外土壤环境风险评价制度的发展过程中可以看出，评价逐渐开始强调对生态风险的重视程度，而不仅仅关注环境对人类生命健康的影响。这种转变体现出各国认识到了环境要素的关联性和生态系统的整体性、相互性的基本特征，并通过全局视角来综合分析造成风险的原因和可能产生的影响。

4. 我国土壤环境风险评价制度的发展

我国土壤环境风险评价制度发展起步较晚，但当大量外资企业进入国门，推动工业化迅猛发展和经济腾飞时，伴随严重的污染物排放，导致了污染范围的扩散，引发了公众的担忧，这种情势提高了国家对环境污染的警惕。起初国家通过对国外理论、实践的学习研究，只对造成环境直接影响的有毒化学物质的风险实施评价，监管范围狭窄，效果不甚明显。到了 20 世纪末，国家加大了对可能产生环境风险的重大项目的审查、批准力度，做到风险评价和风险管理同步进行，使一些以污染、消耗为代价的企业只得转变生产方式，提高资源利用率和科学技术水平，促使其向资源节约型生产模式转变。进入 21 世纪后，国家环保总局颁布的《建设项目环境风险评价技术导则》提供了具体的环境风险评价目的、原则、程序和方法，其主要内容包括对建设项目的事故发生概率和事故发生后的危害程度的事前分析，并根据不同情况作出应急措施。建设项目全过程风险管理提高了管理过程的法制化和规范化水平，成为主管部门管理和相关企业遵守的准则。①

（四）土壤监测及信息披露制度

为了更好地贯彻预防原则和公众参与原则，使得土壤环境污染防治工作及时、准确、详细、有效地解决实际问题，同时为了全面掌握污染物的空间分布状况和土壤污染随时间变化的趋势，各国建立了土壤监测与信息披露制度来监督、管理土壤质量状况。

1. 土壤监测与信息披露制度的关系

土壤监测是对可能造成土壤质量下降的污染物的含量、浓度进行测定，并记录下土壤质量变化的趋势，以便及时采取有效措施防止危害后果扩大。目前，土壤监测大多由环境保护主管部门或者为其提供技术支持的附属机构依职权进行，采用的方式包括在重点污染区域和基本农田上建立监测网络，通过专业的检测手段测定土壤中的水分含量、盐碱化程度和可能降低土壤质量的各种污染因素代表值，为相关环境执法部门管理环境违法行为提供数据支持。土壤信息披露则是环境保护主管部门和企业等生产经营者将土壤监测结果通过公报、媒体、互联网等方式定期、及时地向社会公开，保障公众的知情权，并可以广泛地征求公众的意见，以此来完善环境监督的作用。

2. 土壤监测制度的历史沿革

土壤监测研究最早于 20 世纪 60 年代在美国开展，初期美国通过建立各

---

① 孙永刚：《环境风险评价研究综述》，载《林业经济》2011 年第 6 期。

环境因素的基准线，并以基准线为标准，通过光谱半定量技术来测定土壤深度为20厘米的各因素的含量是否超过规定值。将所含因素超标的，可能造成土壤污染的土地筛选出来持续监测。为了更加全面地掌握全国土壤背景值状况以维护和改善土壤环境，通过调查研究，美国于1984年公布了《美国大陆土壤及地表物质中元素浓度》。该专项报告中包括46种因素的背景值，并对这些因素绘制了分级图，随后在3S（GIS、GPS、RS）技术的支持下，于1988年完成了对阿拉斯加各地土壤背景值的测定，并综合成像光谱数据和实测数据，建立了对土壤质量特征的定量分析。至此，美国完成了全国土壤背景值的研究。随着科学技术的进步，分辨率高、信息量大的高光谱遥感技术被大量应用于土壤监测工作中。土壤背景值研究分析起初是为了监测土壤肥力，维持农业稳定增长，保障粮食安全，可随着社会的变化，土壤背景值研究广泛应用在各行各业，对预防土壤污染形成了持续的效果。①

面对土壤环境监测数据不足和可靠性不高的问题，为了进一步发展持续性农业，缓解土壤退化造成经济损失的严峻局面，加拿大自1998年开始通过GPS定位系统采集土壤样品，对土壤的历史使用记录、物理性状、化学指标、生物参数进行综合分析、探讨，研究相互间的联系从而作出科学的决策。20世纪80年代，瑞士建立了120个遍布全国的监测点，主要测定农田和森林土壤中的各元素指标。日本的土壤监测工作将土壤有害物质大体分为3类：挥发性有机物、农药和重金属。这种分类方法明确了土壤调查对象，提高了对不同类型土壤中主要有害物质进行修复的效率。

3. 我国土壤监测制度的发展

我国尚未形成完善的土壤监测管理体系，由于各地土壤结构复杂，土壤性质差异大，难以形成统一的监测标准，加之各地缺乏监测技术人才、监测能力有差异等状况，构建稳定长效的土壤监测机制、加强技术监测水平能力还有很长一段路需要探索。虽然我国尚未形成完善的土壤监测管理体系，但是为了基本掌握全国土壤质量状况，满足相关决策和管理的需要，自1958年至1984年进行了两次全国土壤质量状况调查工作，第三次全国土壤质量状况调查工作正在展开。前两次主要以耕地肥力为调查对象，初步了解了现有耕地资源的肥力状况和生产潜力，并在此基础上建立了适合中国国情的土壤分类体系。2006年开始的历时6年的全国土壤状况调查，对主要类型的污染场

---

① 李忠良：《中外土壤环境监测现状及对策建议》，载《中国国土资源经济》2005年第3期。

地及周边土壤监测风险程度进行了全面细致的分析，这是中国迄今为止规模最大、数据最详尽的综合调查活动。[①]

我国对土壤背景值的研究始于20世纪70年代中期，到了80年代相关调查工作力度明显加强，主要是由于城市化进程加快，许多化工企业从城市搬迁至城外，但是这些企业原先的厂址被种类复杂的重金属、废弃物污染，影响了厂址周围城市居民的生活和身体健康以及二次开发利用进程。为了解决棕色地块污染，2004年我国针对外迁或废弃工业区制定颁布了《关于切实做好企业搬迁过程中环境污染防治工作的通知》，要求对上述区域制定相关的土壤调查、监测方案。为了进一步完善土壤监测制度，实现对土壤质量控制和利用的全过程管理，同时管理过程立足我国基本国情并结合实际土壤污染特征，环境保护部于2009年发布了《污染场地环境监测技术导则（征求意见稿）》，对监测范围、监测目的及任务、监测程序、监测手段等环节进行了详细的规定，并根据治理需要划定了四个阶段：第一个阶段是对可能污染的土壤进行场地环境调查监测；第二个阶段是对治理、修复过程中的土壤质量变化进行场地治理修复监测；第三个阶段是治理、修复完成后再次测定其是否恢复为未污染状态的工程验收监测；最后一个阶段是已被修复、重新投入使用的场地回顾性评估监测。这4个阶段使得监测工作贯彻于污染场地整治、修复、再次利用的全过程，不再流于形式。为了使监管有规范标准可依，《土壤环境质量标准》不仅规范了一些常见污染物的质量标准，如工业生产中的铜、铬、砷等重金属离子和农业生产中的化肥农药的质量标准，同时还规范了分析检测方法。但是该文件的主要侧重点在于测定已污染土壤的质量状况，而没有规定采样及布局方法。2004年的《土壤环境监测技术规范》详细规定了土壤监测的步骤和技术要求，对监测点的选择、检测样品的提取、环境质量评价和保证进一步加以完善。[②]

4. 环境信息披露制度的主题

环境信息披露要求政府和企业将环境管理和生产经营过程中采集和保管的环境资源利用状况、环境污染程度以一定的形式向社会公开，以保障公众的环境信息知情权和环境管理参与权。政府作为人民权利的集中行使者，基于公共信托理论，有义务将环境管理信息和环境政策法规告知公众；企业作

---

① 陆泗进、王业耀、何立环：《中国土壤环境调查、评价与监测》，载《中国环境监测》2014年第6期。

② 范瑞、周永章：《污染场地现场调查与监测模式研究》，载《生态经济》2015年第2期。

为公共环境资源的主要利用者，基于企业社会责任理论，在追求利益最大化的过程中有义务将自己生产经营活动的环境影响结果公开，以便让公众知晓与自己有关的环境信息，并通过法定程序防止自己的合法权益被侵害。并且，政府可以根据企业公布的环境信息数据制定和调整环保政策，在增强政策可行性的同时实现与经济社会发展的同步。

5. 环境信息披露制度的发展历程

环境信息公开最早体现在1982年的《世界自然宪章》中，其中第15条规定公开环境信息作为一种教育活动来提高公民环保意识。第16条规定经济活动应考虑环境保护的需要，首先应该制定相关活动的清单和评估方案，并将保护环境工作向社会公开以备咨询，以便实现经济和环境的协调发展。随着绿色地球观念渐渐被国际社会认可和重视，1992年《关于环境与发展的里约宣言》第22条原则上规定当地人可以根据自身的特性、文化和利益需求，参加可以有效实现可持续发展的活动。这一原则为环境信息公开和公众参与原则的发展和推广提供了有力的法理基础。

在国家层面上，环境信息公开原则表现为两种模式：一是以英国为代表的欧盟国家专门单行立法的模式，二是以美国为典型的将环境信息公开原则融入环境基本法的综合立法模式。但无论哪种模式，都建立了完善的体系，规定了详细的内容和程序，保障了公众参与环境保护的权利。

英国为应对社会发展中产生的环境变化问题，逐渐完成了从传统的保密制度向信息公开的宪政制度转变，并形成了以《信息公开法》为核心的政府信息公开体系。除非环境信息涉及公共、第三人利益，否则政府都应保障行政相对人的知情权，信息公开已经成为政府工作理念而深入普通民众心中。面对企业生产经营中对污染物质的排放，在《环境信息条例1992》的基础上制定了《环境信息条例2004》，并针对如何保障企业切实有效履行信息披露义务，制定了污染物排放、转移登记和污染物清单的制度。这些制度通过对有毒有害物质的种类、排放量及环境影响程度的数据公开，减少了企业违法生产造成的污染影响，增强了社会监督和政府决策管理。

为了平衡信息公开和国家安全之间的关系，美国国会于1946年通过了《行政程序法案》。为了使信息公开规范更加具体，1966年的《美国信息自由法》要求政府文件应当向社会公开，任何公民、法人、社会组织都可以要求政府公开自己想要了解的信息，除非政府提出信息属于国家机密、商业机密和个人隐私，不然必须公开该信息。在最新的政策中，即使是法律规定的不允许公开的国家机密，但是只要公开后对政府无害，仍应坚持信息公开原则，这种制度极大地保障了公众的知情权。1986年颁布的《有毒化学物质排放清单》提高了企业对污染排放的重视程度，因为每个企业排放的有毒化学物质都会公布给大众，如果超过标准，那么就会有损企业形象，进而导致消费市场、银行贷款、证券公开发行处于不利局面。因此，企业为了再继续发展下去，只能纠正污染行为，避免在消费者面前形成负面形象。[①] 美国的这种综合立法模式以环境信息体系为主体，各单项配套法规共同作用，对不同的环境信息采用不同的公开方式，形成了一个多层次的立法体系。

在借鉴国外发达国家环境公开经验和环境治理成效的基础上，我国于2007年先后制定了与环境信息公开相关的专门性法律规范文件——《政府信息公开条例》和《环境信息公开办法（试行）》。政府信息公开的对象包括相应的政策法规、建设项目和环境质量状况。这些举措为公众提供了参与环境管理事务的平台。[②]

第四节 我国构建土壤污染防治法律制度的优化路径

一、以保护国家利益为价值目标

（一）利益的定义

利益源于人的内心对特定事物的欲望和需求，体现了人在现实社会中对物质、精神的追求。利益大体分为3种：一是财产利益，是人们在经济生产过程中创造积累的，可以用货币计量的物质财富，分为有形财产和无形财产。二是人身利益，这个利益是每个人最基础的，与自身利益不可分离，也不可转让，是追求其他利益的前提和保障。如果人身利益受到侵犯却得不到及时的救济，那么其他利益的实现也就无从谈起。人身利益的对象为生命和健康利益。三是秩序利益。社会和市场经济只有在良好的秩序中运行，才能保证政治、经济、文化事业向着公平、自由、平稳的方向健康发展。[③]

（二）国家利益的定义

国家一词最早出现在16世纪的拉丁语中，其含义是国家政权，体现了统治阶级的政治统治。随着民主思想的广泛传播，国家被赋予了人民的意志，

---

① 王立德：《环境信息公开：我们向美国学什么?》，载《绿叶》2010年10月15日。
② 杨丹萍：《我国环境信息公开制度研究》，昆明理工大学2012年硕士学位论文。
③ 朱雯：《论环境利益》，中国海洋大学2014年博士学位论文。

是人民意志的集中体现。国家是由一定领土上一定数量的人组成，最基本的单位是人民。国家利益指的是可以满足国家需求的好处，国家的需求体现为组成国家的人民的追求目标。国家利益是个人利益的集合，从宏观上讲可以分为安全利益、政治利益、经济利益、文化利益，每一种利益都与每个公民息息相关。如果仅仅把国家利益表现为统治阶级的利益，便会加深国家利益的主观性色彩，那么实现国家利益的动力便会有所欠缺。只有让国家利益体现大多数人民的共同利益追求，才能实现国家利益的民族性和稳定性，才能长时间稳定地被人民接受、认可，并成为人民追求努力实现的目标，从而推动国家历史的进程。①

（三）环境利益的价值性

在大规模工业化开始之前，人类的活动范围窄、影响小，生态系统的自我修复速率高于人类对自然的开采和利用速率，生产建设和生活起居对生态系统造成的损失往往可以忽略不计，因此人类活动不足以改变整个生态系统甚至威胁人类自身的生存。由于自然环境资源丰富，当时的人们还未形成生态保护意识，开采利用往往也是不计后果的。马克思在科学劳动价值论中提出，劳动是创造价值的唯一源泉，这一理论认为只有经过劳动生产出来的东西才是有价值的。早期的工业生产认为资源是自然赋予且无穷无尽的，价值性常常被忽略，因而并不重视对资源的保护。可是随着资源的枯竭，环境恶化已经影响到人类自身的生活质量，优化保护措施日益增多和具体，那么如今按照该理论我们有理由推断出，环境虽然是自然创造的，但也是有价值的，由于资源枯竭、环境恶化，治理修复污染环境包含了人工劳动，因此这种劳动创造的价值也就蕴含在环境本身。②

（四）环境污染的产生原因

19 世纪，工业革命迎来了高潮，城市化进程加快导致环境污染加剧，资源的过度开采导致大量森林植被被砍伐。医疗健康技术的跨越式发展虽然延长了人类的平均寿命，但是人口急剧攀升，对资源的需求也日益增大。人类文明逐步发展，信息化革命逐渐取代了大工厂时代，生活水平显著提高，温饱已经不是人们追求的目标，消费往往并不与实际需求相匹配，甚至过度奢华的消费成了身份、地位的代名词。这种消费观念使得物质资料过于集中在

① 高伟凯：《国家利益：概念的界定及其解读》，载《世界经济与政治论坛》2009 年第 1 期。

② 严法善、刘会齐：《社会主义市场经济的环境利益》，载《复旦学报》（社会科学版）2008 年第 3 期。

一部分人身上，而使其他人不能分享环境利益所带来的社会福利。

我国在一步步走入现代化建设的过程中，科学文化水平和生产能力显著提升，经济速度持续增长，但是投入产出的效率并不高，导致资源浪费、环境污染等问题出现，经济效益跟不上经济速度发展的步伐。而生态环境与经济发展常常是对立的，生态环境不仅为经济发展提供了生产原料，并且这些生产原料加工形成产品进入市场被使用后，产生的残留物一部分进入再循环生产，一部分形成废弃物排入环境中，最终通过环境的吸附、降解功能被消化。环境利益转化成的经济利益越多，那么环境自身的承载力便进一步面临挑战，如果超过了环境承载能力，将导致经济、环境的双重破坏。因此，自然环境的稳定是社会、经济、政治、文化事业协调发展的前提和保障，而社会、经济、政治、文化事业的发展完善会逐步体验到自然环境的重要性，进而制定相应的政策和战略以促进生态环境向着可持续方向发展。

（五）全球环境污染的严重性

由于生态环境的全球性、关联性和污染的可转移性，不仅发展中国家产生了严重的环境污染、破坏问题，环境问题也已经涉及了每一个国家和地区，并对人类生命健康造成直接或潜在的损害，严重阻碍了经济发展的可持续性。气候变暖导致冰川融化形成海平面升高，威胁了沿海低海拔区域的生存安全，如加勒比海地区和马尔代夫的居民可能会面临强迫转移。工业废水未经严格净化处理便排入河道中，农业灌溉用水中掺杂着农药残留，使得本来就不充足的淡水资源更加紧缺。污染水体通过水循环系统扩大了污染范围，水卫生状况的恶劣直接损害了人们的饮水安全，水中的有机化合物、碳化物、重金属含量变高后引发了很多健康问题，如痢疾、霍乱、肝炎等。石油和矿产资源是工业生产的血液和食粮，可是对石油、矿产的过度开采，不仅导致了资源的短缺，而且破坏了土地结构，造成开采区的土地荒废和水土流失。植被覆盖率降低，在风力和降雨的侵蚀下，裸露在表层的岩石泥沙化，这些砂砾在大风的作用下被风暴卷入高空，使空气变得混浊，水平能见度小于 1000 米。可以看出，每一个地区都是全球生态系统的一部分，环境遭到破坏会影响生态平衡，对环境的破坏最终影响的是人类自身的生存与发展。

据统计，全球超过 10 亿人的粮食安全得不到保障，超过 20 亿人的饮用水含有污染物质，并且有 1/5 的癌症形成都是由污染物质引起的。由于我国的风险防范机制尚不健全，环境变化敏感，席卷全国的雾霾大气中含有大量的 PM2.5 和 PM10，许多传染性病毒细菌附着在这些细小颗粒上，很容易引起呼吸道疾病。并且全国水源地被大面积污染，在主要大城市中仅有 23%的水源符合卫生标准，超过1.6亿人口饮用的是有机污染物质超标的水质。环境质量状况的恶化影响了人们的利益，人们对经济发展追求的目的在根本上是享受高品质的生活，实现生活的舒适和身体的健康，而生产生活中排放的废气、废水、废渣造成了空气、水质、土壤的污染，不仅影响了人们生活所处的环境，而且还通过食物链被人体吸收。如果在经济发展过程中无法保证人们生活在安全和清洁的环境中，那么提高生存质量便无从谈起。

（六）环境保护的重要性

环境提供了人类赖以生存的物质基础，它不仅是生产生活资料，还提供了一些人工无法取代的服务。环境利益关系指的是在社会关系中人与环境之间的关系，而这种关系体现为环境利益主体在环境资源利用中的分配协调关系。[①] 环境利益与每个人密切相关，它所代表的是一种生态安全利益，是社会整体所需要的，可视为国家利益，国家把安全利益放在首位，因此保障生态安全利益是国家不可推卸的责任。而如今，国家安全不仅局限于军事和政治方面，信息、科技、生态环境安全也成为维持国家稳定的新领域，而生态环境安全为其他领域的稳定发展提供了一个基础平台。假如生态环境是稳定的，那么社会将会在一个健康、安全、和谐的氛围中向前迈进，社会的可持续发展将保障物质财富的不断积累和增长，最终实现经济利益。

二、坚持国家行政责任理论的引导

（一）环境的公共属性

环境属于公共资源，每个人都在利用环境资源、分享环境利益，由于私人的逐利性，对环境资源的争夺会导致分配不均，因此为了让环境利益可持续作用于社会大众身上，应该由公共属性的国家行政机关进行管理、控制和监督。国家行政机关掌握了公共权力，有义务按照法律规定的职权合理行使行政权力。如果行政机关及其公职人员违反法定规范，不履行法定义务，侵犯了法律规范、社会秩序所蕴含的价值利益目标，那么将产生否定性后果。[②] 国家行政责任渗透着民主的价值观念，是联系群众和国家行政机关的纽带，社会各界应该督促行政机关依法行政，并且执法过程和结果符合人民的愿望和利益要求，提高行政程序的透明度和行政结果的效率。

---

① 袁红辉：《环境利益的政治经济学分析》，云南大学2014年博士学位论文。

② 赫然、亓晓鹏：《论行政责任的理论基础》，载《当代法学》（双月刊）2010年第2期。

（二）行政责任的理论基础

行政责任是综合了行政法和行政学等领域的一种特殊责任概念，具有国家赔偿法的性质，责任主体主要包括行政机关和公务人员，从根本上讲是为了防止和制裁国家行政机关对公民合法权益造成侵害行为，以此达到约束行政权力的目的。学界对于行政责任有着各种不同观点：一是“权利义务平衡说”。该学说认为，行政机关和公务人员作为行政法律关系的主体，拥有法律赋予的公共权力，对公共资源和公共事务进行控制和管理，因此有依法履行法定职权的义务，同时应该承担因违反法律规定造成社会秩序、社会利益损害的责任。二是行政责任的“契约制裁说”。该学说主张，行政权力是公民权利的集合和转化，权利的行使体现了对利益的追求。公民为了更好地实现利益，以契约的方式将权利交与行政组织并对其设定了使用权限，而行政组织有义务按照契约的规定实现公民追求的物质和精神需求。如果行政机关违反了契约，阻滞了利益的实现，应对行政组织的行为及时排除和制裁。[①]

为了应对外部行政环境的动态改变，作出适应经济发展和历史趋势的正确决策，西方国家对国家行政责任理论不断改革和调整，提高了行政机关进行宏观调控以应对市场失灵的效率，加快了行政的民主和法治进程。

（三）行政责任理论的历史发展

1. 行政责任

19 世纪中期，资本主义工业化萌芽渐渐展现，为了改变之前政治和行政不分的现象，遏制贪污腐败的弊端，美国和英国对行政系统进行改革，建立了独立的行政部门，有效防止了行政系统只为某些人服务、负责的行政私人化现象，形成了政治—行政两分法和以官僚制为理论基础的传统行政责任。传统行政责任主要分为两种方式：一是对制定宪法的权力机构负责，二是按照在官僚制体系中的层级关系构成上下级的等级责任机制。这种等级责任机制表现为在行政体系中存在一个责任中心来承担集体责任，如代议制度中的内阁集体负责制，行政体系中的每个人都对自己职权范围内的行为负责。

传统行政责任强调对规则和程序的严格遵守，对程序合法和形式正义的追求超过了对实质结果正义的要求，这种模式使得行政流程繁杂、行政效率较低，严重阻遏了行政工作人员的创新意识和工作热情。行政部门掌握了广泛的公共权力，但由于遵循程序规则为标准的工作方式不能及时并迅猛地与经济发展相适应，传统行政责任缺乏对公共需求及时有效的回应，公共权力

① 关保英：《论行政责任的法律基础》，载《社会科学家》2007 年第 3 期。

将公共资源合理配置和调整的效率较低。

20 世纪 40 年代，学界根据实证主义理论批判了政治—行政两分法，认为政治和行政中蕴含的价值与事实是不可分的，作出的政治决策指导行政工作，行政工作为了适应动态环境的变化而制定政治决策，政治和行政的关系有相辅相成的关系。同时，为了克服传统行政责任趋于形式和责任不可衡量、追究的弊端，新公共行政责任取代了传统行政责任，并在传统行政责任关注的“效率”和“经济”两个方面上增加了以“社会公平”为目标的工作准则，强调政治决策和行政工作符合公众利益的需求。责任的形式从自下而上的内部负责制转变为以公民为责任对象的外部负责制。这种责任机制，使得行政机关工作的落脚点转移到公民利益身上，加强了宏观调控的效果，增进了行政机关与社会的密切联系。

2. 新公共管理行政责任

自 20 世纪六七十年代以来，石油危机导致的经济滞胀、政府扩大支出产生高税收引起了人们的普遍不满。20 世纪 70 年代末到 80 年代，西方国家面对经济下行的压力，为了提高行政效率，促进经济复苏，增强行政工作人员的积极性和负责态度，在新一轮政府工作改革中，在对私人企业发展模式经验探讨总结的基础上，引进了大量先进的企业管理技术和方法，确立了以绩效考核为基础的新公共管理行政责任制度，引起了极大的社会反响。

新公共管理行政责任认为要把权力分散到相应部门，减少程序性的规则对行政部门创新性的约束，将行政部门工作视为契约式的委托，强调违约观念。新公共管理行政责任将每个在特定岗位履行一定职权的行政人员都当作一个责任中心，将分解到个人的绩效指标作为工作任务目标。同时，依据其实现指标的程度来确定责任，进而强化责任意识，加快工作进度、绩效指标及其实现程度向社会公开，接受大众的监督和建议。这种具有可衡量性、公开性和实用性的行政责任制度，推动了行政机关向服务型和高效型转变。

市场化的政府体系改革，改变了政府作为凌驾于社会之上的官僚体系的现象，将政府管理和服务的落脚点放在社会的需求上，虽然在一定程度上满足了社会需求，提高了公众对政府工作的满意程度，但是将公众视为“顾客”“上帝”的行政方式在适用范围上具有局限性，工作的过度妥协和追究机制的退化会导致一些人不再顾忌原有的规范，这对民主根基和社会公平理念有一定消极影响。①

3. 新公共服务行政责任

进入21世纪后，新公共服务行政责任继承了新公共管理行政责任客观测量和外部控制的特点，并增加了民主、公平等价值理念。行政部门在衡量多种复杂的价值理念时坚持以实现公民利益为宗旨，但是在此基础上主张行政部门依照法律法规办事，以遵守制度和标准为前提，进行复杂的价值判断和利益选择，强调公共权力责任。行政工作不仅要促进服务型政府的实现，而且要营造一种社会公平、正义的良好秩序。只有生产经营者以合法的方式追求利益，同时又不损害社会和其他人的合法利益，才能得到行政机关的支持和帮助。如果行政机关的公共性社会服务被非营利性组织和营利性组织取代，当服务者和被服务者的地位完全平等时，命令和服从的社会指导关系将丧失存在的根据，那么公法的约束力将大大减弱，在没有秩序的公共服务中，必然会滋生各种乱象。②

我国的环境监管行政责任尚未达到新公共服务行政责任理论的高度。进入21世纪后我国颁布的一些环境监管和环境处罚问责的行政规范性文件和实施标准虽然产生了一定的积极作用，但是环境监管行政责任设定缺失、行政监管不力等现象依旧存在，环境污染、资源破坏仍然是经济发展的副产品。

4. 我国环境监管的困境及原因

目前，我国环境监管面临以下困境：第一，环境监管行政规范性文件法律效力低，常常以规章的形式出现，在政府工作和法律适用中往往因效力低而不被重视；同时，责任追究难以在行政处分的形式之外合法地创设新的责任制度和机制。第二，大多数行政规范性文件模糊了义务和责任的界限，只明确了环境监管行政部门的义务，但是没有制定具体行政处分的标准和规范，缺乏对未采取及时措施而延误时机、最终导致环境不良后果发生的行政人员的制裁。第三，对环境行政相对人的责任设定明显更为详细，却有意简化环境监管行政部门的责任细则，使得相对人和环境监管主体的责任处于严重失衡的状态。第四，对环境监管行政主体违法和不当行为的追究和监督机制尚处于不成熟阶段，如果只依赖于行政人员的自我约束力，却不完善外部监督机制的有效构建，那么环境行政监管将变得不切实际。

---

① 潘秀珍：《西方国家责任行政的发展及其对我国的启示》，载《学术论坛》2008年第3期。

② 陈征宇、肖生福：《新公共服务的行政责任观及其启示》，载《江西社会科学》2007年第4期。

我国环境监管行政责任体制不健全、监管措施不力，归根结底源于我国尚处于社会经济发展初级阶段，以 GDP 为官员绩效考核标准的制度设计，自 2013 年《关于改进地方党政领导班子和领导干部政绩考核工作的通知》发布以来已开始发生转变，然而实现经济利益仍旧是行政部门立法决策和监管行为的重要目标之一。且受生态资本评估、自然资源负债表、政府官员离任生态审计难度大的限制，考核中无法建立起真正的“绿色 GDP”考核体系。[①] 因此，许多地区往往为纳税的主要企业和项目建设敞开通道，即使其经营生产方式将对当地环境造成污染、破坏，环境行政监管部门往往为了完成分解到自己的经济增长绩效指标而“睁一只眼闭一只眼”。加之我国因历史原因长期形成的“官本位”思想，官员只重视权力的取得和配置，却逃避对自身权力的约束并轻视对权利的保障，对权力的崇拜高于对法律的敬畏。同时，社会生态环境保护意识的薄弱、社会财富的两极分化，使重个人经济利益轻公共环境利益、重短期效益轻长远持续发展的心态尤为突出，形成了公众对环境监管行政行为的监督制约不足的现象。[②]

环境作为人类共有财产，具有公共性的本质属性。环境并不被某些人所有，而是被所有人分享，甚至是下一代人继续享用，即使是对环境保护不付出努力的人也可以从他人的行动中获得收益。但是，世界上的人总有强弱之分，对环境资源的占有程度也各不相同，如果没有任何约束激励机制，那么强者便会为了瓜分更大的环境利益份额而没有任何顾忌，甚至会因不考虑全局的环境利益，超出自己的限度范围肆意利用环境资源。由于环境的不可分割性和资源的有限性，环境问题最终会通过生态循环系统影响他人，侵犯他人既有的环境利益，将自己的违法成本转嫁到别人身上。[③]

而环境监管行政部门便是制定和实施约束激励机制的主体，代表了社会大众的普遍利益，同时行使着公共权力，可以调动、配置社会上最大的资源和力量。因此，其有责任和义务参与环境污染治理和监管，为公民营造一个健康、美丽的生态环境。

---

① 康京涛：《环境监管失灵的制度根源及法律进化——浅析〈环境保护法〉对环境监管失灵的回应》，载《理论月刊》2016 年第 1 期。

② 韩志明：《行政责任研究的历史、现状及其深层反思》，载《天津行政学院学报》2007 年第 2 期。

③ 陈文满、周金华：《中国当前的基本国情分析》，载《重庆三峡学院学报》2006 年第 5 期。

三、适合中国国情的制度设计

（一）我国目前的国情

国情是一个国家的基本情况，体现了一定历史时期政治、经济、文化和自然资源的客观发展状况，反映了社会所处的发展阶段。根据国情清晰地了解实际处境并科学地制定、调整政策战略，才能符合经济发展的客观需要。目前，我国经济发展进入“新常态”，然而我国仍处于并将长期处于社会主义初级阶段，我国仍然是世界上最大的发展中国家。① 这主要体现在我国经济发展的结构不合理、创新能力不足、发展方式陈旧、质量效益不高、可持续性不强、民生短板等情况依然存在，在社会建设和生态文明建设等领域还存在一些不利于发展的因素。② 过去一段时间，我国经济发展走的是数量规模型道路，主要依靠大投入、高消耗拉动经济增长；③ 新常态下，生态友好型发展道路尚在探索，经济发展和环境保护相统一已成为各界共识，但在实践中落实仍却面临各样阻碍。

（二）我国经济转型的历史进程

新民主主义革命胜利之后，面对国内的主要矛盾，毛泽东将马克思主义普遍真理和具体国情结合起来，按照经济发展的客观规律，将“工业为主导，农业为基础”的理念作为社会主义现代化进程的基本发展战略，正确认清了我国的主要矛盾和经济发展阶段，为中国特色社会主义道路奠定了工业化基础。

随着“和平”和“发展”成为当今社会前进的两大主线，为了紧跟时代发展的潮流，以邓小平为核心的党的第二代领导集体抓住了新时代的重大机遇，提升了中国的包容和开放程度，在积极发展本国产业的同时与国际社会紧密联系和沟通，以自己的实际行动展现了一个负责任的大国形象。面对全球制造业转移的契机，中国主动担当起“世界工厂”的角色，承接了来自全球制造业的转移，利用廉价的劳动力和自然资源，吸引了跨国企业投资的注意力。在改革开放初期，由于资金、人才、管理经验不足，招商引资项目往

---

① 《决胜全面建成小康社会，夺取新时代中国特色社会主义伟大胜利——习近平在中国共产党第十九次全国人民代表大会上的报告》（2017 年 10 月）。

② 高继文：《从新时代历史方位深化认识我国社会主义初级阶段》，载《理论与改革》2020 年第 4 期。

③ 韩震：《正确认识我国社会主义初级阶段的基本国情没有变的科学判断》，载《行政管理改革》2018 年第 5 期。

往对国外企业不严加审核，只要能发展经济、让就业率和人民的生活水平提高的项目便会得到政策支持。这种粗放式的经济增长方式造就了中国经济增长的奇迹，平均每年的 GDP 增速高达 10%。但是，随着中国人口红利降低，劳动力已经不再廉价，自然资源也因大规模开采而面临枯竭境况，产业结构能否成功升级成为当今中国能否再次腾飞的决定性因素。

进出口长期以来是世界各国进行经济交流的主要方式，而中国的商品以低廉的价格为主要出口优势，缺乏对核心科技的掌握和高新技术的支持，往往充当一些世界知名品牌的“代工者”，在产业链中处于最低端的加工制造环节，在价值链中扮演最不赚钱的角色。看似全球很多商品上都标有“Made in China”的字样，但付出了最多的汗水，却只有微薄的“薪水”，大部分利润最终被“资本家”攫取。再加上国内高校教育的非精英化和精英人才的流失，使得科研创新缺乏技术支持，国内传统的制造企业处于竞争压力大却利润低的恶性循环之中，没有足够资金来支持科技研发，产业结构的全面升级难以顺利进行，因此企业时常处于停滞不前的状态。这种被动的、依赖性强的生产经营方式，导致传统制造业在国际贸易中常常处于妥协和退让的不利境遇。

（三）我国经济发展中的困境

以经济为第一目标的社会发展模式虽然在一定时期创造了物质财富的极大丰富，但由于我国发展起步较晚，从计划经济到中国特色社会主义市场经济的转变也仅仅只经过了 40 余年的时间，经济监管方面的配套性法律法规并不完善，“摸着石头过河”的发展初级阶段使得一些企业钻了法律的漏洞，而各地政府为了完成绩效考核指标，只能为这些纳税大户敞开大门。在中国经济体制经过 40 多年改革后，经济增长的动力由改革初期的资本、劳动、净出口和 TFP 四个因素的平衡拉动转换成现在的资本投入与 TFP 反向角力态势。[①] 然而过去科学技术水平落后，没有核心技术掌握，招商引资的对象大多是国外落后的污染产业，一度造成了资源消耗型、环境污染型的粗方式经济增长方式，这对我国生态环境的影响是不言而喻的。改革开放之前，我国长期以来处于农耕文明之中，生态环境趋于平稳，自然资源也没有被大规模开发，人们因此没有切身感受到环境与自身的联系。随着步入城镇化和工业化，环境日益恶化，不仅阻碍了经济的可持续发展，还降低了生活品质甚至危害人体健康，环境问题已引起社会各界的警惕。

---

① 武鹏：《改革以来中国经济增长的动力转换》，载《中国工业经济》2013 年第 2 版。

目前，我国还处于第一代的环境污染和生态破坏阶段，大多是由于工业、生活产生的废弃物排放到环境中造成的直接污染破坏。

1. 我国目前的空气污染

煤炭长期以来是工业生产的主要能源。煤炭燃烧产生的尘渣颗粒物悬浮在空气中，并通过大气循环、空气流通扩大了污染范围。这些尘渣颗粒物中有大量的细菌、重金属和致癌物质，进入人体呼吸系统后对肺器官造成持久损害，肺结核发病率也逐年提高。净化未达标的煤炭释放出来的二氧化硫和氮氧化合物经工厂排出后，在降水过程中与水相结合，发生化学反应，形成硫酸和硝酸，也就是我们平时所称的酸雨。酸雨不仅腐蚀了建筑物，而且使河流 PH 值降低、酸度增加，对河流中生物的生存环境造成致命伤害。

工业燃烧含硫煤炭造成了全国大范围的酸雨区域，而全国逐渐增多的机动车使得这种现象越来越严重。每一辆机动车排出的尾气中含有的氮氧化合物虽然不是很多，但是全国机动车排放量是一个惊人的数字。城市化进程在给人民带来了方便和文明的同时，也对城市自身环境形成负面影响。比如，为了方便出行铺设的柏油路，其吸热功能加强了城市的热岛效应，造成污染物质长期积聚而不易扩散，这成为引起城市居民疾病的又一诱因。据统计，全球每年约有 700 万人的死亡与空气污染相关，[①] 而在中国，因空气中悬浮颗粒物质造成疾病的人数日均高达 4000 人左右。因为雾霾问题，中国每年死亡原因与空气污染问题有关的人数竟占了全球的一半，心脏病、哮喘、肺癌在中国也成了屡见不鲜的疾病。雾霾天气还对正常交通运行造成阻碍，许多地区长期能见度不足百米，航班延误、高速公路禁止行车，城市公路和街道中车辆因为看不清而常常发生车祸，造成人员伤亡，这极大影响了日常行程和交通秩序，也使雾霾等空气污染问题渐渐成为人们讨论的焦点。

2. 我国目前的水污染

水占人体比重的 70%，可以说水是生命之源，并且水是经济发展的必备能源，是社会发展的基础。据统计，我国淡水资源总量虽然居于世界第四，拥有 28412 亿立方米，但是平均到每个人身上却只有 2100 立方米，[②] 而世界人均水量约为 10000 立方米，我国人均水量约为世界人均水量的 1/4。由于我国地跨多个气候带，南方处于亚热带和热带区域，降水量明显多于北方，因

---

① 范丹、叶昱圻、王维国：《空气污染治理与公众健康——来自“大气十条”政策的证据》，载《统计研究》2021 年第 9 期。

② 李原园、李云玲、何君：《新发展阶段中国水资源安全保障战略对策》，载《水利学报》2021 年第 11 期。

此北方的人均水量只有 995 立方米，远小于 2300 立方米，中西部地区的很多村民甚至无法获取足够的水来维持基本需求。①

与之形成对比的是东部工业化较高的城镇，许多耗水多、污染大的化工企业使得当地的水资源日益匮乏，并且这种中小企业为了追求高收益，私自抽取使用地下水，完全不考虑用水成本，造成我国整体地下水位明显降低，村民生活、畜牧用水岌岌可危。加之空气污染形成的酸雨和悬浮颗粒物进入河流和池塘中，一些不易分解、不易沉淀的重金属物质增加了水的硬度，与生物体富集后产生毒性更强的有机物，扩大了污染范围，提高了污染程度，增加了治理难度。为了划分地表水质污染程度，根据高锰酸钾、氨氮、石油物质含量的指数，我国把地表水质分为五个层次，共优良劣三个指标。生态环境部公布的《2021 中国生态环境公报》显示，我国河流、湖泊都有Ⅴ类、劣Ⅴ类水体占比，尤其是湖泊、高达 27.1%，这是由于国家环境监测网通过数据分析得出，Ⅰ～Ⅲ、Ⅳ、Ⅴ的比例基本相当，说明我国地表水较为稳定。虽然目前我国建立了许多城市污水处理点，但是有近一半的管网因没有联结而不能投入使用。面对高额的污水处理费用和较低成本的违法处罚，许多企业宁愿接受处罚也不愿放弃对高利润的追求，导致废水、废渣直接排入环境中。

3. 我国目前的土壤污染

由于山地和丘陵众多，我国耕地面积不足，仅占世界耕地面积的 7%，但这些土地却要养活近 15 亿、约占世界总人口 1/4 的人口。此外，中国农业机械化程度不高、规模效应不强，投入和产出失衡，土壤污染等现状制约着农业的发展。在城镇化过程中，越来越多的农村人步入建设城市的大军，他们见证着一个崭新中国的崛起。但是家里留下的农田却只能由年老体弱者和家中的妇女耕种，而这群人文化水平基本都不高，对新知识、新技术接受能力有限，在农业种植中往往延续着老思想、老方法，为了图方便、省体力随意使用化肥农药，导致土壤肥力严重下降。据统计，我国每公顷农药使用量约是国际安全上限的两倍，化肥中常用的氮肥、磷肥、钾肥是国际标准的 2～4 倍，农药和化肥的使用总量竟占世界使用总量的 35%。此外，畜禽养殖和污泥施用也是农业生产生活造成土壤污染的重要原因。畜禽饲料中的添加剂中含有大量铜、锌、镉、砷等重金属物质，而农田施用的污水处理厂的污泥中

① 郦建强、王建生、颜勇：《我国水资源安全现状与主要存在问题分析》，载《中国水利》2011 年第 23 期。

含有重金属、多氯联苯、二噁英等多种污染物，都会导致土壤污染。[①] 大量使用化肥农药等虽然在短时间内可以达到增产的目的，但是从长远来看，不仅造成化肥的增产效果越来越差、害虫的抗药性越来越强、农产品的品质降低，还造成了土壤结构改变，破坏了土壤的抗逆能力，并且土壤酸化和板结化严重，土壤中氢离子增多，阻碍了农作物对其他阳离子等营养元素的吸收，增加了黄萎病和青枯病等病状的发生率。

生产农药和化肥的厂商往往不考虑各地土壤的性状差异，不根据实际土壤状况进行适应性生产，农药和化肥的同质化导致了施用的不合理和效果的不理想。部分厂商为了降低成本、追求高额利润，甚至以废水废渣作为原料生产化肥，使得土壤中重金属离子明显超标，进而影响了食用者的健康安全。[②]

中国加入 WTO 后，农产品出口由于未能达到国际标准而屡屡被西方国家拒绝，这无疑是对中国绿色农业发展的否定。因此，保护耕地安全、保障粮食健康成为刻不容缓的目标。

4. 我国当前的固体废弃物污染

生活水平的提高导致消费往往并不只是为了满足需求。比如，电器产品的更新换代极快，每一两年便有新产品推向大众，许多年轻人为了赶潮流、追时尚，纷纷加入购机热潮之中。甚至一部分人的奢侈消费已经成为这个时代的一种常态，浪费问题日益严重。据统计，近年来平均每年报废的家用电器数量高达 1 亿~1. 2 亿台，并还在以 20%的速度逐年持续增长。

生产和生活中产生的没有利用价值或者尚有利用价值的物质被大量丢弃。据统计，2001 年至 2011 年这 10 年间，固体废弃物质数量飞速增长，平均每年增长速率超过 40%。这种趋势在 2008 年之后变得十分明显，据生态环境部公布的《2020 年全国大、中城市固体废物污染环境防治年报》显示，仅参与信息发布的大、中城市一般工业固体废物产生量已达 13. 8 亿吨，工业危险废物产生量为 4498. 9 万吨，城市生活垃圾生产量为 23560. 2 万吨。工业生产和日常生活中产生的固体废弃物数量大得让人惊叹。其中，工业生产过程中产生的废渣、污泥等原料残余物，电力和热力所燃烧的煤炭成为这些原料残余

---

① 庄国春：《我国土壤污染现状与防控策略》，载《中国科学院院刊》2015 年第 4 期。

② 李竹林：《农药化肥使用存在的问题及对策》，载《现代农业科技》2014 年第 16 期。

物的主要来源。而生活垃圾的数量也随着时间的变化呈上升趋势。据年报统计显示，生活垃圾处理方式以焚烧和填埋为主。塑料袋、包装袋被填埋后，使土壤的透气性降低、微生物活性减弱，土壤的结构和肥力都发生了极大的改变。许多废弃的家用电器中包含的卤族化学元素、废润滑油和重金属产生的渗沥液通过降水进入地下水，造成水生生物中毒死亡；渗透进土壤，导致土壤中的微生物活性降低，病菌由于没有微生物的抑制而任意滋生，降低了农作物的品质和产量。①

目前，固体废弃物综合利用率不高，大多是在城市周边的工业区和河边荒地上填埋，填埋 1 万吨固体废弃物需要占地 1 亩，但是造成危害影响的范围却是填埋面积的 2 倍以上。据估计，我国填埋的工业固体废弃物占地 100 多万亩，其中有将近 1/10 为农田，那么受影响的土壤面积将不止 100 万亩。仅仅靠微生物使废弃物腐烂分解的填埋方法往往很难降解这些固体废弃物，甚至使填埋场的土壤、地下水和空气质量都十分恶劣。而有些废弃物处理和利用工厂在焚烧废弃物时排出的气体并未经过净化处理，产生的灰烬残渣也没有及时填埋，造成的二次污染有时会比之前的影响更加糟糕，如垃圾燃烧产生的二噁英等有毒物质，其毒性是氰化钾的 1000 多倍。②

面对我国的生态环境现状，结合经济发展目标和社会所处阶段，应适当调整经济与环境的协调发展关系。如果把生态环境比作支撑经济发展的软实力，那么只有当软实力和硬实力相互平衡时，才能在前进的过程中更加稳健。

① 侯小洁：《我国固体废弃物处理现状及对策分析》，载《中国高新技术企业》2014 年第 1 期。

② 陶建格：《中国环境固体废弃物污染现状与治理研究》，载《环境科学与管理》2012 年第 11 期。

第五章
中国土壤污染防治法律制度的未来设计

面对我国土壤保护制度不成熟、环境污染情况严峻的现实，需要构建一个合理有效的框架，在制度层面引导土壤污染防治工作的进行。这既是法治发展的必然，也是严峻的土壤污染防治形势提出的必然要求。接下来，笔者将从“理念设计”“土壤污染防治法”“污染防治管理体制”“法律实施机制”“法律责任机制”这几个方面，对我国土壤污染防治体进行一个可能的设计。

第一节　我国土壤污染防治法律制度的理念设计

任何立法与制度设计都是基于一定的价值取向、利益衡量，这些制度基准在具体实践中被具象为指导思想。指导思想贯穿的不仅仅是制度设计，还涉及未来制度实行的方方面面，甚至在制度出现一定问题时起到补丁的作用，足见指导思想之重要性。而在土壤污染防治的实施机制这一制度构建之中，“土壤污染预防为主”思想、“加强政府调控”思想、“兼顾环境保护与经济发展”思想、“多领域共同防治”思想作为各种利益衡量的产物，在整个制度构建中有着举足轻重的地位。以下将分条论述各指导思想的提出背景与内涵等相关内容。

一、“土壤污染预防为主”的指导思想

（一）提出背景与理由

首先，这是由土壤污染本身的特性决定的。如同在第一章第一节土壤污染的特征之中所述，土壤污染具有隐蔽性与长期性。隐蔽性直接导致土壤污染治理在空间与时间上十分滞后，并且有极大可能导致土壤污染的第二个特

征——长期性。而号称“一污染就天长地久”的长期性则说明其后果之严重，无论对生态还是对人类健康，其损害都是难以估量的。基于汉德公式 $B<PL$，土壤污染所导致的近乎正无穷的损失与土壤污染多发的现状，使得污染防治具有了法理上的必然性。同时，远小于损害的预防成本进一步说明了其作为调控手段的优越性。为了用最小成本获得最大收益，预防自然而然地在整体制度设计中有最高的优先级。

其次，这是国外土壤保护实践的经验与现行通行做法。无论德国现行的预防优先原则，还是英国的预防与治理并重原则，预防的优先性都直接或间接地在土地防治体系成熟的国家的实践中有所体现，美国甚至激进地通过具有溯及力的严格责任来约束未来实现预防之目的。效果先按下不说，其立法价值倾向早已体现无疑。不可否认，日本在这一方面的实践并非以预防为主，但其在预防义务之责任上的制度缺失等问题同样也显而易见。笔者认为，这并非世界之潮流，故预防之原则应当是值得我们借鉴的经验。并且，这是我国现实情况的要求，是由我国经济现状与法律缺失的现状所决定的。此处不再赘述，具体请参见第三章第六节“国外经验与启示”中先进制度之原则部分。

最后，这是《环境保护法》所提出的坚持污染防治与生态环境保护并重的原则。土壤污染防治必然是在这个大的法律框架之下构建的，也必然会贯彻这一原则。加之上文所述土壤污染的特殊性，预防自然而然地获得了优先级。此处论述具体请参见本书第四章第三节“预防为主原则”的内容。

（二）含义

“土壤污染预防为主”从文意上理解，就是很简单的土壤污染治理工作应当以预防为主，但实际内容远不止如此。1992 年 2 月 7 日签订的《欧洲联盟条约》第 130r（2）条非常明确地规定：共同体的环境政策“应该建立在防备原则以及采取预防行动、优先在源头纠正环境破坏……”要求必须改善必要的知识与信息，并使决策者和包括公众在内的利益者有可能获得这类知识和信息；必须制定和引入决定程序，保证在制定决策前就考虑到有关可能对环境产生重大影响的情况；必须密切关注对环境影响的评价……要求当对某种活动将导致有害的环境后果可能性存在怀疑时，最好能在该后果发生前提早采取行动，而不是等到获得不容置疑地显示因果关系的科学证据之后再采取行动。①

① 严幸智：《试析欧盟环保政策的实施原则》，载《学术论坛》2001 年第 1 期。

正如之上引文所述，预防原则不仅强调损害发生之前措施的重要性，同时也把预防机制的启动条件降低，启动的机制更加灵敏化。换言之，预防为主的原则也对整个预防机制进行了改造，要求构建更有效率的预防机制。如果不这样做，所谓的土壤污染预防为主的指导思想很可能最终变成纯粹的对空喊话。

同时，对预防在制度中的地位安排也是十分重要的。我国现在所实行的末端管控模式所付出的代价太大，转变为全程管控已势在必行。由于我国现在土壤防治的法律法规多为原则性、概括性的条文，构建一个实用体系的难度不亚于从零开始。笔者认为，在构建这一体系时，应当赋予预防工作极高的地位，甚至将其拔高到一个较为过分的地步，以达到“欲得其中，必求其上，欲得其上，必求上上”的效果。

综上所述，“土壤污染预防为主”的指导思想包括以下两个方面：一是预防制度本身应当升级，以更好地对污染防治源头进行堵截；二是在整个防治体系之中应当有最高的地位，甚至是最高的优先级。

二、“加强政府调控”的指导思想

（一）提出背景与理由

首先，基于“保护国家主权权益”的价值目标，把土壤污染治理后的最终利益在形式上归于国家主权，这必然要求国家主动出击，处理相应问题。同时，国家作为公益的代表，基于波斯纳定理，“如果市场交易成本过高而抑制交易，那么权利应赋予那些最珍视它们的人”，显而易见，国家是土壤污染防治的最优行为主体。在我国，司法权明显不可能主动出击，立法权也不可能专司此事，只有承载行政权的政府能主动出击，进行土壤防治这一工作，而原本就已经拥有的环境保护职能使得政府对这部分工作有着天然的管理权力。不可否认，部分非政府组织在土壤污染防治上大有作为，但在涉及社会公共利益且又确立了国家主权这一原则时，政府自然而然应当成为这一工作的实施主体。

其次，加强政府调控是污染防治工作现实问题的解决之道。虽然在我国现行体制之下，政府负有相关的职能，但这些职能分散在各个不同的政府部门之中，导致了“人人都管，人人都不管”的局面。加之我国现有的土壤污染防治法律缺乏可操作性、监督机制缺失等问题，污染防治工作效率低下，远远满足不了防治污染之要求，强化政府监管势在必行。并且，加强政府调控也是外国防治实践的必然。从第三章中我们可以很清晰地看到，国外发达国家的实践在不断扩大政府管控范围与力度这一方面，有着共同的做法。可以说政府调控之加强是土壤污染防治的先验之路。

最后，加强政府调控也是由我国土壤污染现状决定的。2014 年，环境保护部和国土资源部联合作出了《全国土壤污染状况调查公报》。公报指出，“全国土壤环境状况总体不容乐观，部分地区土壤污染较重，耕地土壤环境质量堪忧，工矿业废弃地土壤环境问题突出”。[①] 我国土壤污染问题已经十分迫切，具体内容请参见第一章中关于我国土壤污染问题的相关内容。严峻的现状需要的是一个能快速反应、直接应对，可以在短时间内遏制乃至扭转我国土壤污染现状的组织架构。现阶段，只应也只有政府直接干预能满足这个条件。而为了应对这一现状所设计的土壤污染防治体制也必然以此为手段。

（二）含义

首先，我们需要明确“调控”一词的含义。调控的词源来自宏观经济学，其英文词源是 Regulate and Control。但值得我们注意的是，宏观调控的词源是 Macro-economic Control。换言之，经济学上的调控仅仅是 Control。笔者认为，经济学上调控的外延与我们平时所用的调控一词的外延有些许不同。在凯恩斯原本的理论之中，调控强调的是政府对经济的干预与控制，Control 可以很好地表达他的意思。但随着我国社会实践的发展，调控这个词还被引入了另一层意思，这一点甚至可以从宪法中看出来。《宪法》第 15 条规定：“……国家加强经济立法，完善宏观调控……”很明显，在我国的语境下，调控一词还带有合法、合规的意思。同时，这也与 Regulate 一词的语义相符。Regulate 一词在英语之中有 5 种释义，但其有一个共同之处，即有一个预设的规范。换言之，Regulate 的核心在于将现状纳入一个预先存在的秩序。而 Control 一词则很明了地体现了一种管控、操纵、控制的意思。这两个词一经组合，便让调控一词的含义十分清晰了。在一定的规范之下将某种现象或行为纳入某种主体的控制，且这种管控也将其规制到那一预设规范之中。

其次，还要了解政府的含义。但政府这个概念太过宏大，由哪个部门负责、管理，管理的直接主体是什么，又是另一个问题。具体可参见本章所论述的“建立政府高层议事协调机构（管理机构专门化）”。这里所谓的政府，指的是行政权。应当注意的是，在土壤污染防治之中，行政权的主要地位并不会排斥立法权、司法权在其中发挥作用。行政权的行为自然是需要立法权

---

① 环境保护部：《环境保护部和国土资源部发布全国土壤污染状况调查公报》，载 http://www.zhb.gov.cn/gkml/hbb/qt/201404/t20140417_270670.html，2015 年 3 月 24 日访问。

先为之铺路，同时也需要司法权作为其执行的后盾，并且规制其不正当的越权。简而言之，行政权要在防治之中发挥主要作用，同时立法与司法两权应当全力配合，以实现土壤防治目标。此外，还应当与非政府民间组织合作，动员全社会的力量。

最后，加强指的自然是强化现有的土壤防治体系，在政策上加大对这一工作的支持力度。一方面强调制度的强化与完善，另一方面则在整体政策上重视。

综上所述，这个指导思想的表述应当是：以政府（行政权）为主要力量，通过强化与完善现有防治体制，加大政策支持力度的手段，在法律法规的框架下，规制土壤污染的现状，使之符合相关环保法律法规的规范（相关的环保法律法规应当是体现公众利益的）。

三、“兼顾环境保护与经济发展”的指导思想

（一）提出背景与理由

这一指导思想本质上是可持续发展理念在制度架设指导之中的直接体现，是可持续发展思想的具象化。其提出之背景与理由在第二章第一节已有充分介绍，在此不再赘述。

（二）含义

兼顾环境保护与经济发展，其核心在于平衡二者的地位。这种平衡不是一分为二的二元平衡，而是在整个发展过程中的动态平衡。在每个特定的历史节点，这二者的地位都不会是相等的。随着时间的推移，二者地位此消彼长、绝不相同，但放到一个更大的历史阶段，这二者无论如何起起落落，其地位都是对等的。但是应当看到，基于我国现在所面临的严峻环境现状，环境保护与经济发展的天平必然会向环境保护一方倾斜。无论是党的十八大提出的“大力推进生态文明建设”，还是2014年对《环境保护法》的修订，都很明显地表现出社会资源的倾斜。至少在现阶段，环境保护的地位应当略高于经济发展。

同时，我们应认识到，二者的关系并非传统的二元对立关系，而应当是一种对立统一的和谐。传统经济的评价标准在于投入与产出之比，而就是这种传统经济的评价标准，很容易导致环境保护与经济发展的撕裂。首先，在传统经济的评价标准之中，由于存在外部性的问题，在产权未能明晰的情况下，环境成本往往未能被记入经济成本之中，以此为基础的评价标准天然就有缺陷。其次，由于传统的先污染与后治理模式，治理成本往往在后期又被

计入经济成本，从数据上看直接拉低了投入与产出之比。因而在传统经济的评价标准中，经济发展与环境保护是完全对立的。随着社会的发展，人们对二者的关系有了更进一步的认识。经济发展的源泉必然是环境、生态以及整个自然界本身。而原有的先污染后治理模式逐渐向全程调控的模式转化，也使得生态效益能够在一开始就被纳入成本，经济效率的评价标准因此逐步完善。同时，原有的生态效益评价标准因未能将传统的经济标准纳入体系，过度重视生态资源的要素，使这一评价标准也存在不合理因素。只有在二者统一的基础上，方能实现生态环境与经济发展的“最大公约数”。

具有讽刺意味的是，我国因为当前土壤污染的严峻形势，使得土壤修复这一行业有着广阔的前景，诸如永清环保等上市企业已经在开拓这部分市场。在这个意义上，环境保护防治与经济发展实现了完美的统一。

最后，如同第二章第一节“中国文化背景下可持续发展的要求”部分所述，我国要实现二者的平衡，必须从深厚的文化传统出发，于文化传统之中汲取营养。具体参见第二章相关内容，在此不再赘述。

四、“多领域共同防治”的指导思想

（一）提出背景与理由

这一指导思想是针对土壤污染特性及其防治工作的客观现实提出的。土壤作为生物圈的一个重要组成部分，其污染必然与其他部分有着千丝万缕的关系，此处请参见第一章第一节中关于土壤污染分类的内容，在此不再赘述。而现有土壤防治机制亦因此特性而导致在制度设计上表现出零散化、非集中化的特点。不仅使法律未能成体制化构建，在行政职责分配上也表现出分散化的特性，土壤污染的分管部门包括农业部门、环保部门、国土资源部门甚至地矿部门。不可否认，这种分散化的管理体制有其不科学之处，但无论怎么把这种管理体制集中，诸如地下水测定等相关职能的最佳归宿也只能是地矿部门。换言之，无论是现有的土壤污染防治体制还是未来可能架构的集约化体制，都必然有多方行政力量的加入，也会与各种诸如测绘、地矿、农业等其他领域相交错，把其他部门排除在外是不明智也是不可能的。

同时，民间力量也是不可能被忽略的。类似前文所述的“土壤恢复行业”的力量在某些领域所发挥的作用甚至超过了公权力，而非政府组织等民间力量也能提供极大的助力。

最后，随着土壤污染防治的国际化，国际相关力量的介入也是不能无视的。这点在前文已有相关论述，不再赘述。

（二）含义

本原则的问题在于多领域如何理解。笔者认为，多领域应当有以下几层含义。

首先，这个领域不仅是土壤防治本身，还包括诸如水质、大气等领域的污染防治。这部分内容在第一章已有相关论述，在此不再过多赘述。

其次，这里的多领域还意味着公权力的全方位介入。在司法、立法、行政的最高层级，这三种权力应当也必须协同合作，高调介入防治的领域。同时，三种权力在内部也应当是全力调动。政府内部的力量不仅影响源自环境保护的相关职能部门，诸如县级政府在土壤污染防治上更是有着举足轻重的地位，而司法部门内部也不仅是法院应通过一个又一个优先的判决保证土壤污染防治工作的进行，同时检察院也应积极履行作为公益诉讼主体所负担的义务，多方面推进土壤污染防治工作。

最后，土壤污染防治的多领域还包括民间与国家力量的积极参与。国际力量的问题在前面数章已多次提及，不再赘述。而民间力量既有以营利为目的的组织，也有大量的非政府组织，这些组织的力量不可忽视。相较于公权力机关，其在办事效率或民间活动等方面有着天然的优势。只有把这些力量整合进土壤污染防治体系，方能使土壤污染防治体系最大限度地发挥作用。

综上所述，所谓多领域共同防治，应当指的是跨种类的污染防治力量的协作，公权力机关跨部门的全力参与，民间以及国外力量的介入等多种社会力量的共同参与。以上四个原则共同构成了整个土壤污染制度制定的价值取向，指导着整个制度的建设。以兼顾环境保护与经济发展为最终目的，以预防为主要手段，政府主导和多个领域共同参与，在这个指导思想体系之下构建整体的制度框架。

第二节　《土壤污染防治法》的颁布实行

笔者认为，假如相关法律已经有了类似的法律编排体例，同时在其在立法倾向和调整的社会关系上具有极高的相似性，那么这些法律的发展、沿革以及相互之间的区别，对于制定土壤污染防治法是有极高参考价值的，应当对其进行相应的探讨。

我们亦应当明确，虽然环境保护法律在性质上存在较大争议，即其究竟是经济法、行政法，抑或一种全新的部门法还未有定论，但应该看到的是，已于2019年1月1日起施行的《土壤污染防治法》的核心是要求公权力积极介入土壤污染防治的工作，这与当今依法行政、把公权力关到笼子里的主流要求是不一样的。当然，我们不否认土壤污染防治不仅是行政权的扩张，也确实伴随着对现有土壤污染防治工作的规范化。但笔者认为，面对我国严峻的环境形势，《土壤污染防治法》若仍旧完全以传统的控权理论为出发点，那么恐怕就有点不合时宜了。而且以一定规范为基础的行政权的扩张本质上也是一种控权。因而，笔者在书中提出的价值基准不只是传统意义上的控权，还包括如何通过调整政府职权应对现有的环境危机问题。

因而，本节的主要思路是参考同类法律的立法编排，研究其立法存在之问题，考虑土壤污染问题的特殊性，做好与《环境保护法》的衔接，给现行的《土壤污染防治法》提出一些合理化的建议。

一、关于同类法律体例编排的一些问题

关于制定《土壤污染防治法》的必要性，已在第一章第三节的相关部分有充分论述，在此不再赘述。

在污染防治领域，我国形成了以《大气污染防治法》《水污染防治法》《固体废物污染环境防治法》《环境噪声污染防治法》《放射性污染防治法》等法律为主体的污染防治法律与系统。① 其中与本书设想的《土壤污染防治法》修改意见最为接近的应当是《大气污染防治法》《水污染防治法》和《固体废物污染环境防治法》。这三部法律对《土壤污染防治法》的立法体系具有极高参考意义。以下分别是这三部法律及现行《土壤污染防治法》的编排体例。

（一）大气污染防治法

第一章　总则

第二章　大气污染防治标准和限期达标规划

第三章　大气污染防治的监督管理

第四章　大气污染防治措施

第五章　重点区域大气污染联合防治

第六章　重污染天气应对

第七章　法律责任

第八章　附则

① 徐以祥：《论我国环境法律的体系化》，载《现代法学》2019 年第 3 期。

（二）水污染防治法

第一章　总则

第二章　水污染防治的标准和规划

第三章　水污染防治的监督管理

第四章　水污染防治措施

第五章　饮用水水源和其他特殊水体保护

第六章　水污染事故处置

第七章　法律责任

第八章　附则

（三）固体废物污染环境防治法

第一章　总则

第二章　监督管理

第三章　工业固体废物

第四章　生活垃圾

第五章　建筑垃圾、农业固体废物等

第六章　危险废物

第七章　保障措施

第八章　法律责任

第九章　附则

（四）土壤污染防治法

第一章　总则

第二章　规划、标准、普查和监测

第三章　预防和保护

第四章　风险管控和预防

第五章　保障和监督

第六章　法律责任

第七章　附则

如上所列，这三部法律存在很大的相似性。但值得我们注意的是，只有《固体废物污染环境防治法》在总则之后并未规定相应的标准与限期达标规划，并且对比2000年修订的《大气污染防治法》与历年版本，可以明显发现标准与规划的内容是在2015年修订才加入的内容。并且笔者注意到，《水污染防治法》在1984年的版本之中就有了类似内容。而这部分“标准与规划”又是什么呢？

参考2015年修订的《大气污染防治法》与现行《水污染防治法》的“标准与规则”，大概有以下这些内容：政府应当制定相应的环境标准，推动环境防治工作达到标准，以及承担相应的社会公开之义务。而《水污染防治法》这部分的内容则大概是工作标准的制定以及跨流域治理的相关问题。

可以明显看出，这两部法律的“标准与规范”在内容上虽然有所差异，但核心都在于为环境污染的工作设定相关规范，缩小政府的自由裁量权，并使之有可操作性。而《固体废物污染环境防治法》最后一次修改是在2004年，且在其立法之初就没有这一章。考虑到其修订时间，可以推测“标准与规划”一章所承载的立法价值，或者说在相关环境污染治理的必然性至少是在2004年之后才出现的。值得玩味的是，《水污染防治法》在初始就设定了相关内容，其利益衡量值得我们深思。立法者的考虑我们无从探求，但仅仅从对比中可以很容易发现，这章的规定实质上是立法者对政府设置的义务，甚至可以说是强制政府进行有关工作。笔者认为，这样的立法修改应当是面对我国环境污染的现状所提出的，再结合本书在第一章第二节所述内容考虑，立法的价值取向已经显露得很明确了，即政府应当负起相关义务，主动进行环境污染防治工作。面对我国环境的严峻现状，这部分内容是必需的。

同时，再对比2015年修改的《大气污染防治法》的“标准与规则”，其突出了政府公开信息的义务。这不仅是行政法法理之中程序正当原则的要求，也是社会发展的必然要求。

综上所述，《土壤污染防治法》将“标准与规划”列入其第二章，并强调各类标准应当“公布”“供公众免费查阅、下载”是其制定实施的应有之义，也是对环境法律中污染防治法的体系性回应。

二、同类法律的一些问题

首先说明，《大气污染防治法》于2015年进行的修订和2018年进行的修正通过优化源头规划管控、加强对重点区域特定重点污染物联合防控等方式解决了很大一部分问题，但由于大气污染物具有特殊性及其污染范围的易扩散性，与土壤污染物存在差异，为此有关大气污染的专门性问题并不在此叙述。

其次，在这部分立法中固体废物根据污染物种类进行类别化区分，且固体废物污染相较于大气、水污染防治在层级与国家重视层面有显著差异，故在以下内容中不作探讨。

最后，这部分内容不会过多涉及《环境保护法》，更专注同级同类型法律之间的比较。

（一）跨行政区划的污染治理

由于我国的环保职能部门是按照行政区划划分的，所以其管辖范围与行政区划相一致。土壤污染并不会像大气污染与水污染一样以跨行政区划作为常态，后两者从预防到治理绝对会面对跨多个行政区划的行政管辖问题。

原有的《大气污染防治法》并未对这一问题作出相应较为有可操作性的规定，而2015年修订的《大气污染防治法》则对这一现实问题作出了相应的规定，即“第五章　重点区域大气污染联合防治”。值得注意的是，在这部分规定中国务院有审批的权利。国家最高层级的行政机关高调介入，相信其必然能发挥应有的整合能力。同时还应看到，在出现纠纷时，2015年修订的《大气污染防治法》在第92条作了如下规定：“国务院环境保护主管部门和国家大气污染防治重点区域内有关省、自治区、直辖市人民政府可以组织有关部门开展联合执法、跨区域执法、交叉执法。”虽然仅仅使用了“可以”二字，但基于行政权的义务权利同一性，这在某种意义上也是针对我国污染防治在交叉地带出现的问题提出的一种解决方案。换言之，其有倡导乃至督促政府进行相关工作的意味。而在《水污染防治法》这个问题上仅仅用了一个十分模糊的条款，即第31条：“跨行政区域的水污染纠纷，由有关地方人民政府协商解决，或者由其共同的上级人民政府协调解决。”这种模糊不清的规定在现实操作中必然会带来问题，为推诿扯皮的问题埋下了祸根。

当然，这里对于跨区域的污染治理更多强调的是介于起始和出现严重后果的中间程序。起始阶段的相关法规、保护区设定等问题，国家最高层级的行政机关国务院已经介入，如对于法规标准的制定、水源保护区的划定，国务院的身影从未走远。而一旦出现严重的生态后果，且不说原有的环境保护应对措施，必要时甚至可以启动《突发事件应对法》，这种时候推诿扯皮事件发生的可能性想必是很小了。

就土壤污染而言，跨行政区划管理的问题并没有像以上两点那么突出，但由于土壤污染具有隐蔽性，若想对土壤污染进行早期发现、早期处理，必须有高效的监管机制实现常态化的有效监测，这种监控不能因为行政区划而受阻碍。虽然我国行政区划多以地理为分界，但这种分区还是存在将一块相邻地区划分成多块分属不同监管同类主体的可能性，这对于实现高效监管是一种障碍，使土壤情况的监控难度与成本远远要高于空气环境监控、水质监控。鉴于此种情况，笔者认为2015年修订的《大气污染防治法》第86条所规定的联合防治体系，从土壤污染防治的角度来看甚至有些薄弱。同时，土壤污染的污染源也和大气污染源以及水污染源一样可能是跨区域的。这种时候，跨区域执法也变得十分有难度，甚至存在地方保护主义的可能。

最后，由于各省的环保标准不同，跨地区的污染治理变得十分棘手。以2015年修订的《大气污染防治法》为例，该法基于对国情的考虑，把制定标准的权利同时也是义务下放到地方，只对重点联合防治区域出现问题时有专门的解决措施。换言之，如果在这些区域外出现了与法律法规冲突的问题，只能走一般的解决途径，也就是2014年《环境保护法》第20条所规定的做法。这样的解决措施在实践操作中的成本是比较高的，对于具有紧迫性污染防治工作的进行是不利的，也为地方保护主义提供了一定的活动空间。而《水污染防治法》则将这些规范的制定直接收归国务院，简单有效地解决了这个问题。国务院能够在水污染防治规范制定的问题上高调介入，必然是因为水污染的严重性，而其可操作性则在于水质标准的统一存在可能，相较于土壤和大气，水质标准统一的难度小得多。由于水污染的严峻性，使得全国水污染规则制定收归国务院的做法收益更大，而较低的技术难度使得这种做法的成本下降。一增一减，这种做法成本大于收益，立法自然会选择这种手段。而土壤污染防治的情况明显与水污染防治不同，土壤污染防治标准的制定很可能会面临和大气污染标准制定一样的问题，这是由我国土壤情况复杂、情况众多决定的，搞一刀切是绝对不可行的。这时候若衡量《土壤污染防治法》的成本与收益，这种简单有效的方法反而可能出现收益小于成本的尴尬结果，故标准制定权也只能同大气污染一样下放到地方。

实际上，在《土壤污染防治法》中并没有污染联合防控的规定，仅在第48条规定“土壤污染责任人不明确或者存在争议”也即无法确定土壤污染修复主体时，“农用地由地方人民政府农业农村、林业草原主管部门会同生态环境、自然资源主管部门认定，建设用地由地方人民政府生态环境主管部门会同自然资源主管部门认定”。这显然无法实现土壤污染的跨区域治理，也缺乏事前应对的统筹规划。

鉴于上述考虑，本书认为应当借鉴修订的《大气污染防治法》，建立一个跨区域合作系统联合防治，甚至可以比《大气污染防治法》更进一步，按照监控地域而非行政区划设立一个监管系统，并且对规范冲突预先设定一个快捷的解决方案。但由于这些规范不可能是完全静态不变的，所以制定一个快捷的解决方案，为动态变化的法规提供一个高效的解决方案，从保护土壤生态利益的角度看是有价值的。这部分内容会在本章第三节有相关的具体论述，在此不再赘述。

（二）缺乏社会力量动员机制

这里所说的动员机制更多强调的是在全程防治的过程中参与，并且更为强调监测过程中的参与。而这里所指的社会力量是非国家公权力的力量，不仅是社会组织，也包括个体的公民，甚至是跨国际的环保力量。

现行的《水污染防治法》与《大气污染防治法》在这方面的规定都较为宽泛。2008 年修订的《水污染防治法》在第 10 条有如下规定："任何单位和个人都有义务保护水环境，并有权对污染损害水环境的行为进行检举。"2000 年修订的《大气污染防治法》在第 5 条有如下规定："任何单位和个人都有保护大气环境的义务，并有权对污染大气环境的单位和个人进行检举和控告。"

显而易见，以上两条规定纯属原则性规定，其可操作性近乎为零，是不可能调动起社会力量的。而这种规定对于土壤环境污染防治工作的进行是十分不利的。当然，想要在监控程序之中动员民间力量在法律上是极有难度的。要积极调动全方位社会力量介入监控环节，仅仅依靠权利的设定是不可行的，这点实践已经证明。而传统的设定义务，以责任为后盾手段在这种问题上明显不可行，一旦强行使用，只会导致行政权力的疯狂膨胀，绝对是得不偿失。因而，只能尝试通过激励机制等新手段来实现。

这种问题亦引起了立法者的注意，不仅仅在《环境保护法》专门设定了信息公开公众参与一章，还在 2015 年修订的《大气污染防治法》第 31 条作了如下规定："环境保护主管部门和其他负有大气环境保护监督管理职责的部门应当公布举报电话、电子邮箱等，方便公众举报。

"环境保护主管部门和其他负有大气环境保护监督管理职责的部门接到举报时，应当及时处理并对举报人的相关信息予以保密；对实名举报的，应当反馈处理结果等情况，查证属实的，处理结果依法向社会公开，并对举报人给予奖励。

举报人举报所在单位的，该单位不得以解除、变更劳动合同或者其他方式对举报人进行打击报复。"

在修订后的《大气污染防治法》之中，其通过激励机制的构建，欲实现民间力量在大气污染防治监管方面的动员。由于其在 2016 年才开始实行，相关配套的法规规定也还未出台，具体操作还有待观察。笔者认为，这属于立法机关的一次尝试，具有开创性意义，效果虽还有待实践检验，但在土壤污染防治法之中应当构建类似的制度。具体看来，目前《土壤污染防治法》对公众的激励主要存在于"保障和监督"一章，除对公众参与的前提知情权的反复强调，这部分激励条款与上述《大气污染防治法》中的列举别无二致。

除此之外，现行《水污染防治法》和旧《大气污染防治法》在信息公开方面有较大缺陷。社会力量参与环境污染防治的形式不仅在于监控，还在于环境污染防治决策工作的参与。这种参与可能是积极推动污染防治工作的进度，也可能是阻止行政权利用污染防治的名义滥用权力，而这种参与的基础应当是公众知情权的保障。反观修订前的《大气污染防治法》《水污染防治法》，在公众知情权的问题上体现出了完全的空白。这种问题使得原本就较为薄弱的公众参与进一步弱化。而2015年修订的《大气污染防治法》在这方面则在“大气污染防治标准和限期达标规划”之中规定了相应的问题，其立法价值已经十分明显。并且现行《环境保护法》在这方面也特别列出“信息公开和公众参与”一章来推进这一工作。相较于激励机制，虽然其在上位法的规定之中存在了多年，也确确实实进行了多年的实践，取得了很大效果，但在程序上，公开之范围等方面还存在一些问题，还需完善。笔者认为，这一制度构建是对《环境保护法》的贯彻，是现实之需要，有其必然性。但具体如何构建，则应等待其实行的结果并进行总结，同时也应借鉴相关国家的成功经验。

综上所述，我国现有相关环境污染防治法存在“缺乏社会动员机制”的问题，这是修订《土壤污染防治法》应当吸取的教训。由于这部分内容与后文“经济激励（税、费）、信息公开和公众参与模式”重合，故不在此具体论述，具体请参见本章第三节相关内容。

（三）市场化运行的可能性

从严格意义上讲，市场机制也算是社会力量动员的一种。但笔者认为，这部分内容已经有所脱离污染防治法的立法原意，故在此拆开来讲。

除第二点所论述的内容之外，笔者认为现行的环境污染相关法律都还在社会力量参与的制度设计上存在一种可能性，或者说可提升的潜能。可以看到，我国现行的各种环境污染防治法律大多脱离不了传统意义上的行政法或者管理法的窠臼。无论是《水污染防治法》还是《大气污染防治法》，其核心都是政府作为或不作为一定的行为，行政相对人的禁止之义务。哪怕是修订后的《大气污染防治法》在立法设计上虽然欲通过奖励机制、公开机制实现社会力量的参与，但其核心还是规范政府权力的运行。污染防治绝对不只是政府的事，哪怕在理论上通过国家主权的理论在国家负有防治义务的问题上实现了逻辑自治，哪怕全社会公认国家是环境公益最好的维护者，都无法掩盖环境防治工作的公益性。法律，或者说制度，要做的不仅仅是让国家、政府在环境污染防治工作中发挥更好的作用，而且应当激发全社会共同的参与。而要激发社会力量参与，最简单也很可能是最有可操作性的做法自然是引入市场机制。但市场机制又是一个十分宽泛的概念，是通过明晰产权的做法还是传统的税收实现外部性的回归？笔者认为，这些手段在实践中或者效果不好，或者完全还未搭建，效果如何还未知。在本章第一节关于经济利益与环境公益的内容中曾经提到，部分市场主体已经开始开拓环境污染治理市场，并且获得巨大成就。以前文提及的永清环保公司为例，其在 2015 年前三季度所公布的业绩预告指出，“其在 2015 年 1 月 1 日至 9 月 30 日期间归属于上市公司利润比上年同期上升 55%～75%”。[①] 如此的业绩增长直接说明这种引入市场机制进行污染防治的手段在调动社会力量方面是完全有效的。同时，2014 年国务院发布了《关于创新重点领域投融资机制鼓励社会投资的指导意见》，而党的十八届三中全会明确提出：“建立吸引社会资本投入生态环境保护的市场化机制，推行环境污染第三方治理。”[②]《环境保护法》在第 21 条也规定了对相关产业的扶持义务。很明显，这种手段的引入可以说已经成为国家层面的共识。

而我国现行的《大气污染防治法》《水污染防治法》在这个方面近乎空白。当然，这和其修订的时代背景有密切联系，笔者也并不想苛求法律能完完全全适应时代的发展。但 2015 年所修订的《大气污染防治法》在这方面作出了相关的改变，其通过总量控制和对排污许可证管理制度的架设，为市场主体的进入提供了相应的制度端口。同时，由于《环境保护法》在促进相关环保产业发展上已经有相应的原则性规定和义务设定，加之《大气污染防治法》的立法定位更多在于规制环境主管部门和较低层级的政府部门的行为，故其并没有再次强调促进环境保护产业之发展的义务，仅仅留下能够和市场机制对接的制度端口就足够了。

当然，要调动社会力量还有很多的办法，如权利明晰，或是教育、道德、政治动员等非法律手段。这些手段要么更能从根本上解决环境污染的问题，要么效果立竿见影。但这些手段太复杂或者周期太长，或者操作难度巨大，或者性价比不高，基于实用的考量，加之前文（第二章第二节）对相关理论的论述，故本书只提及了市场机制的介入，其他暂不考虑。

同时，笔者在这里提出一个问题：由于环保产业所涉及的国家利益十分

---

① 载网易网，http://quotes.money.163.com/f10/ggmx_300187_2026387.html，2015 年 10 月 30 日访问。

② 《中共中央关于全面深化改革若干重大问题的决定》。

重大，是否有必要专门设定一部经济法来规制相关行业？在环保产业还未彻底发展起来的今天，这个问题或许有点杞人忧天的味道。但在大力推动市场主体进入环境保护领域的今天，我们不应只把市场主体赶入这个领域，还应当作一点风险预防的准备。

综上所述，《土壤污染防治法》应当为市场主体的进入留下相应的端口，这点不仅仅是社会、政治的要求，也是对《环境保护法》精神的贯彻，通过采用类似《大气污染防治法》的手段，并更进一步制定切实可行的有效方案，推动环保防治的市场化进程。

（四）行政法律责任的不足

应当看到，我国在环境立法方面虽然规定了诸多义务，但是作为义务后盾的责任则有所缺失。

这里提及的行政责任主要指的是罚款，因为这是行为主体在作出相关决策时最常考量的成本，同时也是现行法律出现了较大问题的部分。以我国《水污染防治法》为例，其在法律责任中规定的责任大多是罚款。而这些罚款的额度无论是和违法排污所带来的收益相比，还是和其所造成的损害对比，金额都明显偏小。而2000年所制定的《大气污染防治法》在这方面也显示出同样的问题，其中所规定的金额由于时代的局限性，在实践之中已经很难起到相应的作用。根源主要在于这二十来年的通货膨胀，立法当初并没有足够的冗余。这种法律责任的薄弱使得行为主体在进行利益衡量时，往往会发现违法所带来的收益高于守法的成本，作为理性的行为主体，如何选择是显而易见的。为了实现法律责任应有的功能，加重处罚应当是立法时考虑的一个因素。

这里顺带说明2015年修订的《大气污染防治法》在法律责任之中，即在一些罚款规定上的变化。在2000年的《大气污染防治法》法律责任中，采用数值封顶式的法条有5条，采用数值数距式的法条有3条，采用倍率数距式的只有1条，采用固定倍率式加数值封顶式的有1条。而在2015年修订的《大气污染防治法》中，采取数值数距式的法条达到了15条，采用数值封顶式的只剩1条，采用倍率数距式的有6条，采用固定倍率式的也只有1条。2018年修正时，采用数值数距式和倍率数距式的法条都各增加了1条，而采用固定倍率式的已然消失。数量上的变化更多是因为法律责任适用范围的扩大，减少了行政处罚中无法可依的尴尬局面，这也是法律责任加重的一种表现。同时，采用数值封顶式的法条也大量减少，更多采用的是数值数距式，这明显是一种法律责任的加重。更重要的是，在采用倍率数距式的罚款之中，倍数从2倍升至3倍，且原有的固定倍率式罚款也取消了金额上限，并且第123条规定的按日计算处罚金额更是把处罚的力度往前推了一步。修改后的《大气污染防治法》的行政处罚手段在范围和力度上都是空前的，足以说明立法者在这方面的决心。可以说，现在在罚款方面，法律责任过轻的问题确实有所解决。

但笔者认为，2015年以来修订和修正的《大气污染防治法》虽然通过加重行政处罚的方法意图解决法律责任过轻的问题，但是也带来了一个新的问题，即执法机关的自由裁量权过大。相较于2000年的《大气污染防治法》，新修订的法律罚款区间变得十分巨大。虽然最低和最高的金额大多都是10倍的关系，但是由于最低金额的上升，整个罚款的区间变得十分巨大。同样，相较于原来两倍的罚款区间，现在三倍的规定也给了执法机关更大的空间。虽然我国的环境现状确实要求行政权的扩张，同时巨大的罚款空间留出了更大的立法冗余，因而可以更好地预防因通货膨胀所导致的法律责任过度减轻的问题，但是这种扩大的自由裁量权也是对执法机关水平的极大考验，同时对原有相关规定也提出了更高的要求。

将视线放归《土壤污染防治法》，其法律责任一章中的罚款规定经统计梳理，均采用数值数距式的责任形式，并且罚款金额区间以十倍和五倍为主(分别为38%和33%)，五倍以下的也有近29%的占比。可见《土壤污染防治法》相较《大气污染防治法》，在法律责任层面已有一定进步，对于罚款数额区间已纳入考量，但其执行效果还有待考察。

综上所述，将来修订《土壤污染防治法》的时候，应当注意相关行政责任的额度，尤其是应当留出足够的冗余，同时也应注意相关配套的制约自由裁量的制度。

三、土壤污染防治立法应注意的一些特殊性

(一) 土壤监控难度大，基层职能部门的责任

首先需要明确一点，这部分所称监管职责指的是全过程管控，是面对整体土质而非生产过程的管控，关于生产过程中的管控会在本书另外部分提及。土壤污染具有极强的隐蔽性（此处对隐蔽性的界定请参见第一章相关论述），对土壤污染的监控带来了极大的困难与工作量。同时，由于土地相较于大气和水并没有那么强的流动性，使得土壤污染监测要设定的监测值必然远远超过水质监测和大气监测。以上两点叠加，直接导致了土壤监测工作相较于其他的环境污染监控工作具有更大的工作量与难度。而这部分工作的主要承担

主体是基层的环境执法相关职能部门。一般而言，对这些基层部门的具体规制应当由层级较低的行政法规或是部门规章、地方法规进行。作为其上位法的污染防治法应当仅仅规定相关原则性条框，甚至最低仅需涉及省部级行政机构即可。现行《大气污染防治法》（2000）在监管责任方面，仅在第22条规定了国务院层级的主管部门有相应的义务，而《水污染防治法》也只在第25条规定了类似的内容。但这样设定导致的一个问题在于，具体的环境保护部门所负的义务与责任在立法层级上明显要低很多，这不利于现实环境污染工作的开展。而在实际环境保护工作之中，基层环保职能部门在土壤污染领域的监管几乎是一片空白，近乎和法院不告不理一样的状况。笔者认为这种现状是不正常的，而法律规定的空白是造成这一问题的主要原因。鉴于现实中土壤污染防治工作的紧迫性与其本身巨大的工作量，笔者认为有必要在环境污染防治这一层面的法律中进行相关规定，以尽可能解决现实中的相关问题。

值得注意的是，2015年修订的《大气污染防治法》在第23条规定了县级，也就是最低一级的基层环保机关负有构建辖区内大气污染监测的责任。笔者认为，大气污染防治立法作出如此规定，虽然确实是针对基层环境保护部门监控不作为的具有共通性的措施，但其深层的原因则是由于大气污染对于公众来说具有切身感受，社会影响较大，与土壤污染防治工作的相关情况是有所区别的。但在立法上倒确实是可以参考《大气污染防治法》的体例。

（二）基层乡镇政府与土地相关部门的防治协助职责

之所以在这里提出这个话题，根源在于我国土壤污染防治部门缺少一个体制化的管理机构，大量应有的职能已经被分割在不同的职能部门，而把所有职能整合到一起，建立起一个完全主管土壤污染的职能部门也是不存在可能性的，故只能通过搭建起一个桥梁，为多部门的协作创造可能。

在现行的同类环境污染防治法律之中，最低一级的行政主体也是县级政府或是其相关职能部门。《环境保护法》虽然有“各级人民政府”的表述，且在第33条之中规定了乡级政府的相应职责，但是“各级政府”的表述明显带有兜底条款的色彩，而兜底条款的作用可想而知。第33条虽然明确规定了乡镇一级政府的义务，但是这条的核心在于为了农业保护而设定的相关环保义务。换言之，《环境保护法》第33条所规定的主体，实质上是农业工作的主体，而非环境保护的主体。

虽然现在乡镇一级政府在独立性、权责统一等方面存在一些问题，但无论如何，作为政府行政的“最后一公里”，其兼有的基层民间色彩和行政力量的二重性使得其在协助环境预防方面有着天然的优势。鉴于农村耕地在我国土壤污染防治之中有着举足轻重的地位，加之本书在“土壤监控难度大，基层职能部门的责任”之中讲到的土质监管所需要的大量监测点的问题，乡镇一级政府应当有所作为。我国《大气污染防治法》和《水污染防治法》之中最低一级的环境防治行政主体也仅仅是县级的环境保护职能部门。笔者认为，这种做法在《土壤污染防治法》乃至其未来发展完善之中不应当沿用，应对乡镇一级的政府设定相应的义务。这种义务的本质在于架起环境污染防治主管部门和最终监控的民间乡土农村的桥梁，使得监控工作能够在真正意义上落实到其应当落实到的乡土乡间之上。

同时，由于农村耕地污染问题涉及国家核心乃至存续的基础，这部分土壤污染防治工作的重要性自是不言而喻的。而应当看到，农业相关主管部门在这方面发挥着极大的作用，在土壤污染防治法的制度架设里，应当将这一行政主体纳入土壤污染防治制度之中。而其已经搭建的相关制度，也应当作为我国土壤防治的有机组成部分。在我国，耕地的污染源主要有金属采矿与冶炼、养殖业废弃物、化肥、农药、市政污泥、电子废弃物。[①] 在这部分污染源之中，农业相关职能部门对于化肥与农药的监管已经构建起一套较为有效的许可审批方法，在实践中也发挥了相关作用。而在土质监测方面，虽然农业主管部门现已搭建起的全国土壤墒情监测系统仅仅覆盖了农业土地，监控内容也仅限于和土壤墒情有关的部分内容，但应当看到，这个系统是可以与土壤污染监测兼容的，应当被纳入整个体系架构。同时，如同笔者在“多领域防治”之中所谈到的，农业局这类部门虽然在土壤污染防治工作中有着举足轻重的地位，但是要将其从农业局分离出来是不现实的，也是低效的。因而最好的方式就是为农业主管部门提前设定相应的义务，通过共享的方式实现效率的最大化。因而，笔者认为在《土壤污染防治法》中有必要加入农业保护部门的义务设定。

同样，水利、矿产、土地管理等部门在其各自的土壤监控领域都已经建立起相应的监督管控措施，其中一部分确实可以整合进设想之中的土壤污染防治制度体系，但总有另一部分难以从现有的职能部门中剥离开来，这就需要在《土壤污染防治法》之中加入相关的协调体系。

而在同类的法律之中，以《大气污染防治法》和《水污染防治法》为

---

① 王静、林春野、陈瑜琦、刘爱霞：《中国村镇耕地污染现状、原因及对策分析》，载《中国土地科学》2012 年第 2 期。

例，其中并未规定多部门的协作，只是规定了相关部门有权进行相关工作，但相应的协同义务却并没有明确规定。而且这部分法条在主体上一般用的是“环境保护主管部门及其委托的环境监察机构和其他负有大气环境保护监督管理职责的部门”① 的表述，其本质上是一种兜底条款，作用值得怀疑。因而笔者认为，在《土壤污染防治法》之中，有必要加入各相关职能部门协作的义务设定。

（三）关于土壤污染的行政法律责任之中罚金数额的确定问题

虽然本书已经在“行政法律责任的不足”部分作了类似论述，但如果说前文讨论的是要不要的问题，那么这里讨论的就是要多少的问题。这两部分并非重复，而是一种递进的关系。同时，为了不导致本章最后一节法律责任之中的行政责任部分被现在所述的内容架空，这里仅仅指出部分问题，不作过多探讨。

首先明确，罚款作为行政法律责任，其功能在于预防与制裁，且预防之功能更为重要，即公法的一般预防。从法经济学的角度出发，要实现一般预防之功能，在罚款的设定上应当能够实现违法成本高于违法收益。在这个问题上，可以引用贝克尔提出的潜在罪犯的犯罪决策模型：$E(U)=PU(Y-F)+(1-P)U(Y)$，其中，假设罪犯从犯罪活动中获得的预期收益为 Y，惩罚给罪犯造成的损失为 F，受到惩罚的概率为 P，罪犯的预期效用为 E（U）。当 $E(U)>0$ 时，即犯罪的预期效用大于零，犯罪的预期收益大于犯罪的预期成本，潜在罪犯就选择犯罪。② 虽然这一公式的主要适用范围是刑事犯罪，但笔者认为，这种规则在环境污染领域之中是能够适用的。环境污染的主体主要是企业，即法人和非法人团体，相较于自然人，二者更加切合这一公式的理性人假设。而一个较为成熟的企业决策过程明显也是与这个公式重合的。换言之，这个公式实际上就是土壤污染行为主体的决策公式，那么要实现行政法律责任的预防功能，自然要从这个公式入手。

在这个公式之中，法律能设定改变的只有 F，即损失。而把这个公式放到土壤污染防治工作的现实之中，则会发现一个很严重的问题。如前文所述，土壤污染具有极强的隐蔽性，而土质监管的薄弱，使得土壤污染行为更加难以被发现。把这个因素代入公式之中，就使 P 的数值变得微小。那么，要实现总体的 E 为 0 或是负值，只能不断加大 F 的值。对比同类环境污染防治法

① 参见《大气污染防治法》。
② 徐以祥、梁忠：《论环境罚款数额的确定》，载《法学评论》2014 年第 6 期。

律，至少在采用数值数距式的罚款方面，其数字应当是远远高于现有同类法律规定的。而在采用倍率数距式的规定之中，其倍率之规定则应当相应扩大，至于扩大到什么地步，则应当参考现实之情况。但无论如何，应当是高于同类法律三倍的设定。

以上的推理在逻辑上是十分顺畅的，但是由于P的实际数值可能十分小，那么所导致的F，即法律责任，在本段内容之中所述的罚金，很可能变成一个行为主体不可能承受的数值，有没有可能导致污染多少都是破产一条路的情况，而这四种情况是否可能导致类似秦朝严刑峻法一般的效果，这是值得我们注意的。虽然刑事违法责任和行政违法责任是否同质在理论上仍有争论，但笔者认为，基于实证主义的立场，我国刑事法律责任和行政法律责任在司法实践之中确实部分是同质的，而环境污染防治的相关法律责任也发挥着和刑法一般预防的作用，因而罪行相适的原则还是能部分适用于行政法律责任设定的。故笔者认为，在设置具有相应预防能力的罚款时，应当设置相应的罚款上限。

同时，本书在第一章中论述了土壤污染的几种类型，包括“水污染型”“大气污染型”“固体废弃物污染型”“农业污染型”四种类型。第四种类型很难具有可罚性，而前面三种行为明显可能也受到《大气污染防治法》《水污染防治法》《固体废物污染环境防治法》三门法律的规制。根据《行政处罚法》第24条之规定，罚款只能处一次。《土壤污染防治法》在罚款力度上高于其他三门法律，在一般情况下，执法机关一般会采用《土壤污染防治法》的罚款规定。这样会不会相当于架空了其他法律的相关规定？笔者认为，从纯粹的实证角度来看，这种结果反倒是有利的。本书在本节之中论述了“行政法律责任的不足”，而如果通过较为严厉的土壤污染行政责任进行规制，或许能在一定程度上弥补这一问题。

除此之外，由于缺乏专门的土壤污染防治法律，行政法律责任并没有系统的规定，缺乏相应的可直接参考的规范性文件也给立法工作带来了很严重的问题。

综上所述，由于土壤污染管理在监测上的特殊性，其行政责任相较于大气污染、水污染会更为严厉，但也应当作一个上限的设定。

（四）土壤污染恢复义务之规定

这部分内容与本章第四节“事后治理、补偿机制”事实上是重合的，故并不准备在这里展开论述。但这部分内容应当被纳入《土壤污染防治法》，以法律设定义务，进行包括行政主体、社会力量在内的动员，实现土壤生态的恢复。

四、与《环境保护法》的衔接

（一）对本部分内容的说明

《环境保护法》与《土壤污染防治法》应当是一般法和特别法的关系。虽然作为特别法，《土壤污染防治法》可以对《环境保护法》的相关规定有所突破，但应当看到，《环境保护法》之中有些原则性规定和立法精神在制定《土壤污染防治法》时，是应当贯彻的。本部分内容旨在找到这部分应当贯彻的立法精神、原则性条款，并考虑土壤自身存在的部分特殊性，进而给《土壤污染防治法》的修订提供相关意见。除了寻找相关同向变动，还会寻找部分逆向的变动，探求其立法本意，以求对《土壤污染防治法》的修订给出相关意见。

本部分主要比较2014修订前后《环境保护法》和2015修订前后《大气污染防治法》变化的共同点，通过这一方法找到二者相同的变化之处，进而推导出这些基本原则。之所以选择《大气污染防治法》，是因为其是《环境保护法》修订后最先修订的环境保护特殊法，是新立法原则的率先体现与落实。相较于《水污染防治法》和《固体废物污染环境防治法》，在立法体例和具体制度规则上也与《土壤污染防治法》具有更大的相似性。

同时，《环境保护法》之中的几项基本原则，前文已有相关论述，在此不再赘述。此外，前文在论述相关同类存在问题的内容时，也有部分和下文将要谈到的问题相重合，主要有公众参与、监督、政府职能、高层统筹等内容，亦不在此赘述。

（二）环境监测职能的集中

对比2014年《环境保护法》修订前的第7条和修订后的第10条，可以明显看出这两个条文是有继承关系的。而相较于原有的第7条，修订后的第10条明显少了“国家海洋行政主管部门、港务监督、渔政渔港监督、军队环境保护部门和各级公安、交通、铁道、民航管理部门”[①] 以上几个主体，只剩下政府和军队两个主体。而《大气污染防治法》（2000年）第4条和修订后的（2015年）第5条，将“公安、交通、铁道、渔业管理部门”这几个主体删去，这与《环境保护法》的变化是高度一致的。可以认为，《大气污染防治法》的相关修改是基于《环境保护法》的修改作出的。

这两条法律的核心内容在于都规定“监督管理”职能的权属问题。笔者

---

① 参见《环境保护法（1989）》第7条。

认为，法条体现出的变化，核心在于解决现有环境保护工作“政出多门”“谁都可以管，谁都不管”的现状。这两部法律的变化都是删去原有列举式的主体表述，减少了具体的行政主体。这样的做法看似会导致部分政府部门在相关工作之上的不作为，但是实际上并不会导致不作为，且能够带来其他收益。

一方面，虽然删去了列举式的主体表述，但这两部法律都还保留着“县级以上人民政府其他有关部门”的兜底性条款，仍然在规制其他行政主体上留下了空间。另一方面，立法未表示特定主体的特定职责不等于这部分职责权属不明。由于这两个法条的第1款都规定了主管环保部门负有“统一监督管理”，被删去的具体行政主体是可以被整合到环保主管部门之中的，进而解决了相应的政出多门的问题。以机动车尾气排放监管之职能为例，环境保护的特别法（在这段内容之中，指的是《大气污染防治法》）在现行立法体例之中，有专门的防治措施一节，规定各种具体的环境保护之职责。在这之中，是由在前文被删去的相关行政主体的职能规定的，这部分更加具体的规定更能督促相关职能部门进行相关的工作。

同时应当看到，如同笔者在前文所述，这两条被修改的法条的目的是明确环境监督工作的主要主体，而其在立法编排的位置（置于总则）也说明了这一点。其他主体、行政主体的规定则被放到了兜底条款或是总则之外，地位明显下降，在并未导致行政主体不作为的前提下实现了立法价值的贯彻，无论是精神还是立法手段都值得《土壤污染防治法》在修订中借鉴。

综上所述，笔者认为，在修订《土壤污染防治法》的时候，应当注意《环境保护法》对于行政主体地位的调整并结合2018年国务院机构改革方案，在总则中不宜规定具体的行政主体，应当突出环境主管部门的地位，尽可能实现职能的整合。

（三）关于地方制定标准权利的变化

在这个问题上，《大气污染防治法》和《环境保护法》出现了相反的变化。对比《环境保护法》原第9条和修改后的第15条，明显可以发现，修改后的法条出现了以下内容，“对国家环境质量标准中已作规定的项目，可以制定严于国家环境质量标准的地方环境质量标准。地方环境质量标准应当报国务院环境保护主管部门备案”，[①] 即地方制定相应标准的权限和备案制度。相反的是，《大气污染防治法》反而削减了这部分内容。对比修订前的第7条和修订后的第9条，修订后的第9条删去了原有的对地方制定标准的限制和备

① 参见《大气污染防治法（2015）》第15条。

案制度，仅留下“应当以大气环境质量标准和国家经济、技术条件为依据”。

笔者认为，这种变化体现出了地方立法权限的缩限，是特别法的规定上升到一般法的原则。在特别法没有具体规定或相反规定的情况下，应适用一般法的规定。从这个角度看来，《大气污染防治法》并没有把这一规定删去，且更好地实现了与《环境保护法》的对接，在立法技术上可以说是一大进步。

显而易见的是，备案制度和地方立法权限的缩小在立法设计时已经被设定为一般法律规定，如无特殊情况，无须在特别法之中再次提及。同样，笔者认为《土壤污染防治法》未来的修订也没有什么特殊性需要设定一个与《环境保护法》不同的特殊规定。

（四）环境污染的紧急应对

《环境保护法》第47条在原有《环境保护法》（1989年）第31条、第32条的基础上，对环境危机作了相应细化规定，而《大气污染防治法》也新设了第六章用以专门应对相应情况，作为对《环境保护法》的细化。显而易见的是，《环境保护法》作为一般法，其设定具体的危机应对机制，使相应条文具有更强的可操作性，这点无论是从立法技术还是从实际环保工作的角度出发，都有其必然性。但应当看到，由于土壤污染本身的特殊性，其很少出现紧急污染情况，更多是作为其他紧急污染状况的次生结果。所以，虽然这部分内容应当设定，但更多是作为其他紧急状况的补充和与突发事件应对法相衔接的接口。

综上所述，在修订《土壤污染防治法》时，贯彻《环境保护法》相应法条，设定危机应对的相应内容是必然的，但这部分内容恐怕更多是和其他具体污染防治法、突发事件应对法的衔接，相较于《大气污染防治法》的专章应对体系会有很大区别。

（五）关于排污费和环保税的变化

对比《环境保护法》（1989）第28条和《环境保护法》（2014）第43条，《大气污染防治法》（2000）第14条和《大气污染防治法》（2015）第18条，可以明显发现，《环境保护法》设定了环保税和排污费两种税收模式，准备用环保税逐步代替排污费。而《大气污染防治法》则直接取消了排污费的提法，甚至在《大气污染防治法》（2015）全文之中都不存在排污费的提法。这样显著的变化明显体现出整体的立法取向，即取消排污费，转向环保税。因而，在《土壤污染防治法》的修订之中，也应当放弃排污费的提法，以更好地与《环境保护法》相衔接。

综上所述，对于这个问题，在修订《土壤污染防治法》时应当基于土壤污染防治本身的特性，同时贯彻《环境保护法》这一上位法的立法精神，吸取其他同类环境法律的经验，对我国污染现状作出相应的规范。

第三节 构建科学的土壤污染防治管理体制

在前面两节内容之中，笔者分别讨论了土壤污染防治体制之原则与《土壤污染防治法》设定的一些问题。本节将会在此基础之上，结合现行《土壤污染防治法》分别从动静两个方面探讨土壤污染防治体系的具体制度。在静态防治方面，将会讨论以下几个具体制度设计："建立政府高层议事协调机构（管理机构专门化）""厘清管理机构的权责""跨行政区域的土壤污染防治管理体制"。而在动态方面，则会讨论土壤污染防治管理的动态体制："全过程控制"模式（点源控制→末端控制→全过程控制），经济激励（税、费）、信息公开和公众参与模式，行政控制、市场调节和公众参与的有机结合三个制度。同时，由于土壤污染治理毕竟是整体环境保护治理的一部分，加之土壤污染常常是附带在其他污染发生之后，故其污染防治体系更多会从整体污染防治而不只是土壤污染本身来论述。

一、土壤污染防治管理的静态体制

（一）建立政府高层议事协调机构

1. 必要性

之所以要设立一个政府高层议事协调机构，其目的是解决现有土壤污染防治工作政出多门、职权分散的问题。虽然在《环境保护法》之中，环境主管部门的地位被显著突出，但鉴于土壤污染防治的特殊性，设立一个主管一切土壤污染的巨型职能部门是不可能的，这点已经在"多领域综合防治指导思想"作相关论述。同时，这一制度也是多领域共同防治指导思想的具象化。

目前对我国土壤污染防治工作主管部门的规定见《土壤污染防治法》第7条"国务院生态环境主管部门对全国土壤污染防治工作实施统一监督管理；国务院农业农村、自然资源、住房城乡建设、林业草原等主管部门在各自职责范围内对土壤污染防治工作实施监督管理。"实施统一监督管理的主管部门的职责不必多说，其余部门在各自职责范围内实施监督管理，如何划定其职责范围与土壤污染防治工作的相交点？笔者查阅各部门职责范围公示及相关规定，并未找到明确划分依据。除上述有限列举外，《土壤污染防治法》总共提到国务院主管部门的数量多达10个，可见如上所述，国务院层级的主管部门是十分繁杂的，且名义上有着统领职责的生态环境部相对于其他几个负有土壤污染防治职责的部门，在现实工作之中显得更为弱势，而这个问题最终在土壤污染防治工作中会导致什么后果是可想而知的。政令不通、政令混杂、政出多门，这种问题对于土壤污染防治工作必然是致命的。在这层意义上，要想做好土壤污染防治工作，最低也应当设置一个议事组织。

而在现行体制内，有能力整合以上所述几个部委级行政主体的除了国务院就无出其右，但是如果以国务院直接介入相关工作协调，且不说这种协调会不会变成国务院直接主管这项工作，直接架空这几个部门的职能，这种做法肯定是非长期性的，只能作为一种权宜之计。但值得注意的是，一旦国务院直接协调的方式长期化，必然会衍生出一个相应的常设组织，至于这个组织的职能是主管还是协调，就看创设者的意愿了。换句话说，一旦要进行土壤污染防治工作且长期化进行，那么必然会出现一个固定组织，这是由我国土壤污染防治现状决定的。

综上所述，面对我国土壤污染防治在高层管理职能的分割和交叉，设置一个相应的主管机构有其合理性与必然性。

2. 制度设计

笔者在前文论述了一个主管或协调常设的土壤污染高层组织的必然性，但对于这个组织会是什么样的并未谈及。接下来，笔者将对这个问题给出自己的一些想法。

一方面，这个议事机构应当属于国务院下属的一个机构，这点自然没有异议，毕竟要协调的对象是部委级别的行政主体，这个协调机构至少要与它们处于同一地位，也应当是国务院所属的机构。

另一方面，这个组织的性质。国务院组成机构有以下几类：国务院办公厅、国务院组成部门、国务院直属特设机构、国务院直属机构、国务院办事机构、国务院直属事业单位、国务院部委管理的国家局、国务院议事协调机构。总体上可以分为两种：一种属于具有实权的组织（这里不用行政主体的概念），另一种则是协调机关，本身并不具有具体的职能，其职能来自主管机关与其他相关机关，即“国务院议事协调机构”。笔者认为，土壤污染高层议事机构应当是一个议事协调机构。

在当前行政改革的语境下，大部制改革是整个行政机构设置的方向，这个预设价值判断系统是笔者作出判断的基础。大部制的最终取向可以参见党的十七大报告的内容（这里采用官方语境下的目标，不涉及大部制的学术问题）。党的十七大报告对大部制是如此表述的：“健全部门间协调配合机制。

精简和规范各类议事协调机构及其办事机构，减少行政层次，降低行政成本，着力解决机构重叠、职责交叉、政出多门问题。统筹党委、政府和人大、政协机构设置，减少领导职数，严格控制编制。加快推进事业单位分类改革。”①如上所述，如果设置一个具有实权的土壤污染防治组织，或者一个部委级别的主体，看起来确实能解决政出多门、决策不灵的问题。但是一旦这么设置，就意味着从中央到地方会搭建起一套全新的行政体系，而且这个组织本来就是边缘权力的集合体，其出现只会造成更大的行政交叉。无论从领导职务数减少还是减少行政层次的角度来看，这种做法都是不可能的。并且在我国所启动的大部制改革之中，更多是多个实权职能部门的合并，且是完完全全的合并，而非把多个部门的职能肢解掉，拼凑出一个全新的组织。从历史的角度看，一个全新的土壤污染防治部门绝对不可能出现。当然，把现有多个部门全部整合到一起，搞一个跨水利、环保、农业、国土资源等方面的行政“巨无霸”出来更是不可能，这点在“多领域共同防治”指导思想之中已经作了相关阐述。而事实上 2018 年国务院机构改革也确实如此落实。延续《环境保护法》修订精神，当前环境保护主管部门由环保部转变为生态环境部，并整合了国家发改委、原国土资源部、水利部等在环境保护方面的职责。

设立实权部门这条路被否定，那么只有“国务院议事协调机构”一条路可以走了。这种做法的合理性在于多个部门职能的不可整合性，同时也是大部制改革过后实现行政效率优化的必然手段。而我国现有的“国务院议事协调机构”，其产生原因也大多如此。诸如国务院食品安全委员会、新型农村社会养老保险试点工作领导小组等组织，其所协调的部门都属于真正的实权部门，所管辖的也都是各方职权交叉的工作，部分甚至涉及相关部门的核心利益。可以说，这些协调议事机构的产生原因无比类似，对土壤污染防治高层议事机构的设计有着极大的参考价值，甚至可以直接进行复制。综上所述，土壤污染防治的高层议事机构完全可以参考乃至复制现有国务院议事协调机构的架构。这是笔者的思路，往下会以此展开。

既然确定了以现有议事机构为蓝本构建土壤污染防治体系，笔者会大概分析现有的国务院议事协调机构架设，并给出设想之中的土壤污染防治议事协调机构。

现有议事机构的结构一般是领导决策组织加上若干个内设机构。领导核

---

① 《高举中国特色社会主义伟大旗帜 为夺取全面建设小康社会新胜利而奋斗——胡锦涛在中国共产党第十七次全国代表大会上的报告（2007 年 10 月 15 日）》。

心一般由国务院高层领导担任，有可能是国务院总理、副总理，或是国务委员，也可能是主管部门的正职领导。而其副职和一般成员多是相关部门的副职领导。在这个领导核心所下辖的多个办事组织人员则较为庞杂，有专门的办事人员，也有其他部委的成员，同时也有比较特殊的各个部委分管一个办事组织的情况。

那么，这样一套组织机构运用到土壤污染防治领域，则应当是如下架构：

由国务院总理兼任其核心领导（当然也可以是生态环境部的正职领导等人），涉及部门应当有生态环境部、自然资源部、水利部、农业农村部，各个部门派出其副职领导加入这一领导核心，同时领导核心的副职领导应当由生态环境部的副职领导担任。同时，下辖的各种办事小组应当涵盖以下多种职能的协调：农业农村部关于农药化肥使用监管系统和土壤质量监测系统以及相应的复垦轮种等职能，自然资源部在土壤恢复和土壤分级、土地测绘等方面的职能，水利部关于水土流失监管等相关职能，以及生态环境部作为主管部门的大部分职能。以上部门的相关职能是土壤污染防治国务院层级议事协调机构至少应当具有的。同时，笔者认为在这些工作之中，生态环境部应当承担最主要的工作。而其他相配套的诸如财政部等相关部门，亦应当纳入这个议事机构的设置。

同时也应当看到，作为一个议事机构，其本身也存在部分固有的问题，而这些问题应当是土壤污染防治制度机构克服的。笔者认为，这部分问题之中对于土壤污染防治工作最有阻碍的有以下几点：

首先，议事机构的组织缺乏相应的具体制度。虽然国务院在 2008 年出台了《国务院行政机构设置和编制管理条例》，但这一规定过于原则化，难以起到相应的作用。笔者认为，在土壤污染防治的高层议事机构架设之中，在现有法律法规还不完善的情况下，有必要制定一套完整有效的议事机构组织活动制度，以求把这一高层议事机构的活动制度化，更好发挥其作用。

其次，由于议事机构的领导成员多是身兼数职，其精力是有限的，而土壤污染防治这种议题涉及的层面太大、内容太多，又对领导成员提出了更高的工作要求。尽管笔者在制度架设时把生态环境部作为主要工作的承担者和主管部门，但是且不说这样的做法会不会导致生态环境部实际上架空了其他部门的相关职能，单单就决策而言，因为土壤污染防治属于牵一发而动全身的重要事务，其决策工作量是难以想象的，而且现实中同类议事协调机构也出现了领导“陪会”的问题。面对这种问题，笔者认为，只有让相关主管部门承担更多的职能，实现决策的工作量减少，否则这一个问题是难以解决的。

这个问题本质上是政府承担过多行政责任，是政府还未转型成功的问题。当然，笔者在指导思想一节的开头就对本书的制度价值取向作出了相关说明，即政府应当负担更多责任，增加工作量在这层意义上是完全合理的。投入更多资源，应当是最终的解决之道。

最后，从我国现状来看，这类议事协调机构存在一个很大的问题，即存续时间不长。我国有很大一部分议事协调机构的存续期不超过两年，具有很大的应急性色彩。而土壤污染防治工作是一项长期性的工作，不应当同类似机构一样仅仅在短期内延续。这也与土壤污染防治组织制度化有着密切的关系，更长的延续时间更能实现制度化，而制度化本身又反过来实现其长时间的延续。

综上所述，笔者认为，土壤污染防治高层议事机构应当是一个具有长期性、制度化、有大量资源投入的国务院议事协调机构，其主要的工作承担机构为生态环境部门，涉及机构至少有农业农村部、自然资源部、水利部以及其他可能的相关部门。

（二）厘清管理机构的权责

前文论述了我国土壤污染防治现状，政出多门、权责不统一等，问题颇多，笔者认为没必要在这里再次叙述厘清权责。同时，笔者亦在前文有所涉及这个问题的解决方案，下文可能会与前文有所重复。接下来，笔者将对厘清权责这个问题作出相应的探讨。

首先明确厘清权责的两个方面：一个是地方与中央的权责分配，另一个是部门之间的权责分配。先来看地方与中央在权责分配上的设计。

地方与中央在土壤污染防治方面的权责分配很大程度上在于制定标准权力的分配。而具体的防治工作大多由各个部委下属的部门负责，本身具有的上下级领导的行政关系，使得其在地方与中央权责分配方面所体现出的更多是命令与服从的色彩。而在标准制定权的分配方面，《环境保护法》在第15条作了相关规定，即笔者在前文“与《环境保护法》的衔接，地方制定标准权限的变化”之中谈及的。地方权限缩限是立法的新趋势，但前文所论述的是程序制度上的架构，在实体上则可能有另外的安排。笔者认为，在现有的制度架设之中，有以下两种分配方案：一种是以《水污染防治法》为代表的模式，即中央直接规定适用于全国范围内的环境污染标准。另一种是以《大气污染防治法》为代表的模式，让中央主管部门和省级地方政府分享标准制定权。这两种做法各有优劣，但是其前提都在于其针对的污染类型不同。水污染防治由于全国水体的类似性使得制定一个全国通用的标准成为可能，而大气污染则在各地都有着不同的情况，这使得制定一个完全统一的大气标准近乎不可能。而把视角放到土壤污染防治工作上，《土壤污染防治法》在第二章明确了我国土壤污染防治体系的建设规则，强调国家层级的土壤污染风险管控标准是强制性标准，地方对该标准的制定权力限于省级，且须严于国家标准。可见，全国统一的、强制的土壤污染风险管控标准虽则统一，但结合前部分内容提及的土壤污染地域、类型差异，其实践效果可能差强人意。全国土壤情况之多、之复杂，必然要将标准的制定权下放到地方，甚至给设区市一部分权力。同时，对于可能出现的跨行政区划的治理单位，赋予其一定的标准制定权也未尝不可。总体来说，出于土壤污染本身的情况，地方和中央的标准制定权限分配的天平必然大大倾向地方，下放标准制定权是必然的。

在行政法的意义上，行政主体的权力和责任是统一且不可分的，所以厘清权责实际上就是权力的分配，也可以是责任的设定。笔者将从权力分配的角度论述这一问题。

关于在中央层面的部门权责分配，由于在笔者的设想之中有土壤污染防治议事协调机构这一具有常设性的组织存在，而这类议事协调机构本身不会承担相应的责任和义务，现有的权责分配模式并不会被打破，还是由相应的部门主体负担。相应的原因在“多领域共同防治”指导思想部分已经有所论述。笔者认为，在现阶段的行政改革过程之中，拆分相关部门的职能，合并到原有部门之中的做法是不可能的。结合当前《土壤污染防治法》的规定整个行政体制要推倒重来的可能性实在太小。因而，在中央层面的土壤污染权责分配在大体维持现状的当下，建议通过高层议事机构实现权责的分配。

在地方层面，情况又有所不同。除了各个部门分别有相应的职责，地方政府也是一个有相当大权力的主体。中央层面由于国务院并不承担具体的行政职能，可以不予考虑。但是在地方，地方政府不仅承担领导协调各个部门事务的职能，还有具体的行政职能，这是不能无视的。换言之，地方政府实际上承担了中央层面议事协调组织的职能，并可以进行具体的工作，因而在制度设计上必然和中央有所不同。而其他职能部门所负的义务则与中央层面无太大不同。同时还应当看到，在我国的双重领导体制下，地方土壤污染防治的相关职能部门在实际工作中十分尴尬，地方保护主义也因此还有活动空间。因而土壤污染防治在地方分配较为复杂。笔者认为，在现有的行政体制改革进程之中，地方职能部门职能分配出现较大变化是不大可能的，地方层面在权责分配方面的主要问题在于处理地方政府和各个职能部门之间的关系。

地方政府在土壤污染防治方面的主要工作应当是协调各个职能部门的工

作，为整体工作提供相应的财政支持，领导整个土壤污染防治工作。

参考现有的《环境保护法》，地方政府有以下几类职能与土壤污染有较大关系：环保计划制订、环保标准制定、环境污染防治考核主体和被考核主体、对特殊生态环境的保护、农业之促进、垃圾处理之维护、紧急事件应对、污染防治财政之支持、信息公开之义务。笔者认为，这种制度设计本质上就是把政府作为一切环保工作的直接承担者，而其他职能部门最终负担的责任则通过政府间接传导过来。政府拥有了更大的权力，同时也变成了最终的责任承担主体。将环保工作纳入最终政绩的考评，实际上是倒逼地方政府在这个方面积极作为，在某种意义上也是一种产权明晰。总的来说，《环境保护法》的思路就是在不改变原有部门职能分配的情况下，尽可能把政府的权责扩大并加重，通过其协调各个职能部门的职责分配。而《大气污染防治法》在这方面的做法则更为具体。其中，第3条、第4条、第5条把直接的大气污染防治责任归属于政府，而非相应的主管职能机构。同样，第14条、第15条、第16条的内容亦给政府赋予了相关职能职权。这种思路与《环境保护法》一脉相承，值得土壤污染防治制度架设者参考。

就土壤污染防治工作而言，由于我国土壤污染问题具有多样性，地方获得更大的权限本应是必然的。而在《环境保护法》的思路之下，这意味着地方政府而非地方职能部门获得直接的职能和权力。这样的做法能够在不对整个政府部门结构做大改动的情况下调动各个行政主体的潜力，从另一角度厘清权责，实现权责统一。

这种方法有其优越性，但笔者认为，这种制度设计可能存在两个问题。第一，地方政府和中央部委之间可能产生矛盾，但这个问题涉及的内容较多，其合理性不仅仅在土壤污染防治领域，故笔者不作探讨。第二，这种做法并没有从根本上解决现有权责混乱的问题，只是一种缓冲。当然，只要地方政府还存在，那么这种制度设计就还能够维持下去。至于是否会产生相关的主管机构，进而实现进一步的制度化，或是在运行之中出现相关问题，就不可预料了。《环境保护法》和《大气污染防治法》实行的最终结果如何笔者也无力作出一个预言。但就现有土壤污染防治体系而言，要真正实现权责明晰，只有将现有的各个土壤污染防治主体拆分，从头构建一个环保体系。但这明显是不可能的，因而《环境保护法》和《大气污染防治法》给出的方案是现下最可行的方案。

综上所述，笔者认为，未来《土壤污染防治法》完善的过程中若要厘清权责，中央应当将污染标准的制定权下放到地方，而在地方层面的土壤污染防治权责厘清方面，在现阶段应当用《环境保护法》和《大气污染防治法》所给出的方案，把地方政府作为直接的责任主体和权力主体，倒逼其整合各个职能部门的职能。同时在实践中积极探索新的方案，探求一个存在可行性的新的土壤污染权责分配体系。

（三）跨行政区域的土壤污染防治管理体制

首先应当明确跨行政区划的土壤污染防治管理体制所要解决的问题：一是土壤污染防治标准跨行政区划所导致的不统一与其执法问题，二是土壤污染跨行政区划的长期监管和恢复。

就第一个问题而言，由于地方无论如何都会有相应的标准制定权，在极端的情况下污染源可能在另一个行政区划之中，而这种排污按照其所在行政区划的标准可能是合法的。传统的方式就是两边的政府协商，协商不成报上级政府协调。由于地方能够拥有标准制定权的主体至少也是省级政府，这使得这种解决方案在协商不成的情况下只能报国务院解决。这种解决方案虽然能够彻底解决标准之矛盾，但是时间过于漫长，在这段时间内，造成污染的主体应当如何处理是一个麻烦的问题，而这也是笔者试图解决的问题。

笔者认为，一个跨行政区划的污染管理体系在国务院还未作出最终裁决的时候，应当先行停止污染主体的污染行为，同时进行最基本的污染治理。如果国务院裁定其排污确实存在问题，那么后续的相关手段和措施就可以进一步跟进；而如果国务院裁定这一其排污并无不妥，那么这个问题在应对制度之中应当作如下规定：一方面，排污企业可以继续进行生产活动，行政主体给予其相应补偿。另一方面，对于已受污染的部分，继续进行不损害污染主体的污染隔离和生态恢复工作。至于之后的标准修订，按照现有程序继续即可。

就第二个问题而言，笔者所设想的制度意图解决长时间监管的制度和土壤恢复的问题。在这个问题上，《大气污染防治法》给出了极具特色的解决措施。《大气污染防治法》的措施核心在于重点防治区域内政府的协同一致。其在本质上更像是一个联络机制，且并没有相应的常设机构（至少在大气污染防治法之中并没有见到相关表述）。这个联络制度之中的主要内容有：①协同的监测体系；②协同的防治与其他相关计划；③和大气污染有关系的相关发展计划；④信息共享；⑤共同的大气污染标准。

笔者认为，大气污染防治所设定的区域防治计划，虽然在内容上较为完备，但毕竟囿于其本身作为联络制度的基本设定，对于土壤污染跨区域管理体制是缺乏借鉴意义的。或者说，土壤污染的跨行政区划管理体制应当是更进一步的。

未来土壤污染防治管理体系应当在《大气污染防治法》所设定的制度上更进一步。除了基础的信息沟通联络制度，还应当有一个常设的协调机关，同时在制度内容之中，还应当包括事后的恢复计划，并且为此设立跨行政区划的财政基金（也就是后文将会谈到的生态基金）。在笔者的设想之中，这个常设的协调机关主要的职能是协调各方在监管工作上的任务，甚至更进一步，直接接管重点区域的监管工作，成立一个跨行政区划的监察管理体系。当然，这种设想完全是出于土壤污染防治工作需要而作出的，肯定在其他方面存在较大的问题，必然是不可取的。但是，必须给予这个协调机关一定的行政权限，至于权限大小，则应当根据地区需要赋予，至少应当赋予这个组织在重大污染应对和一般监管工作协调方面一定的权限（这里的权限指的是和其他部门有所重合的权力），尽可能地促使土壤污染防治工作的流畅进行。并且可以参照国务院议事机构的做法，其领导核心由这几个区域内的政府领导组成，同时设置相关常设决策机构，在尽可能不加重领导工作负担的情况下使得其决策在管辖区域内有着较高的权威。由于在笔者的想法之中，跨行政区划的管理防治体制之中包括土壤生态恢复的内容，那么这项职能以及其可能管辖的资金是否应当归属于这个常设组织，就很值得探讨。笔者认为，在一般情况下，这部分职能应当由这个区域范围内的地方政府负担，这部分资金亦由地方政府承担。原因在于，这个组织机构毕竟职能有限，构建起一个全新的能够涉及基层方面的体制是不经济的。搭建一个全新的能够直接进入基层社会的体制需要巨大的资源，同时也可能与基层政府职能相冲突，造成行政职能的浪费。因而这个组织所应当承担的，和土壤生态恢复有关的责任，也只能是一种协调的功能。

综上所述，跨区域的土壤污染防治管理体制应当有如下设计：①一个标准冲突解决机制，即在现有的解决纠纷制度之下能够提早对污染源进行处理的相关制度；②在跨行政区域的土壤污染防治工作之中，基于大气污染防治法的区域防治协调机制，架设一个有一定防治权限的协调机构，负责区域内土壤污染防治的协调与监督事务和紧急事态发生时的应对工作。

二、土壤污染防治管理的动态体制："全过程控制"模式（点源控制→末端控制→全过程控制）

首先，全程控制模式所要解决的污染主要是第一章所述的土壤污染类型之中的"工业污染"，非点源污染则不在考虑范围之内。其次，从点源控制到末端控制，最后再到全程控制的整个发展过程并不是一个替代与被替代的过程，而是一个逐步发展的过程，是监控制度逐渐完善发展的过程。最后，这种监管方法不仅涉及土壤污染防治，也涉及其他环境污染，是一个具有全局性的措施。在这一基础上，笔者将对这一模式展开讨论。

所谓点源控制是指对有固定污染排放点的污染源进行监测的监管方式。由于这些污染排放点往往来自多个污染源排放的污染物，使得其无论在污染物治理还是在污染责任追究上都无法发挥作用，其作用更多是纯粹的监控、反映情况。而末端控制则更进一步，直接找到排污源头，并对其进行治理。但这种治理方式由于仍是在污染已经产生之后再进行治理，且不说能不能实现完全无害化处理，就算能够做到，就现有情况来看其成本也是难以计算的。而全过程控制则是在以上这两个方法上更进一步，直接介入生产过程，通过清洁生产、循环经济的做法把污染在其产生之初就减少到最小。

参考国外这种污染防治模式发展的历程，我们发现，这种演变并非行政力量主动干涉而形成的，而是主要排污主体在追求利益最大化的过程之中逐步发展出来的。行政机关在这一过程中并未发挥太大作用。其所采取的做法和末端管控时实行的政策并没有太大区别。值得一提的是，末端管控也来源于企业在环保压力下的做法而产生的制度。行政力量在其中所发挥的作用本质上还是属于把外部性内部化的做法。但这种转变也是在末端治理实行了 20 多年之后才最终实现的。这 20 多年所带来的社会总体利益的损失是巨大的。前事不忘，后事之师。笔者认为，在已有类似经验的情况下，我们可以两步同时走，即同时实现点源控制向末端控制、末端控制向全过程控制转变的进程，也可以实现从点源控制直接向全过程控制的飞跃。这种做法实际上在短时间内直接走完了末端控制的发展进程。正如之前所提到过的，这三个过程是一个发展而非替代的过程，最终的全过程控制制度包含了前两个制度的架构。

综上所述，我们要做的是实现两种情况下制度的完善，最终使得整体的污染监控制度达到全过程控制的水平。当然，这是从行政主体行政策略方面来谈，作为排污主体的企业最好的选择甚至是直接从点源控制的模式向全过程控制模式的飞跃。

就我国现实情况而言，由于我国国土面积大，各地情况不同，部分地区甚至连最基本的点源控制都还没能实现。这种问题不是法律制度设计所能解决的，只能依靠财政的投入。制度能解决的是从点源控制到末端控制的变化，以及加快末端控制向全过程控制的发展。

从点源控制实现向末端控制的飞跃，其必须实现对单个主体的特定监测，这个问题在我国可通过内外部监测的方法解决，即公司自行检测，每天反馈数据给环保监督部门，而环保部门通过原有的点源控制下的监管体系，监测总体状况，同时进行不定期或定期的抽查。我们注意到，自2006年起所进行的污染源登记活动进一步推动了点源控制向末端控制的发展。但是，就现状而言，从点源控制向末端控制都还未能实现。原因很多，诸如地方政府政绩追求、管理成本过高等确实存在的客观因素。就政府的情况而言，通过调整政绩评价标准，使得作为实际上是经济人的政府能够主动进行相关的环保监测活动。在《环境保护法》（2014）之中所制定的地方政府考核制度、地方政府负责制，实际上就是环境状况评估在政绩评价标准之中的层级上升。当然，现实中地方政府还存在很多利益考量。在亨廷顿的学说之中，地方政府也是地方利益的代言人，故这个制度在现实中是否能够发挥其设想的作用还有待观察。但这种问题是所有制度都会面临的，笔者认为，这种制度设计已经是现有制度框架下作出的十分优化的选择。现实存在的监管难、职能分散、跨行政区划等问题，确实能通过这种做法进行解决。而现实中的利益博弈如何，则又是另一个问题，在此不进行讨论。除此之外，我国在《环境保护法》之中采用了总量控制标准的举措，这种做法相较于原有的浓度控制有许多优越性，同时也为排污权市场化提供了前提条件。通过总量控制，能够更有效地倒逼企业和政府从点源控制向末端控制转化，也为末端控制向全过程控制提供了更好的手段。但是，总量控制的做法需要政府投入更多的资源。我国虽然从1998年就开始对水污染排放总量进行控制，但是随着实践工作的推进，监管的污染物数量逐步减少，反映出的却是环境主管部门资源不足、能力缺失的问题。这种做法直接导致了这种由美国“泡泡政策”衍生出来的政策实质上的无效化。再好的制度也需要相应资源去运行，这种问题只能期待国家投入更多。

另外，在总量控制相较于浓度控制的优越性之中，有一点在于其能够实现总量和生态环境相适应。换言之，总量是可以浮动的，但是这个总量如何确定，则又需要一套制度。虽然《环境保护法》规定政府负有相关义务，但是之前的总量确定的唯一经验只有水利部门和环保部门对水体的总量规划，而且这套制度在实践中也逐渐虚化，其排污权初始设定也十分混乱，对于地方政府而言并没有太多的可参考意义。如何建立一个总量评估制度，政府还有很长的路要走。

对于最直接的利益主体，即污染排放企业而言，其主要障碍在于成本过高而收益太小，甚至可以说是只有成本，没有收益。要解决这个问题，只能走减少成本这条路。成本主要包括排污可能带来的法律责任和治理所需成本。法律责任是本章最后一节的内容，在此不再赘述。而就治理成本而言，除小企业自身存在的诸如规模经济等方面的问题外，要实现治理成本的下降，笔者认为最存在可能性的做法还是将污染治理活动市场化。现实之中，企业的治理通常都是通过企业自身内部解决，这种做法由于企业缺乏相关经验而往往效率低下，支出甚多而无太好效果。这种做法也使得总量控制政策虚化，因为其难以实现各种污染排放的替代，这个"泡泡"里的东西是固定的没法调整的。如果把这些污染防治工作作为一种服务，由相应的市场主体专门进行，那么污染防治的成本必然会大大下降。在《环境保护法》第21条的规定之中，政府负有促进这些行业发展的义务，虽然囿于《环境保护法》作为行政法的性质，其只是作了一条原则性的规定，但是笔者认为这种方法是十分有效的。其他诸如行政法规、部门规章、地方法规等位阶较低的规范性文件完全可以将这个原则细化，进一步实现治理活动市场化，使治理成本下降。同时，环境污染防治行业的发展又能实现经济的新增长点，为政府推动污染防治提供更多的动力。而从末端控制向全过程控制的进程，则是另外一个问题。

对于政府而言，需要做的实际上只是在原有末端控制的基础上逐渐缩紧，提高环境污染防治标准，并且落实现有的总量控制政策，培植市场污染防治主体，支持相关产业的发展和科技进步，通过实质手段推广循环经济（如德国的循环经济法）。只要提供足够的土壤，企业、市场自然会实现其转型。换言之，全过程控制是在末端控制基础上，在政府或者社会为市场设定新规则的情况下，市场最终自动作出的选择。这种规则应当可以对生产主体的生产过程进行干涉、引导或者倒逼其走全过程控制的道路，但对于企业来说，则是一个巨大的挑战。由于循环经济、清洁生产是涉及企业生产技术的事情，就算市场能提供相应的改进，如果无法从自身技术实现突破，那么只能被市场淘汰。当然，就环境保护而言，淘汰污染大、技术落后的企业是有利而无害的，但是一旦放到社会层面，大量的小型企业破产恐怕不是什么好事。因而政府在制定相应政策制度时，不能太过激进，反映到具体制度上，就是在总量控制的问题上不可太过激进，但是这种问题并不能成为行政不作为的借口，制度仍应被彻底执行。至于企业的其他问题，诸如把清洁生产上升到企业战略层面等，则属于企业发展的范畴，不在本书讨论范围之内。

综上所述，就我国现状而言，要实现从点源控制最终向全过程控制发展，未来应当注意落实《环境保护法》所规定的地方领导负责制，同时完善现有的总量控制制度，加大支持力度，建立一个总量评估体系，扶持污染防治治理市场主体，适当变更市场规则，或者创设新的生产规范制度，通过市场本身的调节推动全过程控制的实现。

三、经济激励（税、费）、信息公开和公众参与模式

第一，经济激励、信息公开、公众参与模式本质上是实现社会动员的做法。

就经济激励而言，书中所提及的制度针对的社会对象是企业，即在经济上给予其一定优惠政策，而不是《环境保护法》所规定的对于主动举报人的奖励。要推动企业自主进行环保工作，就要使其进行环保工作的成本低于不进行环保工作的成本。而经济激励的做法旨在实现降低其进行环保工作的成本，推动污染主体自主进行污染防治工作。这一制度的实质就是学理上的庇古手段，即外部性内在化。而这个制度的具体应用，参见《环境保护法》，大概有三个部分：对环保产业的支持、对排污者主动治理的奖励，以及最重要的排污费改税。

对环保产业的扶持和对排污者主动治理的奖励属于各地地方政府自由裁量的部分，相关制度只能由地方政府根据自身实际出发制定，笔者在这里不作过多探讨。而就排污费改税这个问题，笔者认为经济激励是一种十分重要的举措。

《环境保护法》在第 43 条第 2 款作出了一个关于环保税和排污费竞合的规定，即废除税费二元的征收体制，进而减轻排污企业的负担。同时，根据党的十八届四中全会以及环保主管部门的相关表态，《环境保护法》的规定其实只是一个过渡规定，最终目标在于实现排污费向环保税的过渡。环保税的本质是一种十分规范化的税，其在强制性、公开性等方面相较于排污费有很大的优势。原有排污费由于在收取、使用方面十分不规范，使得企业应当负担的责任或轻于或重于其应负担的排污付费责任。通过排污费改税，其最终能实现二者的对等，进而实现经济激励。而就减轻企业经济负担的角度来谈，笔者认为有以下几点内容实质上减少了企业的负担，或者说使得排污所造成的污染和应支付的代价对等。

首先，环保税的征收范围可能更广，会有更多新的排污主体被纳入征税范围，更多人承担相应的给付义务。这样来说，企业的负担也会因此减小。

其次，相较于排污费，环保税是被纳入整体财政预算之中的。换句话说，

环保税所要实现的职能会分摊到其他的税种之上，这样可以保证环保税在很长一段时间内不会进行较大调整，环保费用的上升支出会由实际最终享受其环保公共产品的大众承担。在这层意义上，企业负担又进一步减轻。当然，这点似乎和“谁污染，谁付费”的理念相冲突，但是应当看到，这种税收只是企业付出代价的一部分，企业还会为此付出其他诸如购买环保服务的费用，其付出成本最终会与所排放污染物等值。而环保税一旦被纳入整体财政预算，其职能就不仅是污染治理，还包括污染监测等工作的支出，而这部分支出也确实是公众应当承担的。

最后，由于排污费一直以来都是由环保部门主管的，其费用使用的账本并未对外公开，地方乱收费的做法也是屡见不鲜，通过环保税的做法，使得环保费用规范化、正常化，规范地方收费，进而降低企业的经济负担。为配合《环境保护法》纳税的规定，我国《环境保护税法》于2016年出台，虽仅列举大气污染物、水污染物、固体废物和噪声为纳税污染物，但明确了所有“直接向环境排放纳税污染物的企业事业单位和其他生产经营者”为纳税人，可见环保税制度涉及的利益主体远远多于排污费，为此土壤污染环境税制度架设者不能因为原有排污费的制度惯性，而在环保税之中夹杂原来排污费的东西，而应当在既行框架下进行适应改善。

综上所述，就经济激励而言，除了直接的政策倾斜、补贴，最主要的措施就在于通过排污费改税，减少地方排污费的乱状，实现造成污染和付费的价值对等，减轻企业负担，实现经济激励。

第二，信息公开和公众参与模式，这两个制度联系十分紧密，前者是后者的前置条件，后者是前者的最终目的之一，二者难以分开阐述。

首先，信息公开和公众参与一共包括三个环节：制度建设阶段，监管阶段，事后救济阶段。就制度建设阶段而言，其主要在于立法公开、制度设计公开，而公众参与则是通过征求意见稿等方式参与立法、制度设计。我国在立法方面已经做得很好。在实践中，通过征求意见稿的方式，我国立法工作在吸取各个方面的意见、各方利益平衡等问题上已经保证了信息公开和公众参与。然而，由于我国行政立法活动大大增多，而这些部门立法在制定阶段的公开性仍有欠缺，是否应当在行政立法的制度建设阶段引入和立法过程一样的程序，这点值得我们探讨。在监测阶段，信息公开制度和公众参与制度的关系则有了略微的不同。在这一阶段，信息公开制度是指环保职能部门公开实时监测情况，这点在《环境保护法》之中已经有了相关规定，而且应当说是很完善的规定。《环境保护法》在信息公开上，主体涉及政府、企业，时间上涵盖了从污染项目的规划到最终整体运行，内容较为严密，建立了一个总体来说比较严密的框架。但是由于《环境保护法》位阶层制度级太高，不可能构建一个十分具体的制度。因而在实践之中，各地应当按照自己的情况构建相应的公开制度。我们注意到，《环境保护法》“信息公开和制度参与”一章仅仅规定了对于企业不公开信息有相应的不利后果，对于政府不公开信息会有何不利后果并没有作出相关规定。仅在第57条第2款提出发现其“不依法履行职责的，有权向其上级机关或监察机关举报”。对具体程序、途径语焉不详。

笔者认为，在具体制度设计中，有必要加入政府不公开信息的责任，进而推动这个阶段的信息公开。在这个阶段之中，公众参与不仅仅是被动地接受公布信息、问责乃至提起诉讼，还包括主动监测整体环保状况、为环保职能部门提供信息，这点亦在《环境保护法》（2014）作了相关的规定。可通过金钱奖励的手段鼓励这种监测。在这个阶段，公众参与所表现得更多的是一种协助的作用，是作为环保职能部门的补充，和第三阶段、第一阶段之中与行政主体平起平坐的地位有所不同。这种协同要发挥作用仅仅有《环境保护法》中原则性的规定是远远不够的，还需要相应的较低位阶的法律帮助，这也需要各地在自身的具体情况下摸索。但是这一实现公众参与制度的核心并不在于奖励举报人，而在于如何保护举报人不受打击报复，尤其是软性的打击报复，这才是这一具体制度设计的核心所在。

在最后一个阶段，即事后救济阶段，救济不仅指的是法律层面上的损害赔偿等相关义务，还包括最终生态环境恢复的救济。由于笔者在下一节会探讨关于土壤生态恢复的相关内容，故在此仅仅讨论法律层面上的公众参与。在这一阶段，公众参与的主要途径是通过诉讼的方式参与环境污染治理，诸如大众监督、媒体监督等问题由于涉及面太广，笔者在此不进行完全论述，而仅阐释通过法律途径获得的相应救济问题。

综上所述，若要通过以上三个制度实现社会力量参与土壤污染防治，或者环境污染防治，则必须在《环境保护法》的框架之下构建与其相对接的具体制度。笔者认为，《环境保护法》虽然在政府不作为责任等问题上仍有瑕疵，但总体来说已经搭建了一个相当不错的框架，并且为未来社会发展留下了诸如环保税、民间公益诉讼等制度接口。如能具体贯彻其相关制度，自然能实现一个经济激励、信息公开、公众参与的社会深度动员的污染防治体系。但是由于其过高的位阶，各地贯彻必然有所差异，最终效果很可能大打折扣，这点是不可能通过顶层制度设计避免的。

就具体制度制定而言，无论如何对《环境保护法》进行解释，以下几点均属于必须尽守的底线：排污费改税不能停止、环境法具体制度构建必须征求大众意见、公众参与必须保证参与者合法权益不受侵犯、培植民间公益主体、引导其诉讼是最终的解决方案。要是以上这几条能做到，至少在实现《环境保护法》所设想的社会参与模式这一问题上，其最终效果应当不会有太大的折扣。

四、行政控制、市场调节和公众参与的有机结合

这三个制度一共构成三个关系，即行政控制和市场调节、公众参与和市场调节、行政控制和公众参与。

首先，行政控制和市场调节。这里所指的市场调节不等于政府完全不管不问，而是政府制定相应的规则，在这一框架下市场主体进行相应的活动。这里所说的政府调控制度主要涉及排污权交易制度和环保产业的相关规则。而行政调控则是以行政行为的“三部曲”，即行政许可、行政强制、行政处罚为基础的。

其次，行政控制和市场调节的关系实际上是行政力量或者公权力介入的两种模式，而且二者是相辅相成的。就排污权交易而言，这个制度本身就是在行政强制下所创造的一个自然意义上不存在的市场。所谓排污权，既不同于传统意义上的债权，亦不同于传统意义上的物权，其本质是一种行政许可。而这种对行政许可转让的权利自然需要以行政强制、行政处罚为后盾，否则这一交易市场是不可能存在的。就我国现状来看，行政力量在这个方面既要走进去，也要走出来。例如，我国虽然已经搭建了一个水污染排放权交易市场，但是实行效果十分不理想，就行政方面而言，其问题主要有以下两点：①政府在行政保障方面并没有做好相应的工作，其在监测方面并没有尽到应尽的义务，使得排污权本身被架空，甚至还存在权力寻租的状况；②其在排污权初始发放的分配设定也十分不合理。换言之，这个人工市场上交易的商品是不完善的。

除了以上指出的两点问题以外，市场在市场配套措施方面还存在诸如污染物种类太少等问题，这使得排污权交易市场在设立之初就是有缺陷的，这些问题需要政府走进去，通过行政控制手段完善。另外，由于排污权市场虽然是一个人工模拟出来的市场，但仍然是按照市场规则运行的。现阶段，我国政府过度干涉现有的排污权交易市场，亦使得市场无法发挥相关的作用。因此，政府在这个问题上应当走出来，让市场规则发挥最大的效用。

以上两种做法都应当形成相关制度，在监控的问题上，自然是构建一个有效完善的排污监测体系。虽然我国的体系是存在的，但重点在于资源投入不足，这是制度架设无法解决的。就政府退出排污权市场干涉而言，这需要排污权市场本身体制的强化。对于行政控制的干涉实际上可以参照一般政府干预市场的相关制度规定，因为政府不通过行政行为干涉市场的途径在排污权市场和一般市场是没有太大区别的。就环保产业发展的规制与扶持而言，行政控制关乎防止这些行业作出危急环境安全的事。由于环境污染治理涉及国家根本利益，不进行相应的规制是不可能的。同时，相较于最终的法律救济制度，行政控制可以在危急环境污染的事件发生之前提前介入，最大限度地减少环境污染的危害。在行政许可的层面上，更多的是设立一个准入门槛，对资金等方面进行审查，虽然这很可能带来权力寻租，甚至是寡头经济垄断，但是由于事涉国家根基，不得不慎重。这需要设计一个具体的审核制度，既限制政府的自由裁量权，又防止无资质企业进入这一行业。在行政处罚和行政强制方面，对于越轨的企业必然要严加惩处，以规范这一行业的秩序。但是行政机关必须严守底线，不能滥用这一权力，要发挥作为一个培育者的作用，严格按照预设的制度办事。除此之外，就我国现状而言，政府还常常干涉环保市场，这种做法已经远远超出行政控制的需要，完全不是正常的依职权作出的行政行为，甚至在很多情况下根本不是行政行为。这种行为必须被禁止，应当让行政控制回归到正常的轨道之上。在这个问题上，完全可以参考法院对于领导干预司法所制定的台账制度，记录干涉环境市场的各个行政行为并对之问责，把权力关到笼子里。

综上所述，就行政控制和市场调整而言，政府在排污权市场等人工市场模式下要采取相应的制度保障措施，同时减少干涉，让市场规则发挥作用，通过类似规制政府干涉一般市场的做法规制政府在排污权市场的行为。而在环保产业发展方面，政府既要当好作为看门人的角色，还应当好作为守夜人的角色，减少对于环境污染行业市场的影响。总体来说，就是既退场又进场。

就公众参与和市场调节而言，这一关系最基本的制度还在于市场信息之公开。这不仅包括企业必要信息的公开，还包括市场交易的透明，公众能够获取相关的交易情况、交易信息。当然，应当把握商业机密和应当公开信息之间的关系，信息公开的同时也应当维护企业的合法利益。笔者认为，对于企业来说，在这个问题上可以采取强制公示的做法，对于限定的信息进行强制公开，把公开信息和保密信息一分为二，既保障公众的知情权，又保障企业的合法利益。但至于如何区分这两种信息的关系，则需要专业人士具体确定，笔者在这里不作深入探讨。

在信息公开的基础上，大众可以通过媒体、检举乃至诉讼的手段监督环保产业的发展，这就涉及行政控制和公众参与、事后救济等问题。同时，借助股票市场的存在，大众零散的资本也可以进入这一市场活动。但由于我国股票市场投机化倾向严重，并没有给予散户应有的股东地位，他们无法实现真正参与企业运行。这种问题只能通过整体的股票市场改革解决，而不在笔者探讨的范围之内。除此之外，由于市场调节必然涉及初期的市场规则设定，这一制度的设定必然要引入公众力量的参与，这个问题实际上涉及公权力调控的范畴，从严格意义上看并不能被这层关系所包容，但是一个能发挥作用的市场调控的前提是，这是一个有良好架构的市场调控，这种制度必然会以一定的规范出现。我国现阶段在这方面近乎空白。笔者认为，由于环保产业的重要性，出现相应的规范是必然的，但至于会以法律还是行政规章的形式出现，则是我们无法预料的。但这个制度构建的过程必然要引进公众力量的参与，在实践层面上，法律制定由于有征求意见稿这类程序的存在，公众参与是有保障的。在行政立法的问题上，现阶段的行政立法很多并没有公开，公众参与的程度也较为低下。笔者认为，设置一个行政立法公开制度是有其必要性的，这不仅仅是在土壤污染、环境保护的层面，也是我国行政改革的要求。

综上所述，公众参与市场调节应当以信息强制公开为基础，辅以股票制度之改革，参与制度建设，实现公众参与整个市场调节的过程。

最后，就公众参与和行政控制而言，这也是现在行政改革的一个重要议题。而在环境保护之中，这方面的做法也不仅仅是常态的监督和被监督，还带有协助和被协助的意味。这个关系有三方面内容：协助、监督、救济。

就协助而言，随着《环境保护法》对举报人激励和保护的强化，公众在曝光违法污染行为的参与度上必然得到提升，但是由于缺乏相应的具体制度，无法为检举人提供有效的保障。这些制度必须要地方结合具体情况制定，只能慢慢摸索。而相关环保职能部门在获得相应信息之后，就负有与之协同行动的责任，主动对检举人所指出的问题进行处理，这样也就进入了公众对行政控制的监督层面。当然，公众对行政控制的监督不只在行政强制方面，还包括行政许可等其他方面，而这些监督手段的基础也在于信息公开。政府信息之公开也是我国行政改革的一个主要方向，虽然国务院很早就制定了《政府信息公开条例》，但是其实行效果并不理想。为此，2019 年国务院公布了修订后的《政府信息公开条例》，对 2008 年版进行大修。然而任何法律都不可能尽善尽美，大修后的条例仍存在不足之处，包括政府信息公开义务主体范围狭窄、行政机关内部事务信息可以不予公开和缺乏内部监督程序保障等。① 应当注意到，在我国《行政许可法》《行政强制法》《行政处罚法》之中，虽然也有相关的规定，但具体实施都流于表面。这些问题并不仅是环境保护部门的问题，也是整个政府存在的问题，更是现下这一轮行政改革所要解决的问题，还是党的十九大深化机构和行政体制改革的要求。现行的《政府信息公开条例》在不公开信息的法律责任上并没有作出清晰规定，只有模糊的"追责制度"，对信息公开责任主体监督程序不足。

笔者认为，有必要建立一个有力的追责体系，推动政府在环保工作上的信息公开。同时，在这一阶段可以通过复议等非诉讼方式介入行政控制，这是公众参与规制行政控制在这一阶段最有效的做法。对于信息不公开的责任，也不是完全没有具体不利后果，还有一项行政诉讼是可以选择的。而行政诉讼也是公众参与行政控制的最后方法。随着 2015 年 5 月 1 日《行政诉讼法》的实行，作为对政府追责手段之一的行政诉讼正在逐步发展，相信能够有更多不正确的行政行为被纠正，进一步保障公众权益。由于我国行政诉讼实施不久，实践情况如何未有定论，故笔者不在此进行探讨。

综上所述，公众参与和行政强制的关系实际上并不是环境保护领域独有的问题，由于我国处在一个行政改革的节点，各个新的制度才推出不久，实践情况如何也还有待观察。在我国新一轮行政体制改革的大背景下，环境保护方面公众参与和行政强制的关系必然能大大改善。

综合以上三点来说，行政控制、市场调节、公众参与这三个模式的环境污染保护，其发展的大背景还是我国整体的行政改革。换句话说，这不仅仅涉及环境保护本身，还事涉整个社会发展，政府控制应当实现"退出不该进的，做好应该做的"。市场调节则需要"构建好制度，市场自由发挥"。而公众则应当以环境权益拥有者的身份参与到政府控制和市场调节活动之中，进而实现三种污染防治模式的统一。

从静态管理体制到动态管理体制，以经过整合后的政府力量为主导，调动社会各方力量进入土壤污染防治领域，进行一个全方位的社会动员，发挥社会总体力量进行土壤污染治理工作，改变以往仅仅由政府负担一切的做法，将正外部性内化到所有公众主体的身上，使得土壤污染防治工作规范化、有

① 童崇兰：《关于〈政府信息公开条例〉修订与完善的思考》，浙江工商大学 2020 年硕士学位论文。

序化，对我国现有的土壤污染严峻现状作出应对。

第四节 构建具体的土壤污染防治法律实施机制

本节内容主要侧重点为事后治理补偿机制，具体包括以下两个制度，即“土壤修复、复垦制度”“生态补偿金制度”。笔者将以这两个制度为切入点，论述事后治理补偿机制。

一、土壤修复、复垦制度

土壤修复与复垦制度在本质上是末端控制的做法，在污染发生之后才进行相关治理，是一种相当低效的做法。但应当看到，无论事前抑制做得多么好，土壤污染的发生都具有近乎必然的可能性，加之相较于大气和水，土壤由于其流动性更差，污染治理难度更大。官方在2014年发布的土壤污染公报已经指明了这一问题的严峻性，因而对受污染的土壤进行修复具有相当的紧迫性。

土壤修复制度的最终目的是使土壤恢复正常功能，而土地复垦制度的最终目的则是使土地达到可供利用的程度。应当看到，土地复垦带有更多的功利性，但是在实践之中二者是统一的。我国《土地复垦条例》第4条第2款规定，“复垦土地应当优先用于农业”。同时，这一条例也在第19条对复垦土地用于农业和建设设置了相关的激励措施。可以明显看出，土壤复垦制度更多针对的是作为农业用途的土地，其功能也就是基本的生产功能。因而，土壤复垦实际上是土壤修复中一个十分重要的组成部分，只是鉴于我国的土壤破坏主要集中在矿区和农业用地，其在防治工作之中的重要性就显得十分突出。由于土壤修复制度能够涵盖复垦制度，故这里从土壤修复的角度来探讨其具体制度架设。但是，由于我国整体土壤恢复的核心又是农业生产型用地，故复垦制度还会占很大的篇幅。

我国现行的土地修复法律体系并不完整，在《土壤污染防治法》中只作原则、框架规定，其余可操作性的规范散落在各个部门法之中，同时也有相当比例的行政法规、部门规章乃至行政法意义上的其他规范性文件发挥作用。其中，以《土地复垦条例》和与其搭配的《土地复垦条例实施办法》最为体系化。笔者认为，这两部规范性文件能够作为我国土壤修复制度研究的样本。同时，这也是本节内容主要参考的规范性文件之一。

首先，由于不考虑在污染发生之前的事前抑制机制，直接进入土壤修复过程，那么确定土壤修复工作的承担主体是首要的问题。在我国现行的土壤修复制度之中，以《土地复垦条例》为代表的制度设计以“谁损毁，谁复垦”为主、以政府负责为辅。而在《关于加强土壤污染防治工作的意见》中则规定了“由有关人民政府承担治理和修复责任”。[①] 简而言之，我国的规则原则上就是传统“谁污染，谁治理”的环境法原则的延伸，同时政府负担相应的公益职能，以恢复土壤污染。虽然《环境保护法》确立了“谁污染，谁付费”的原则，但是应当看到，由于土壤污染往往由对被污染土壤拥有一定所有权的人造成，其至少对这片土地有占有之权利，加之土壤修复是一个长时间的工作，修复工作只能由占有土地的污染人进行。但是这并不代表市场主体无法被引入土壤修复机制。

笔者认为，推动市场主体进入土壤修复领域可以通过土壤修复保证金的做法实现，这点在后面的内容中会谈及，在此先按下不谈。令笔者较为担忧的是，我国现在土壤修复市场化的趋势虽然发展迅猛，注册公司的数量飞速增加，但是由于其仍是基于政府招标，由提供项目的政府主导经济发展策略，有理由担心，在政府财政压力不断增大、地方政府财政风险增大的情况下，这样的模式能否持久。这样的做法实际上使政府承担了大量的土壤修复责任，突破了“谁污染，谁治理”的原则。结合我国的现实情况，政府是否能够承担起相应的责任是值得怀疑的。在研究我国现状之后，把视角投到国外，则会发现在这个问题上，其他国家采取了不同的措施，这里以美国为例。虽然美国是一个英美法系国家，但是在环境法这个全新的领域则采用了以法典为主、判例为辅的做法，加之其曾经面对的情况与我国类似，故其在环境法方面具有极高的参考价值。美国在土壤污染确认责任主体方面的原则和我国没有太大区别，依然是“谁污染，谁治理”的原则，同时其通过判例的做法对这个原则作了少许突破。其突破点在于把土壤修复的责任主体进行扩大化，使得一些仅仅对这片土地拥有相关权利的主体（诸如对这片土地拥有抵押权的银行）也被纳入可以承担责任的范畴，只有在承担不了的情况下才会由超级基金介入接盘。

可以看出，美国在责任归结的制度设计上所遵循的理念在于尽量少让行政力量承担具体责任，即使要承担也是通过金钱给付的形式，而不会承担具体的工作。这一制度的问题在于寻找承担这一责任的主体，但很明显，在实践之中，美国的司法系统肯定有找不到承担责任主体的情况，要不然也不会

---

① 环境保护部：《关于加强土壤污染防治工作的意见》。

在判例之中将那些实际上和污染毫无关系的主体纳入治理责任的范畴。

笔者认为，从整体的社会层面上来看，美国在确定责任主体方面的做法是有问题的，其过分强调政府的不介入以至于把不相关的主体纳入责任主体的范畴，但是这并不妨碍我们看到其中的一些优点：一方面，政府并不承担直接的治理责任，而是尽可能使用金钱给付的方式介入土壤恢复工作。这种方法能够规避政府可能因为官僚主义等问题出现的效率低下问题，十分具有借鉴意义。另一方面，尽可能找民间主体承担起应当承担的责任，不能因为负不起责任而逃避责任。这种方法实际上发挥了类似刑法一般预防的作用，是行政责任有效发挥作用的表现。可以看到，美国的实践经验在很多方面能解决我国在土壤修复责任主体方面的问题。

综上所述，在现有的责任主体确定架构体系下，作太大的改动并没有必要，但是应当在以下几个方面作出调整：

首先，强化现有的“谁污染，谁治理”原则，不能把一切都推给政府。在实体规定上，尤其是在土地复垦的问题上，有必要扩大土壤复垦承担主体的范围，由于《土地复垦条例》仅仅在第 10 条通过列举的方式确定了少数责任主体，这是不够的，完全有必要扩大责任承担主体的范围。在程序上，则应强化追责机制，尽可能地找到污染责任人。当然，切不可像美国那样为了寻找主体而寻找主体。实际上，我国在追责方面的制度架设还很薄弱，责任确定也十分困难。无论是出于一般防治的角度，还是出于政府经济的角度，都有必要再制定一个更为完善的追责体系。

其次，将政府从具体土壤恢复的责任之中释放出来，将其作为间接主体而非直接的执行者，尽可能地通过金钱给付的方式介入土壤污染防治工作。当然，这需要相应的资金管理制度支持，这点会在本节第二点谈及。并且，这点也需要有效的追责才能实现，在没有其他资金来源的情况下，结合我国政府财政的现状，仅仅由政府承担金钱给付的工作实在是有难度的。

再次，确定最终土壤修复之目标与规划。根据《土地复垦条例》，我国采用的机制是负有土壤修复职责的主体在事先设定的标准下自己作出目标和规划，并由政府相关职能部门审查。《土壤污染防治法》进一步作出全过程规定，主要包括“土壤污染状况调查和土壤污染风险评估、风险管控、修复、风险管控效果评估、修复效果评估、后期管理”等活动。但具体负责主体、编制单位选择、政府参与路径并没有在其中明确。这种手段实际上是将评估的责任让修复主体负担。这种做法确实能够有效减轻政府的负担，但是由于政府职能部门的审查很容易就沦为纯粹的书面和形式审查，这一目标与规划是否与土壤所真正需要修复的情况相契合是很值得怀疑的。目标制定者和执行者是同一主体，作为一个理性的行为主体，自然要把自身治理成本降到最低，那么最简单的方法就是直接适用最低限度的一般标准，所以评估也因此而形同虚设。而在国际上则有两类做法：一类以欧盟国家为代表，在一个特定的地区适用一个相同的标准。而另一类则以北美国家为代表，对每块土地进行特定的评估，为其作出相应的规划。这两个制度的背景是不同的。欧盟国家由于国土面积大多狭小，加之其亦将标准制定权下放到地方，每个标准所适用的范围其实不大，强制适用问题也不会太大。相反，美国与加拿大则因为幅员辽阔，就算把标准制定权下放到州或省，其最终的适用范围也十分巨大。因而不得不对相应土地进行评估，否则最后很容易产生标准与土地现实不相适应的情况。在这个意义上，我国确实应当采用和北美相同的模式。

然而笔者认为，北美评估模式的成本过高，在我国土壤保护还只是起步阶段时，其所需要的成本不是我国现有行政资源能够提供的。现有的制度在很长的时间内不会有太大的变化，在我国行政改革进入下一步之前，这个制度还会延续下去。在此制度的基础之上，应当让负担审核职能的机关介入土壤评估和目标制定过程之中。换句话说，就是由行政机关和行为主体共同负担评估的成本。同时，引入市场化的环境评估第三方，通过市场化的运行，尽可能降低总体的评估成本。这个做法可以基于现有的环评制度进一步延伸。由于我国近年来土壤保护的相关企业呈爆发式增长，部分企业已经可以提供矿区复垦一条龙服务，其中必然包括相应的评估服务。但是正如前文所述，基于利润最大化要求其肯定会适用最低标准，从这个意义上来说是缺乏规制的。因而，设置一个能够实现外部性内化的人工土壤修复评估市场是有必要的。

最后，由于我国现阶段土壤质量标准仍然较为混乱，笔者认为有必要厘清全国范围的土壤质量标准，建立一个较为统一完善的土壤质量标准。也只有在统一标准的基础上，才有可能实现以上多种设想，进而作出一个符合实际的最终规划。

另外，关于监督的问题。参见《土地复垦条例》及其实施办法，结合《土壤污染防治法》，我国适用的是年终审查，最终验收同时伴有不利后果的做法。这种做法的好处在于负担有修复义务的主体能够最大限度地发挥自己的主观能动性，实现最优化目标。政府仅仅守好最后一道防线足矣，无须过多干涉。对于其他环境方面的违法行为，则纳入一般监控的问题。这个监控的做法笔者已经在前文有所论述，在此不再赘述。同时，通过行政责任乃至刑事责任对其进行规制。可以说，只要其他制度构建得当，监督方面就不会有太大的问题。

综上所述，只要主体确定、目标和规划确定、加上强有力的监督这三个环节能够协同运行，并有来自下文将要论述的“生态补偿制度与生态补偿基金制度”支持，土壤修复制度自然能发挥其应有的作用。同时，这一制度可以作为整个土壤保护制度之中重要的一环，前文所提到的指导思想、管理模式，尤其是公众参与的模式，也是适用于这一制度的。并且，这一制度只有与其他制度协同运作，才有可能发挥相应作用。

二、生态补偿金制度

生态补偿金制度是上文所述的土壤修复、土地复垦制度的最终经济保障，同时也给第四章撰述事前抑制相当程度的经济支持。可以说，这是贯穿整个土壤污染防治的核心制度。这里所说的生态补偿金，不仅仅是我国现行的土壤补偿金制度，还应当有类似于美国超级基金所负担的一部分功能。同时，其管理也与现在的生态补偿金有所不同，应当相对独立于政府财政，而不是同现在的生态补偿金一样，仅仅是政府补助的一个名义。

生态补偿金制度不仅有实现正外部性内化的作用，同时还有实现负外部性内化的作用。而我国现有的生态补偿金还停留在基本的正外部性内化上，而且从某种意义上来说，连这个最基本的目的都没能实现。我国迄今为止规模较大的土壤生态补偿工作应当是退耕还林还草和森林生态效益补偿活动。在这项进行了多年的工作之中，我国采取了相应的生态补偿金的做法，收效颇丰，但是也暴露出很多问题：首先，我国的补偿金虽然被计入整体财政支出之中，但是其使用规制较为混乱，由各地政府和相关职能部门使用，一旦涉及多个部门，则情况变得更为复杂；各地做法不同，缺乏统一的制度构建。其次，在发放对象的问题上十分混乱，在确定生态补偿金的范围上首先就出现了模糊不清的问题。而在实践之中，很多因生态恢复而受损失的农民群体也未得到相应的补偿。最后，补偿标准十分低下。如果考虑到整个工程的范围和只有国家承担给付这两点，实际上对于最后一个问题的产生是可以理解的，但是这种做法明显是有问题的。对于因生态修复工作而受影响的主体并不能从中实现正外部性内化，而要是连这点也无法实现，那么整个生态补偿金制度就是存在问题的。

将视角切换到国外。我国所面对的大规模生态补偿工作的情况，在各国的生态补偿金制度实践之中，只有美国曾经面对过，故这里以美国的生态补偿金制度为例。由于美国的超级基金制度所涉及的不仅仅是纯粹的资金管理制度，还涉及各种监测管理制度，与前文相关制度是相同的，在此不再作过多论述，仅仅对其生态补偿金的管理和使用作相关探讨。美国的生态补偿金制度起源于罗斯福新政之中为了调控农产品价格的休耕政策。这一做法的初衷并不是通过生态补偿金的做法实现生态恢复，但其是生态补偿的第一次尝试。这一次尝试使得1800万亩的农田得到休耕，这种规模的生态补偿工作以及相应的生态补偿金在其他国家都是前所未有的，因而其也对我国的实践有极大的借鉴意义。随着社会实践发展，美国最终发展出超级基金制度。美国超级基金的资金来源主要有以下几种：①一般政府财政拨款；②对特殊主体所征的环保税，尤其是对石油化工公司所征收的原料税；③与污染相关的罚款和污染发生后的损害赔偿；④基金运营的利息。

就超级基金制度的适用范围来说，有以下几种：①政府采取应对危险物质行动所需要的费用；②任何其他个人为实施国家应急计划所支付的必要费用；③对申请人无法通过其他行政和诉讼方式从责任方得到救济的、危险物质排放所造成的自然资源损害进行补偿；④对危险物质造成损害进行评估、开展相应调查研究项目、公众申请调查泄露、对地方政府进行补偿以及进行奖励等一系列活动所需要的费用；⑤对公众参与技术性支持的资助；⑥对1到3个不同的大都市地区中污染最为严重的土壤进行试验性的恢复或清除行动所需要的费用。[①] 同时，在超级基金制度下，其严格的回溯责任，使其能够从污染主体一方获得大量资金。由于可以通过事后的诉讼手段拿到相应资金，甚至是实现三倍的罚款，资金来源可谓丰厚。然而，现行的超级基金制度由于特别环保税的授权已经过期且美国国会并未对其再次授权，运营也陷入了很大的困境。

笔者认为，超级基金制度有以下几点可供参考的内容：

首先，和政府财政相对独立，同时由于其半官方性质，可以从一些基本的金融渠道获取更多资金。其次，整合了污染罚款等相应资源，整体管理更为有效，一套制度通行全国，行政管理高效。并且，其为因无法通过其他救济方式获得生态损害赔偿的主体提供了一条最终的救济途径，是十分有效的。这为我们提供了一个新的思路，即生态补偿金可以作为一种最终的救济手段，而不是一种首要的救济手段。当然，这种做法仅适用于特定类别的生态补偿，对于国家政策性主导的环境生态恢复是不适用的。最后，超级基金实际上承

① 王曦、胡苑：《美国的污染治理超级基金制度》，载《环境保护》2007年第10期。

担了部分环境公益诉讼主体的相关职能，由于其受益主体和诉讼主体是相同的，故在整体制度架设上更为清晰有效。

结合我国现实情况和美国超级基金制度的实践，笔者认为，我国的生态补偿金制度应当作如下改革：

第一，在我国现行的整个环保体制之下，要设立一个相对独立于环保机构又承担如此重大责任的资金管理机构是不可能的。换言之，照搬美国的超级基金法不可能。但是鉴于我国生态补偿金的现状，可以建立一个在体制内部独立核算的补偿金体系，同时这一制度应当是一种垂直管理，由中央统一控制。

第二，生态补偿金制度应当整合相应的行政罚款的管理功能，同时基于我国排污费改税的情况，无论是原有的排污费还是现有的环保税，最终都应当汇入这一管理制度，使得环保资金使用更为合理。并且，随着我国治理保证金制度的逐步建立，在实践之中也出现了一些乱象。笔者认为，通过一个核算独立的环境补偿金系统，能够较好地管理相应资金，实现监管之有效。

第三，虽然环境补偿金是一种公共资金，但是也应当对其开放一定的金融融资渠道，当然这必须是可控的，通过一定手段减轻环保的经济压力。

第四，生态补偿金的发放应当规范化，其标准也应当相应地提高，当然这是土壤恢复制度应当进行的工作。同时，其也应当负担起为其他具体环境恢复制度提供资金支援的工作，而不仅仅是现行制度下政府对因环境修复而受损主体的补助。

综上所述，虽然污染问题是谁也不愿意看到的，但是无论事前预防手段多么完备，都不可能实现百分之百的预防效果，建立一个完善有效的事后恢复体系有其必然性。以生态补偿金为经济支持，通过土地修复和复垦制度将相关社会资源调动起来，投入土壤污染治理，让整个社会共同承担土壤生态修复工作，进而促进生态之持续发展。

第五节 构建相应的法律责任机制

没有不利后果的制度是缺乏可执行性的，义务若不转化为强制的责任也是没有意义的。本节内容所涉及的相关制度目的就在于为前文所述各种制度作最终的法律后盾，实现相关制度的价值。本节会从民事责任、行政责任、刑事责任三个方面展开，论述整个法律责任制度。同时，这部分内容不仅涉及土壤污染的法律责任本身，由于土壤污染往往是其他污染的二次产物，故还会更多地从整体环境污染责任方面切入，论述法律责任问题。

一、民事法律责任

环境污染意义上的侵权责任源自一般民法体系之中的侵权责任，随着社会实践的不断深化，其演化出了属于自身的规则。笔者将在下文从两个方面探讨土壤污染民事法律责任：一是民事法律责任之确定，二是民事法律责任之承担。同时，由于我国的整体法律框架偏向以德日为代表的大陆法系，故在这里选择德日两国作为参考。

首先，就法律责任确定而言，在一般的环境污染侵权之中，我国在《民法典》侵权责任编规定了相应的责任确定原则。在一般侵权的四要件基础之上取消了违法性原则，同时在举证责任的问题上做了调整，把因果关系的证明责任归于加害方，即所谓举证责任的倒置。以上两种做法是在考虑环境法举证难度、对比双方力量以及环境公益问题等因素后作出的，是立法价值利益取向的问题，而不是制度设计的问题。笔者认为，这样的制度设计还是存在些许瑕疵的，主要有以下两个方面：①由于在责任承担方面把违法性这一要件取消，且无论违法性这一要件是构成论还是承担论，都要把其和行政法律责任一起考虑，是否会出现诸如刑法意义上的绝对不确定刑的可能性。当一个企业按照相关标准进行生产，最后却导致相关的不利后果，而这种责任实际上是制定标准的人的责任，却要由相关的企业主体负担不利后果，这种做法对于企业生产的积极性是具有毁灭性打击的。②由于举证责任的倒置，被告要证明其所作所为与产生的环境污染之间不存在因果关系。那么如何证明一个不存在的关系，这在逻辑上是说不通的。同时，由于违法性原则被摘除，使得证明难度更为巨大，这样的做法是否为对企业巨大的不公？

就德日两国而言，其采取的做法各不相同。就德国而言，其环境责任早期依托于物权法上的相邻关系的结构，采用的是一般侵权的过错责任原则，虽然后来将其规定为一种特殊侵权，最终也采用了无过错责任，但仍然规定了受害方适量的容忍义务，对其请求权的基础范围作了相关限制。不过这部分限制是十分有限的，而且是针对小型企业的干扰与受政府批准的企业作的污染。就日本而言，其所采用的是混合型责任归结模式。除了部分严重损害社会公益、涉及人身权等重大问题方面才会采用无过错责任，对其他的环境侵权适用的是一般侵权构成要件。在这两部法律之中，笔者认为日本的做法较之于德国更有参考性。德国的做法是基于其物权体系所逐步发展出来的一个带有浓重传统民法色彩的体系，而日本则是在较短时间内通过特别法的手段直接搭建的体系。很明显，我国环境法归责原则的发展更类似于日本的做法，日本的做法更有参考价值。就日本而言，其在承认无过错责任的基础上尽可能限制这一原则的适用，力图达到社会各方利益的平衡，其最终的价值目标是值得借鉴的。

在我国现实基础之上，以德日两国的做法为参考，笔者认为，我国污染归结责任规则是基于我国较为严峻的生态污染情况而制定的，其在法律价值设定上就已经有了巨大的倾斜，更多着眼于受害者，颇有形势政策的色彩。当然，面对我国严峻的污染现状，这一规则在长时间内不会改变，一旦我国环境污染情况逐步恢复，或者说，如果这一政策的现实基础一旦消灭，那么这种明显倾斜的法律是否还能继续下去呢？笔者认为，其不应当继续存在，过分牺牲经济利益的做法是不可取的。在这种情况下，完全可以借鉴日本的做法，逐步缩小无过错责任的适用范围，在有必要的方面保留这一原则，最终实现生态利益和经济利益的平衡。

随着我国公益诉讼制度的构建，以检察院为代表的公益诉讼主体开始介入环境侵权诉讼领域，原有的举证责任倒置的原因是由于起诉方力量弱小、举证能力低下而作出的。但是在公益诉讼中，这种情况已经不存在甚至是逆转了，代表国家力量的检察院和有着相当社会基础的社会公益组织的力量并不弱于企业这一方，而检察院的力量在很多方面可以说远超被告。在这种情况下，举证责任倒置显得十分没有意义。在《最高人民法院、最高人民检察院关于检察公益诉讼案件适用法律若干问题的解释》中要求检察院提起民事公益诉讼时应提交“被告的行为已经损害社会公共利益的初步证明材料”。这或许可看作是对被告证明责任一定程度的减轻。但本质上在此种情况下适用举证责任倒置的规则并未动摇，被告仍承担较重举证责任。就检察院和被告双方举证能力而言，这显然是不合理的。

就法律责任之承担而言，其解决的是在责任主体确定的情况下如何实现相关法律责任。就我国现行的法律而言，由于环境侵权规定在《民法典》侵权责任编之中，自然适用侵权责任编规定的八种责任。其中涉及人身权和部分财产权的手段在环境污染民事责任之中明显是不适用的。这样，只剩下排除妨害、损害赔偿、恢复原状。这里不讨论环境法上的排除危害和民事法律排除妨害、恢复原状等问题的关系，仅仅讨论民法意义上责任。在土壤污染民事法律责任的问题上，由于其危害的长期性和不可逆性，在损害赔偿和恢复原状这两个方面存在很大问题。完全可能出现损害赔偿过后责任承担人无力实现恢复原状的职能。值得注意的是，在我国现行的相关实践之中，民事责任更多是损害赔偿，而恢复原状的请求则极少提出，更多是由行政机关责令或是行政部门直接亲自承担相关义务。

笔者认为，由于这个问题事涉公益行政，已经不仅仅是简单的民事责任问题，还涉及相应的行政责任问题，实际上应当由前文所述的“土壤恢复、复垦制度”“生态补偿金制度”处理。除此之外，在排除妨害这个民事法律责任上，很可能出现因为停止相关工作而导致大规模诸如停工等相关社会乃至政治的问题，我国现有的环境侵权相关制度仍较为粗糙，还未能解决这个问题。

最后，就损害赔偿而言，由于土壤污染往往附随于其他污染，故一般会和其他相关的损害赔偿一并核算。鉴于环境污染的严重性，其损害赔偿往往会是天文数字，一般而言企业是难以承受的，这个问题也是制度还未能解决的。

把视角切换到德日两国，其在环境法律责任承担的问题上各自制定出了一套制度。在德国，基于相邻关系制定出来的民事法律责任更多在于损害赔偿，排除妨害只有在必要的时候才会动用。而且即使可以动用排除妨害这一责任手段，法官还拥有相应的自由裁量权，通过损害赔偿来代替排除妨害这一民事法律责任。而在日本法中，则是二者皆可。日本法由于受到英美法影响较大，在民事法律责任方面确立了金钱损害代替原则，可采用金钱损害赔偿。另外，基于社会发展，演变出了“停止行为请求民事诉讼”，可以专门用于停止侵害行为。同时，日本还建立了一个半独立的基金会，在案件发生之前就从相应的主体中收取资金，用以支付可能的损害赔偿。可以明显看出，德日两国的法律制度更多在损害赔偿方面予以规制，至于排除妨害的问题，则一般由行政力量介入，在民事领域对于排除妨害十分慎重。

基于我国的实践和相关制度，以及外国相关经验，笔者认为，在环境污染民事责任领域应当慎用排除妨害这一责任。由于排污主体往往是企业，如果强制执行排除妨害而令企业停工，很可能带来一系列诸如大规模失业等社会乃至政治问题。不考虑诸如地方领导干涉等问题，我国法院在实践之中尽量采用损害赔偿的做法也是可以理解的。我国现行的环境法律中，侵权责任编在这方面的规定还略为粗糙。

笔者认为，有必要对环境民事责任领域的排除妨害作出具体规定，限制其使用，以免产生不良后果。而对于损害赔偿这一民事责任问题，则可以参见日本的相关做法，预先设立损害赔偿基金。而在我国，以山西省煤矿治理金为代表的相关实践也开创了先例。虽然其并不是用于损害赔偿的资金，但是从其整体运作来看，如果能与前文所设想的生态补偿金相结合，就能够很好地起到损害赔偿这一民事法律责任的相应效果。

二、行政法律责任

广义上的环境污染行政法律责任不仅仅指排污主体所应负担的相应行政法律责任，还包括行政主体本身和行政主体内部的相关行政责任。笔者在这里仅探讨排污主体的相关行政法律责任之承担，而不涉及行政主体及其内部行政关系的相关内容。这部分内容将涉及责任确定和责任承担两个方面。

就责任确定而言，由于我国现行的环境保护法律带有较强的政令色彩，在归责原则上仍较为零散。就《环境保护法》而言，主要以违法性为核心，而危害结果、因果关系等其他传统意义上的要件则更多起到辅助作用，甚至部分条文根本不要求存在实质意义上的危害结果（如第 59 条按日计罚制度，只要求违法排放污染物，未提及危害后果；又如第 61 条只要未依法提交环境影响评价文件或未经批准而开工即为责任承担要件）。从这个意义上讲，我国《环境保护法》规定采用的做法类似于过错责任的原则。我国其他的环保规范性文件也体现出类似的色彩。当然，这是由于其设立目的使然，是一种简单的价值判断，并没有太大的问题。

就责任承担而言，《环境保护法》领域在这个方面作了和一般行政处罚不同的规定。除了《行政处罚法》的一般规定，还有《环境保护法》以及 2010 年所制定的《环境行政处罚办法》。这两者总体构建起环境行政法律责任承担的框架。在这个框架下，行政责任承担的种类有以下几类：①以公告警告为代表的对责任主体进行名誉性处罚的做法；②以罚金为代表的财产性处罚；③以停业整顿为代表的行为处罚；④以行政拘留为代表的对人身自由进行的处罚。

第一种类型的处罚在实体上并没有太大意义，但是值得注意的是，由于在商事活动中对商事主体信誉的重视，这种处罚是否可能随着社会发展逐步实体化，值得我们思考。当然，就现阶段整体社会对环境违法的看法，这一惩罚确实没有太大效果。

对人身自由所作出的处罚通常很难对企业这类主体起到一般预防的作用。虽然在学理上对人身自由的限制属于最高层级的处罚，但是在实践之中，排污主体更加注重的是经济收益，对人身自由限制考虑较少。而面对这种情况，要实现类似刑法一般预防的手段，只能通过财产罚和行为罚来处理。

就财产罚而言，由于 2014 年《环境保护法》在强度上的调整，尤以倍率罚款和按日计罚这种做法的调整，使得财产罚的力度大大增加，虽然有类似刑法不确定刑的意味，但是相较于原有因为通货膨胀而显得微乎其微的罚款可谓一大进步。但是在面对诸如大型煤矿等经济实力强劲的主体时，虽然其可以适用按日处罚这个杀手锏，这样的处罚是否还能有效是值得怀疑的。

面对以上财产罚效果不好的问题，则要通过行为罚来解决。排污主体之所以继续排污，必然是由于继续排污的行为所带来的收益大于排污的不利后果，而通过诸如责令停业整顿的做法则能将其收益直接降到零。甚至在煤矿开采等特殊行业之中，停产停业所带来的不仅仅是收益变为零，还可能直接导致企业巨大损失乃至破产的不利后果。通过影响企业成本核算这一过程，从源头上杜绝企业排污行为。同时，这一做法还能够及时停止对环境的继续侵害，尽可能地保护环境。

笔者认为，上述手段主要有两个问题：①这一手段的强制力仍略有欠缺，因拒不遵守所导致的二次行政行为往往是更大强度的罚款，但是诸如煤矿等产业，停产所导致的企业破产相较于往后带来的处罚明显更为严重，守法成本高于违法成本，那么不履行这一责任恐怕是必然的。为了解决这一个问题，有必要从两个方面下手：一方面，赋予环境保护职能机关相应的强制执行能力，这点可以参考《食品安全法》的相关规定，即执法机关能够对工作场所直接进行查封。另一方面，在实践之中，环境执法力量建设较为落后，人员水平参差不齐，执法水平较为低下。这方面的问题只能依靠国家加大投入，投入更多行政资源，仅仅通过构建制度是不能解决的。综上所述，我国在行为罚上的不利后果的设计还有待加强。②行政责任是否会导致一系列的社会后果，以及一系列上升到政治乃至是社会层面的问题。在现实之中，出于这类考虑和自身能力的制约，环保部门对这一责任的适用也较为谨慎，一般会采用限期改正这类较为温和的做法求取平衡。在行为罚制度上较为成熟的《食品安全法》则是基于对公民人身权保护的价值判断，设定了一个较为严苛的制度。而在土壤污染防治领域，是否有必要设置一个同等强度的行为罚体系则还有待探讨。

笔者认为，面对环境污染之现状，有必要牺牲一部分经济利益来解决生态问题。同时，由于土壤污染本身的不可逆性，现有通过法院强制执行的手段效率又较为低下，对于具有紧迫性的环境治理而言，这样的做法是否正确值得深思。可以授权环保职能机关强制执行相关权限，但是这一做法必须严格限制，且应当对这一手段的适用设定一个严格的审查标准与制度，不能适用则不适用，一旦适用就要坚决适用，通过高强度罚款乃至强制执行的手段进行。总体来说，我国在行为罚这个问题上规定得还比较原始，有必要建立相应配套的措施，最大限度地发挥这一处罚的作用。

同时，环境行政责任是基于行政行为所作出的，其救济手段则会通过一般的救济渠道作出。现行环境污染的相应行政责任与其他行政责任在形式和强度上没有太大差异，但是一旦引入诸如按日计罚等特殊规则，这种救济制度是否还能与其相适应则令人怀疑。笔者认为，一旦出现相应的不适应，应当对环境行政行为的救济手段作特别的规定，甚至是对行政事项的优先有效性作一定突破，以保障行政相对人的合法权益。

综上所述，在排污主体所承担的行政法律则的制度架设上，应对行为罚作出具体的制度设定，规范行为罚的适用，尤其要强化其强制执行的机制，实现行政法律责任的功效。

三、刑事法律责任

环境刑事法律责任作为环境保护的最终防线，其对于贯彻环境保护制度、推动环境保护工作进行具有不可估量的作用。但也正因为其是最后一道防线，具有终局性和严厉性，因而其适用应当慎之又慎，也应当具有刑事责任所应具有的谦抑性。而一旦适用，则应当对其污染行为发挥最大的制裁作用，尽可能实现罪刑相适应、相统一。

就责任确定而言，也就是犯罪构成论，这里采用传统的四要件通说来论述这一问题。就客观方面而言，其必然侵害公共生态利益等相关客体，而且往往会是一个复杂客体。在主观上，一般多为过失。但值得注意的是，由于在环境保护法律责任的归结上，往往采用无过错或是过错推定原则，因此，在理论上对是否在对环境污染犯罪的主观方面采取无过错责任或是过错推定有所争议。

笔者认为，犯罪构成论适用严格责任来自英美法系的判例，在以大陆法系为主要刑法构成框架的我国刑法体系之下是难以容纳的。对缺少主观罪过的行为追责往往是难以想象的，在主观认定上还是应当遵守现有的相应规则。当然，在程序上采用过错责推定原则并不是不可以，但是正如笔者在公益诉讼中谈到的，在一个诉讼双方主体力量对比相对平等的诉讼关系之中，再对以检察院对抗企业为主要情况的环境诉讼适用过错推定的诉讼模式是否有价值是值得怀疑的。同时，通过行政责任对其加以补充，亦能够对相应的行为进行处罚。

在主体方面，单位能够作为环境犯罪的主体是必然的，是由实践情况决定的。而在客观方面，则存在两个问题：①犯罪形态层面。由于环境污染往往一旦发生就难以恢复，在这层意义上，行为犯比结果犯更具有可操作性。值得注意的是，我国只在“非法处置进口的固体废物罪”这两个具体的环境犯罪上采用了行为犯的概念。除此之外，还在危害公共安全罪这个兜底条款上采用了行为犯的形态。同时，在刑法修正案八中也对此作了相关的改变，将《刑法》第383条所规定的犯罪从结果犯改为行为犯。基本上，我国总体的环境犯罪还是以结果犯为主要形态。笔者认为，这种规定是适应环保事业的现实实践，有必要通过刑法修正案的方式对现行法律规范进行调整，采用行为犯为主导的模式。②因果关系层面。虽然因果责任并非构成犯罪的必备要件，但其对于法官判决、罪名认定是存在极大意义的。在环境法领域，往往采用的是过错推定、举证责任倒置的原则，但举证责任倒置这一制度的价值在公权力介入诉讼之后是否还存在其实现设定的价值是值得怀疑的。如果其基于加重责任的价值判断保留这种做法也无可厚非，那么这就是一个立法价值判断的问题了。

考虑到我国严峻的环境现状，如果基于发挥刑法在环境保护领域一般预防功能的考虑，通过过错推定原则加重责任是无可厚非的。但应当看到的是，随着环境保护工作的逐步推进，如果我国的环境状况逐步缓解，刑法规定无须再承担这么严峻的环保责任，那么在环保犯罪客观要件构成之中，应当采用的是一般的因果关系证明方式，使刑事诉讼回到原来的位置。除以上所述之外，笔者认为有必要增设具体的环境污染犯罪而不仅仅是一个有口袋罪色彩的污染环境罪。通过这一做法实现罪刑相适应，更好地发挥刑法的作用。

综上所述，我国在环境保护刑事法律责任方面的规定较为薄弱，与社会现实有所脱节，同时理论上也存在较大争议。笔者并不认同部分学者将民事环境法律责任的特殊规则引入刑事法律责任的做法，认为应当坚持犯罪构成本身的一般规则，以实现刑事责任所应担负的社会职能。我国在环境犯罪方面主要有自由刑和财产刑，同时还有极刑。由于污染环境的行为很可能和危害公共安全这类犯罪形成想象竞合犯的关系，因而对其实际的刑罚不应当仅仅看“破坏环境资源保护罪”一章，还应涉及危害公共安全犯罪一章的相关内容，故其的刑罚强度是十分重的。

虽然现有的刑法对环境类犯罪的打击力度十分巨大，但是问题在于刑法责任所要发挥的作用更多在于一般预防，且最终承担相应刑法责任的主体在双罚制之下往往包括单位，那么这种施加于人身的刑罚对单位有何作用是值得怀疑的。当然，我们不能否认刑法对主管责任人的处罚能够间接影响单位的决策，但在现实之中最终作出决策的也不仅仅是那些可能承担最终刑事责任能力的人。决策的考虑因素更多的也是经济因素，如果不能强化相应的经济责任，恐怕至少在一般预防的意义上，刑事责任并没有发挥其应有的作用。同时，由于刑法对环境犯罪的罚金并没有作出具体的规定，只能通过法官的自由裁量权作出相关规定。虽然有没收违法所得、没收全部财产这类看似具有极大威慑力的刑罚，但实际上仍是属于一种不确定刑。而在理性主体决策时，这类不确定刑往往难以被纳入成本核算，其最终也会失去意义。因而，笔者认为，有必要在司法解释等相关文件之中确定相应的经济刑标准，更好地实现一般预防意义上刑法的责任。对于这部分国家从刑事责任方面所获得的财产，应当被一起纳入前文所述的生态赔偿金管理体系，进而推动整体的生态恢复工作。

由于行政权在我国的扩张，行政责任实际上在部分领域已经实质上取代刑法的相关地位。参考诸如治安管理处罚法等相关法律的地位，我国行政责任和刑事责任实质上是有重合的。而通过行政责任，可以绕开刑法的部分规则，适用诸如无过错责任等相应的特殊规则，进一步扩大一般预防的范围，这对于我国污染的严峻现状有积极意义，但是行政责任和刑事责任如何衔接仍值得我们思考。其中最重要的问题在于罚金。由于我国在环境污染行政责任上的财产责任是确定的，而且是强度巨大的，已经隐隐跨越了行政责任的强度，而刑法如果要构建一个具体的财产刑体系，则如何协调和其的关系是值得我们思考的。

笔者认为，由于《行政处罚法》在一事不二罚原则之中规定了折抵的制度，那么刑法责任完全可以在行政法的基础上进一步在合理范围内加强力度，以发挥刑法作为其他法律后盾的作用。

综上所述，在刑事责任方面，应当通过犯罪构成提前实现的做法扩大刑事责任的承担范围，同时明确相应的经济处罚，尽可能通过发挥其一般预防的作用。防患于未然，保护生态环境与人身健康乃至生命权这些至高无上的权益。民事责任、行政责任、刑事责任三种责任相互衔接，为土壤污染防治乃至环境保护事业撑起最后的法律屏障，使得整体制度架设能够被强有力地执行，为整体环境污染防治体系实现事前预防、事中监督以及事后民事救济、责任追究提供有效的支援。通过这三种责任之中的财产责任，实现与其他制度在经济上的连接与支持，在作为法律后盾的基础上进一步发挥其在土壤污染防治制度之中的作用，为土壤污染防治制度运行提供最有效的法律支持。

参考文献

一、论文类

［1］陈德敏、薛婧媛：《中国土壤污染现状与法律责任解读》，载《重庆大学学报（社会科学版）》2008年第1期。

［2］关伯仁：《土壤环境特点》，载《环境污染与防治》1981年第3期。

［3］王茜：《中国生态外交实践的序幕：历史回顾与影响——以1972年联合国人类环境会议为视点》，载《党史研究与教学》2012年第6期。

［4］金明：《我国积极应对绿色壁垒的法律对策》，载《法学论坛》2006年第7期。

［5］黄学贤：《行政法中的比例原则研究》，载《法律科学》2001年第1期。

［6］冯玉军：《法经济学范式的知识基础研究》，载《中国人民大学学报》2005年第7期。

［7］吕国平：《国家主权问题探析》，内蒙古大学2005年硕士学位论文。

［8］高建明：《论国家管辖权的发展趋势》，贵州大学2007年硕士学位论文。

［9］夏云珍：《试论国家主权平等面临的困境》，载《广角视野》2010年第2期。

［10］高全喜：《理解博丹〈主权论〉的三重视角》，载《读书》2009年6月刊。

［11］熊光清：《限制战争：格劳秀斯主权理论新解》，载《太平洋学报》2014年第9期。

［12］黄德明：《论威斯特伐利亚和约对国际法的影响》，载《江汉论坛》2000年第6期。

［13］钱福臣：《洛克与卢梭人民主权学说比较研究》，载《法治论丛》2005年第4期。

［14］孙永芬：《卢梭的人民主权论再探析》，载《前沿》2008 年第 11 期。

［15］崔建树：《“国家至上”的现实政治——黑格尔国际政治思想研究》，载《国际政治研究》2008 年第 1 期。

［16］肖宁、王瑛：《浅析“新干涉主义”的渊源与理论基础》，载《湖南文理学院学报（社会科学版）》2004 年第 3 期。

［17］武磊：《论国家主权的限制》，西南政法大学 2012 年硕士学位论文。

［18］薛敬孝、曾令波：《论经济全球化的内涵和表现形式》，载《北华大学学报（社会科学版）》2000 年第 1 期。

［19］路日亮：《全球化对生态环境的影响》，载《岭南学刊》2010 年第 3 期。

［20］王剑、吴娟：《“可持续发展”理念的首倡及其意义——〈我们共同的未来〉述评》，载《铜仁学院学报》2014 年第 6 期。

［21］吴晓燕：《跨国环境污染引起的国家环境责任》，载《哈尔滨学院学报》2005 年第 12 期。

［22］邓波：《论国际环境损害责任——从国家责任向私法责任的转变》，吉林大学 2005 年硕士学位论文。

［23］李伟芳：《跨境环境损害赔偿责任的国际法思考》，载《政治与法律》2008 年第 9 期。

［24］沈婷婷：《都是漏油惹的祸——史上最严重的海上石油泄漏事件系列》，载《海洋世界》2010 年 7 月刊。

［25］李杰豪：《国际组织与主权国家互动关系新探》，载《当代世界与社会主义》2005 年第 6 期。

［26］徐颖岚：《国家环境法的实施对国家主权的冲击》，西南政法大学 2009 年硕士学位论文。

［27］郭爽：《透析假“绿色”之名的新贸易保护主义》，载《辽东学院学报》2006 年第 3 期。

［28］喻锋：《主权的缘起：历史理性、合法性与认同》，载《基础世界经济与政治》2008 年第 4 期。

［29］陶建格：《中国环境固体废弃物污染现状与治理研究》，载《环境科学与管理》2012 年第 11 期。

［30］曹宪忠：《社会契约理论：霍布斯与洛克之不同》，载《文史哲》1999 年第 1 期。

[31] 彭晓梅：《卢梭社会契约论中的政治合法性思想研究》，燕山大学2011年硕士学位论文。

[32] 袁峰：《浅析我国耕地土壤污染现状及其改善措施》，载《广州化工》2014年第6期。

[33] Seuly：《美国拉夫运河事件》，载《见证·思考》2005年8月刊。

[34] 卢明、王志彬：《美国超级基金制度对我国土壤污染防治的启示》，载《安徽农业科学》2013年第5期。

[35] 罗思东：《美国城市的棕色地块及其治理》，载《城市问题》2002年第6期。

[36] 张百灵：《中美土壤污染防治立法比较及对我国的启示》，载《山东农业大学学报（社会科学版）》2011年第1期。

[37] 赵沁娜、杨凯、徐启新：《中美城市土壤污染控制与管理体系的比较研究》，载《土壤》2006年第1期。

[38] 康树华：《日本的〈公害对策基本法〉》，载《国外法制介绍》1982年4月刊。

[39] 于琳：《日本环境基本法的发展历程》，载《法制与社会》2009年第12期。

[40] 罗丽：《日本土壤环境保护立法研究》，载《上海大学学报（社会科学版）》2013年第2期。

[41] 秦天宝、赵小波：《日本地方典型土壤污染防治立法评析》，载《河南省政法管理干部学院学报》2011年第2期。

[42] 周斌：《毒雾围城：伦敦战雾记》，载《国家人文历史》2013年第3期。

[43] 金博文：《1952年英国伦敦烟雾事件原因探析》，载《安庆师范学院学报（社会科学版）》2014年第2期。

[44] 王世进、许珍：《美、英两国土壤污染防治立法及其对我国的借鉴》，载《农业考古》2007年第6期。

[45] 曾晖、吴贤静：《法国土壤污染防治法律及其对我国的启示》，载《华中农业大学学报（社会科学版）》2013年第3期。

[46] 秦天宝：《德国土壤污染防治的法律与实践》，载《国际瞭望》2007年第5期。

[47] 周昱、刘美云、徐晓晶、保嶽、陈辉：《德国污染土壤治理情况和相关政策法规》，载《环境与发展》2014年第5期。

［48］王宏巍：《俄罗斯土壤污染防治立法研究及其对构建我国〈土壤污染防治法〉的启示》，载《长江流域资源与环境》2009 年第 4 期。

［49］陈德敏、薛婧媛：《中国土壤污染现状与法律责任解读》，载《重庆大学学报（社会科学版）》2008 年第 1 期。

［50］刘中民、唐斌：《国际环境法基本原则研究评析》，载《中国海洋大学学报》（社会科学版）2007 年第 4 期。

［51］张志勋、郑小波：《论环境法中的风险预防原则》，载《企业经济》2010 年第 12 期。

［52］凌欣：《论土壤污染防治立法的预防原则》，载《学术交流》2008 年第 5 期。

［53］陈冬：《公众参与：环境法的基本原则》，载《河南教育学院学报（哲学社会科学版）》2006 年第 1 期。

［54］柯木玲：《论环境法基本原则之公众参与原则》，载《吉林广播电视大学学报》2012 年第 6 期。

［55］李艳芳：《论环境权及其与生存权和发展权的关系》，载《中国人民大学学报》2000 年第 5 期。

［56］竺效：《论中国环境法基本原则的立法发展与再发展》，载《华东政法大学学报》2014 年第 3 期。

［57］王汉玉、王垚、邓大跃：《发达国家企业环境责任制度的启示》，载《吉首大学学报（社会科学版）》2010 年第 2 期。

［58］侯文广、江聪世、熊庆文、陈继祥：《基于 GIS 的土壤质量评价研究》，载《武汉大学学报（信息科学版）》2003 年第 1 期。

［59］武庆娟、陈利根、魏莉娜：《国外土地规划立法特点及对我国的启示》，载《国土资源科技管理》2006 年第 3 期。

［60］弓春芳：《对我国当前土地规划的理性思考》，载《山西农业大学学报》2006 年第 6 期。

［61］孙永刚：《环境风险评价研究综述》，载《林业经济》2011 年第 6 期。

［62］刘勇、邢育刚、李晋昌：《土地生态风险评价的理论基础及模型构建》，载《中国土地科学》2012 年第 6 期。

［63］李忠良：《中外土壤环境监测现状及对策建议》，载《中国国土资源经济》2005 年第 3 期。

［64］陆泗进、王业耀、何立环：《中国土壤环境调查、评价与监测》，

载《中国环境监测》2014 年第 6 期。

[65] 范瑞、周永章：《污染场地现场调查与监测模式研究》，载《生态经济》2015 年第 2 期。

[66] 王立德：《环境信息公开：我们向美国学什么?》，载《绿叶》2010 年 10 月刊。

[67] 杨丹萍：《我国环境信息公开制度研究》，昆明理工大学 2012 年硕士学位论文。

[68] 朱雯：《论环境利益》，中国海洋大学 2014 年博士学位论文。

[69] 高伟凯：《国家利益：概念的界定及其解读》，载《世界经济与政治论坛》2009 年第 1 期。

[70] 严法善、刘会齐：《社会主义市场经济的环境利益》，载《复旦学报（社会科学版）》2008 年第 3 期。

[71] 袁红辉：《环境利益的政治经济学分析》，云南大学 2014 年博士研究生学位论文。

[72] 赫然、亓晓鹏：《论行政责任的理论基础》，载《当代法学（双月刊）》2010 年第 2 期。

[73] 关保英：《论行政责任的法律基础》，载《社会科学家》2007 年第 3 期。

[74] 潘秀珍：《西方国家责任行政的发展及其对我国的启示》，载《学术论坛》2008 年第 3 期。

[75] 陈征宇、肖生福：《新公共服务的行政责任观及其启示》，载《江西社会科学》2007 年第 4 期。

[76] 韩志明：《行政责任研究的历史、现状及其深层反思》，载《天津行政学院学报》2007 年第 2 期。

[77] 陈文满、周金华：《中国当前的基本国情分析》，载《重庆三峡学院学报》2006 年第 5 期。

[78] 郦建强、王建生、颜勇：《我国水资源安全现状与主要存在问题分析》，载《中国水利》2011 年第 23 期。

[79] 田丽丽、姜博、付义：《全国水污染现状分析》，载《黑龙江科技信息》2012 年 9 月刊。

[80] 李竹林：《农药化肥使用存在的问题及对策》，载《现代农业科技》2014 年第 16 期。

[81] 侯小洁：《我国固体废弃物处理现状及对策分析》，载《中国高新

技术企业》2014 年第 1 期。

[82] 严幸智：《试析欧盟环保政策的实施原则》，载《学术论坛》2001 年第 1 期。

[83] 王静、林春野、陈瑜琦、刘爱霞：《中国村镇耕地污染现状　原因及对策分析》，载《中国土地科学》2012 年第 2 期。

[84] 徐以祥、梁忠：《论环境罚款数额的确定》，载《法学评论》2014 年 6 期。

[85] 王曦、胡苑：《美国的污染治理超级基金制度》，载《环境保护》2007 年第 10 期。

[86] 罗丽：《日本土壤环境保护立法研究》，载《上海大学学报（社会科学版）》2013 年第 2 期。

[87] 许绍峰、徐世荣：《土壤污染整治对策之探讨》，载《土地问题研究季刊》2002 年第 1 期。

[88] 段春霞、孟春阳：《关于美国治理污染土地超级基金制度的若干思考》，载《农业考古》2009 年 6 月刊。

[89] 张天泽：《日本农用地土壤污染防治法律制度研究》，江西理工大学 2012 年硕士学位论文。

[90] 罗丽、袁泉：《德国土壤环境保护立法研究》，载《武汉理工大学学报》2013 年第 6 期。

[91] 韩梅：《德国土壤环境保护立法及其借鉴》，载《法治与社会》2014 年 10 月刊（下）。

[92] 秦天宝：《德国土壤污染防治的法律与实践》，载《环境保护》2007 年第 5 期。

[93] 秦天宝、赵小波：《论德国土壤污染立法中的“状态责任”及其对我国相关立法的借鉴意义》，载《中德法学论坛》2011 年 1 月 31 日第 8 辑。

[94] 王世进、许珍：《美、英两国土壤污染防治立法及其对我国的借鉴》，载《农业考古》2007 年 6 月刊。

[95] 吴贤静：《我国土壤污染防治管理体制探析》，载《环境法治与建设和谐社会——2007 年全国环境资源法学研讨会（年会）论文集》（第二册），2007 年 8 月 1 日出版。

二、专著类

[1]（晋）张华：《博物志》（卷一），重庆出版社 2007 年版。

［2］洪坚平：《土壤污染与防治》（第二版），中国农业出版社 2005 年版。

［3］曹明德主编：《环境与资源保护法》（第二版），中国人民大学出版社 2013 年版。

［4］费孝通：《乡土中国　生育制度》，北京大学出版社 1998 年版。

［5］王伯琦：《近代法律思潮与中国固有文化》，清华大学出版社 2005 年版。

［6］《孟子》，万丽华、蓝旭译注，中华书局 2007 年版。

［7］《论语》，张燕婴译注，中华书局 2006 年版。

［8］（清）朱彬：《礼记训纂》，中华书局 1998 年版。

［9］王孝鱼：《老子衍疏证》，中华书局 2014 年版。

［10］冯玉军：《法经济学范式》，清华大学出版社 2009 年版。

［11］杨泽伟：《主权论——国际法上的主权问题以及发展趋势研究》，北京大学出版社 2006 年版。

［12］王蓉：《中国环境法律制度的经济学分析》，法律出版社 2003 年版。

［13］周鲠生：《国际法》（上册），商务印书馆 1981 年版。

［14］李静云：《土壤污染防治立法：国际经验与中国探索》，中国环境出版社 2013 年版。

［15］王曦：《美国环境法概论》，武汉大学出版社 1992 年版。

三、译文译著

［1］［美］蕾切尔·卡逊：《寂静的春天》，吕瑞兰、李长生译，上海译文出版社 2014 年版。

［2］［美］理查德·拉萨路斯、奥利弗·哈克：《环境法故事》，曹明德等译，中国人民大学出版社 2013 年版。

［3］［美］霍贝尔：《原始人的法》，严存生译，法律出版社 2006 年版。

［4］［美］孟旦：《早期中国"人"的观念》，丁栋、张兴东译，北京大学出版社 2009 年版。

［5］［新加坡］赖蕴慧：《剑桥中国哲学导论》，刘梁剑译，世界图书出版公司 2013 年版。

［6］［美］罗伯特·考特、托马斯·尤伦：《法和经济学》，张军等译，上海三联书店 1994 年版。

［7］［美］波斯纳：《法律的经济分析》，蒋兆康译，法律出版社 2012

年版。

［8］［英］庇古：《福利经济学》（上卷），朱泱、张胜纪、吴良健等译，商务印书馆2006年版。

［9］［英］庇古：《福利经济学》（下卷），朱泱、张胜纪、吴良健等译，商务印书馆2006年版。

［10］［苏联］童金：《国际法》，邵天任、刘莎等译，法律出版社1988年版。

［11］［英］R. H. 科斯：《社会成本问题》，载《法律与经济学杂志》1960年10月第3卷。

［12］［日］上昇一郎：《たなかしょうぞう》，光村図書2009年版。

四、英文文献类

［1］Martina Artmann，"Managing urban soil sealing in Munich and Leipzig（Germany）—From a wicked problem to clumsy solutions"，Land Use Policy.

［2］Professor Ben Boer："The Need For an International Instrument on Sustainable Soils"，American Law Institute – American Bar Association Continuing Legal Education，2007（4）：pp. 12-13.

［3］Charles Caccia："1th JELP Environmental Law：Defining Canada's Environmental Priority Keynote Address"，Journal of Environment Law and Practise，2004.

［4］Craig Godsoe："The Increasing Importance in British Columbia of Local Governments in Environmental Regulation"，Journal of Environmental Law and Practice，1999.

［5］J. W. Looney："Gatt and Future Soil Conservation Programs in The United States：Some Lessons from Australia"，Tuisa Law Journal，summer，1993.

［6］U. S. CONF. OF MAYORS，at 9-10.

［7］Risk Assessment for Contaminated Sites in Europe，Land Contamination& Reclamation，7（2），1999.

［8］Germany—Federal Soil Protection Act（17 March 1998）in Contamination cleanup & remediation，Law.

五、其他

［1］《土壤环境质量标准》

[2]《污染场地术语》
[3]《全国土壤污染状况公报（2014 年 4 月 17 日）》
[4]《1999 年中国环境状况公报》
[5]《制定欧洲土壤框架指令的提议》
[6]《中华人民共和国环境保护法》
[7]《中华人民共和国宪法》
[8]《中华人民共和国民法通则》
[9]《中华人民共和国民法典》
[10]《中华人民共和国行政处罚法》
[11]《中华人民共和国水污染防治法（1984）》
[12]《中华人民共和国水污染防治法（2008）》
[13]《中华人民共和国水污染防治法（2017）》
[14]《中华人民共和国大气污染防治法（2000）》
[15]《中华人民共和国大气污染防治法（2015）》
[16]《中华人民共和国大气污染防治法（2018）》
[17]《中华人民共和国环境保护法（1989）》
[18]《中华人民共和国环境保护法（2014）》
[19]《中华人民共和国土壤污染防治法》
[20]《中华人民共和国固体废物污染环境防治法（1995）》
[21]《中华人民共和国固体废物污染环境防治法（2013）》
[22]《中华人民共和国固体废物污染环境防治法（2015）》
[23]《中华人民共和国固体废物污染环境防治法（2020）》
[24]《土地复垦条例》
[25]《土壤污染对策法》
[26]《关于加强土壤污染防治工作的意见》
[27] [日]《農用地土壌汚染対策法》
[28]《关于自然资源永久主权的宣言》
[29]《里约环境与发展宣言》
[30]《联合国气候变化框架公约》
[31]《生物多样性公约》
[32]《世界人权宣言》
[33] 中国环保网：http://www.chinaenvironment.com
[34] 环球网：http://huanqiu.com

［35］人民网：http://people.com.cn
［36］百度百科：http://baike.baidu.com
［37］网易网：http://www.163.com
［38］新华网：http://news.xinhuanet.com
［39］EPA：http://www.epa.gov